# 培训管理一本通

## 培训体系搭建与管理

邱建雄 ◎ 著

民主与建设出版社
·北京·

© 民主与建设出版社，2024

图书在版编目（CIP）数据

培训管理一本通：培训体系搭建与管理 / 邱建雄著．
北京：民主与建设出版社，2025.1. -- ISBN 978-7
-5139-4781-7

Ⅰ．F272.92

中国国家版本馆 CIP 数据核字第 20248HN128 号

## 培训管理一本通：培训体系搭建与管理
PEIXUN GUANLI YIBENTONG  PEIXUN TIXI DAJIAN YU GUANLI

| 著　　者 | 邱建雄 |
|---|---|
| 责任编辑 | 刘　芳 |
| 封面设计 | 零创意文化 |
| 出版发行 | 民主与建设出版社有限责任公司 |
| 电　　话 | （010）59417749　59419778 |
| 社　　址 | 北京市朝阳区宏泰东街远洋万和南区伍号公馆 4 层 |
| 邮　　编 | 100102 |
| 印　　刷 | 文畅阁印刷有限公司 |
| 版　　次 | 2025 年 1 月第 1 版 |
| 印　　次 | 2025 年 1 月第 1 次印刷 |
| 开　　本 | 787 毫米 × 1092 毫米　1/16 |
| 印　　张 | 23.25 |
| 字　　数 | 291 千字 |
| 书　　号 | ISBN 978-7-5139-4781-7 |
| 定　　价 | 98.00 元 |

注：如有印、装质量问题，请与出版社联系。

‖ 推荐序 ‖

## 培训管理者的专业时代来临了

  培训管理岗是一个尴尬的岗位，说起来很重要、很有价值，但实际上老板并不一定认可它的价值，也不一定认为它真的重要！

  电影《天下无贼》里有句经典台词："21世纪什么最贵？人才！"这句话其实也是很多老板挂在嘴边的话，是企业年终报告的高频用语。可是，企业一遇到经济困难，往往最先削减的就是培训经费。于是我们调侃老板是"三要老板"——对于培训的态度是"说起来重要，做起来次要，忙起来不要"。

  那么，培训管理者的现状究竟如何呢？

  《CEO期望的公司培训》一书译者序写道：多年以来，从事企业培训的人总是将自己定位于培训师、培训提供者、培训协调人。他们关注每年组织了多少培训，有多少人接受了培训，讲了多少课，很少会主动思考培训是否能够帮助员工解决技能问题，培训应该如何更好地与公司的整体业绩提升结合在一起，以及公司的领导层如何看待培训在企业中的作用。在一些企业中，培训变成了"食之无味、弃之可惜"的鸡肋。

培训管理者很容易陷入一个"培训不直接产生绩效"导致"老板不重视培训"的怪圈。如何打破这个怪圈？十多年前，ASTD（美国培训与发展协会）给出了一个有效的药方——WLP（Workplace Learning and Performance）的理念和方法。

WLP专业人士可理解为"职场学习和绩效管理者"，这赋予了培训管理者一个更酷的新名称，名称的变化其实意味着培训管理者的定位发生重大变化：不只是一个事务性的管理工作者（排课、请老师、安排场地等），更是一个能通过学习提升组织绩效的专业人士。WLP要求培训管理者在企业中扮演七种角色：分析者、方案选择者、方案设计者与开发者、方案实施者、变革领导者、评估者、经理。这七种角色之间相互关联。

## 分析者

业内一直有培训是"保健品"还是"药品"的争论。保健品的比喻意味着培训是一项长期投资，其效果不能马上呈现；药品的比喻意味着培训要有效果，而且不能只是长期的。

WLP的概念显然更支持"培训是药品"的比喻，培训当然可以是长期投资，但不能遥遥无期，要通过开发或引入培训解决方案直接提升组织业绩，参照GE公司（通用电气公司）对于培训解决方案的要求，这个时间周期一般是4~12个月。

当然，任何事情都不能绝对化，培训很多时候确实也需要有"保健品"的作用，为组织的长期发展奠定基础。可以说"培训既是药品，也是保健品"，只是从组织的任务和培训管理者的责任出发，培训管理者要强化"培训是药品"，即培训要直接产生绩效的意识。

## 方案选择者

ASTD的WLP模型对方案选择者的定义是"选择合适的WLP或非WLP

解决方案去解决产生人员绩效差距之根本问题的角色"。这里面有三个关键词：绩效差距、解决方案、选择。

绩效差距方面的关键问题是：培训管理者了解业务部门吗？培训管理者知道企业的关键绩效问题是什么吗？这些关键绩效问题是培训管理者以为的还是亲耳听到客户反馈的？培训部门的客户是谁，是所有员工还是核心经营管理者？培训部门到底要解决谁的问题？……然而培训管理者选择某个培训往往不是基于绩效差距，而是因为：往年的培训计划有某个课程所以今年延续，员工调查表反映希望有某个课程，听说某个课程不错，同行也在上某个课程，等等。

解决方案分为 WLP 解决方案和非 WLP 解决方案。WLP 解决方案是通过学习提升绩效，如培训与开发、职业发展、知识管理、组织发展解决方案等；非 WLP 解决方案是通过非学习为主的管理手段提升绩效，如改变绩效管理系统、改变薪资和奖励制度、员工关系项目等。

由于存在多重解决方案，企业必然要做出选择。对于各种各样的解决方案，培训管理者要懂得根据实际情况进行选择。

## 方案设计者与开发者

方案设计者与开发者的职责包括：组织和领导项目小组，在全公司范围内与相关经理人合作设计学习解决方案，确定和获得培训所需的内外部资源，确定学习目标并根据学员需求定制学习项目、教学方案，将学习项目整合到组织学习系统或知识管理系统中。

这些活动要求培训管理者熟悉公司业务和内外部资源，具备良好的沟通能力，同时还要懂得学习方案设计的专业知识，具备优秀的项目管理能力。

## 方案实施者

方案实施者是多重角色，可以看作讲师、行政人员、指导者、组织发展专员、职业发展专家的综合体，实际上培训管理者也可以是一个团队，团队成员分别扮演这些角色，分工合作。

讲师的任务是传递知识和引导学员学习，行政人员的任务是确保场地设备和后勤工作的正常运作，指导者负责学习小组的团队建设，组织发展专员的任务是从企业文化层面协调解决项目关键问题，职业发展专家的任务是将解决方案与项目参与者的职业发展结合起来。

## 变革领导者

变革管理比较复杂，一般认为是 CEO（首席执行官）的事情，那么培训管理者在其中该起什么作用呢？以 GE 公司为例，GE 公司前 CEO 杰克·韦尔奇（Jack Welch）被誉为"全球第一 CEO"，主要是因为他在 GE 推动了整体性的组织变革，他也是为数很少的公开说人力资源管理工作者（包含培训管理者）比财务管理者更重要的 CEO，因为人力资源管理者帮助他全面成功地推动了组织变革，而成功推动变革的主要方法就是行动学习——WLP 培训解决方案的经典模式之一。因此，杰克·韦尔奇说"GE 向全世界宣布行动学习是 GE 改变为'全球思想、快速转变组织'的主要策略"。

培训管理者及更大范畴内的人力资源管理者，在组织中最重要的定位应该是 CEO 的战略合作伙伴。战略是一个集体决策与沟通的流程，决策者肯定是 CEO，而所谓战略合作伙伴其实就是流程专家。培训管理者要引导战略决策和沟通的流程，这个流程如果是行动学习，培训管理者就要成为行动学习促动师。

在阿里巴巴，人力资源管理工作者（包含培训管理者）要在组织变革中起推动者和辅导员的作用。他们靠什么来发挥作用？靠专业的人力资源技术和流程。行动学习是方法之一，教练也是 WLP 专业人士必须掌握的核心技术。

## 评估者

在培训评估领域，柯氏四级评估是公认的标准：

一级评估反应层面，了解学员对于学习内容和过程的评价；二级评估学习层面，测试学员对于所学知识的掌握程度；三级评估行为层面，测量学员学习后的行为改变；四级评估结果层面，测量学习给组织带来的影响和成果。

1997 年培训专家杰克·菲利普斯（Jack Phillips）在这个基础上发展出五级评估，即投资回报率（ROI）评估。之后柯氏又提出了一个更新的概念，即预期回报率（ROE），也有人称之为六级评估。

培训评估的方法很多，但争议更多。

一级评估最普及，面对的挑战也最大：学习的目的是什么？是想让学员行为改变，焦点应该在学员身上，而一级评估的焦点放在培训师和组织者的课程服务上，会导致培训师一味取悦学员，学员不关注自身的改变，而过多关注培训师的培训技巧，甚至空调、午餐等非学习因素，一些公司的培训娱乐化跟这有很大关系。基于这个原因，培训管理者开始反思，有一些优秀的公司开始放弃或者淡化一级评估，将焦点更多地放在学员的知识掌握程度和行为改变上。

培训评估方面的另一个挑战来自美国桑迪·阿尔梅达（Sandy Almeida）博士的研究，她对培训效果的四个层次做了定量研究，结果发现：层次一（反应）和层次二（学习）之间是正相关，层次三（行为）和层次四（结果）之间是正相关，然而层次二（学习）和层次三（行为）之间没有明显的正相关关系。

也就是说，对课程满意的学员会学到更多东西，在工作中学以致用的学员会给组织带来一定的成果。但问题的关键是学员满意及学到东西并不必然带来行动，也就不会有组织成果。结论是我们要更多关注培训后的跟进和行动。

## 经理

前六个角色可以说是专业角色，而"经理"更多的是管理角色。

WLP经理的职责是：计划、组织、安排时间表，监控和领导个人及小组达到预定目标，引导制订战略计划，确保WLP与组织的需要和计划联系在一起，确保完成部门行政方面的职责。

要扮演好这七种角色不容易，意味着培训管理者将从一个事务性工作者转变为CEO的战略合作伙伴，必须学习和掌握这七个方面的专业知识，从这个角度上讲，培训管理者的专业时代来临了。

全面系统的学习无疑是一项艰巨任务，也许难以下手，《培训管理一本通：培训体系搭建与管理》这本书是很好的突破口。角色转型升级的培训管理者，在各个关键场景中，与传统角色有哪些区别？本书提供了一条清晰的主线：从培训的有效性、全景认知、学习地图构建，到培训实施整个流程——培训计划、项目设计、课程开发、内训师管理、落地运营、效果评估……有认知，有实践，帮助你构建培训管理的全新模型，辅助你快速转型。

邱建雄老师既有在贝壳找房、瑞幸咖啡、喜茶、蔚来汽车做培训管理的实践经验，又对我们专业机构在培训管理领域数十年的方法论积累有系统认知，这种甲乙方兼具的视角，尤为难得。希望本书"实战＋专业探究"风格的总结分享，对你有所启发。

刘永中

众行集团董事长｜绩效派行动学习创始人

| 前　言 |

## 培训，与业务共舞，与战略并驾齐驱

这是我酝酿了很久的一本书，现在终于打开电脑敲击键盘开始写了。广州已连续下了一周的雨，此刻，我做完沙龙，刚从珠海回到家，洗漱完，播放着赵雷的《我记得》，准备开始和我的读者朋友聊点什么。

这是我写的第二本书，第一本书是在杨迎老师带领下写的《翻转培训师实操手册：手把手教你打造翻转课堂》。杨迎老师是中国翻转课堂研究实践的先行者，这本书也是一本教你成为翻转培训师的实操手册，里面涵盖20项翻转技术，是一本干货满满、实操性很强的工具书。

我在培训行业从业十年有余，从在甲方的千亿级头部企业做培训管理到在乙方的一线培训公司做培训管理，其间充分地汲取关于培训的底层逻辑，这些底层逻辑教我如何才能成为一名真正的培训师、培训管理者，如何才能让培训变得有效。因为这些年无论是在甲方，还是在乙方，都有人不断地问我：培训如何才能产生效果？就像刘永中老师在推荐序中提到的，培训管理者如何才能成为WLP专业人士——职场学习和绩效管理者？

或许正在看这本书的你也有同样的困惑，急需找到答案。我深知培训道路上没有高人指路，你会多走很多弯路，这本书也许可以是一张领路的地图，用我身为甲乙方十余年的沉淀为你点亮一盏灯，不至于在培训行业中分不清东西南北。当然，培训的效果不是单线问题，它没有一个准确的答案，培训也不一定因为你做对了一件事情就会马上变得有效，为此，我将这些年积累的知识和经验，加上对心理学等知识的研究，并融入众多成功企业的培训方法论，以期介绍如何做好培训管理，如何让培训变得更有效。

当然，书中也有很多领悟是接触了前沿的培训技术和方法论，同时向国内最早的一批培训师学习而来的。他们在这个行业已经沉淀了二三十年，是我学习和敬重的前辈，在此也致敬 AACTP（美国培训认证协会）中国区的各位老师。

## 写作背景

我想我有必要交代一下我写本书时的背景，以便大家更好地理解书中的内容。

第一个重大事件是 2019 年 12 月发生的新冠疫情。培训公司受疫情的影响非常大，能活下来的实属不易。而在此期间企业裁员的重灾区也发生在培训部门。2021 年字节跳动（抖音母公司）裁撤人才发展中心，波音、雀巢、沃尔玛等大型公司也都对培训部门进行裁员或重组。也许很多读者有这样的疑问：是不是培训看不到效果，所以企业裁员的魔爪才喜欢伸向培训部门？目前，培训部门的专业水平确实还有很大的进步空间，但从大环境来看，企业裁员是特殊时期常用的方法，殃及的部门也不仅仅是培训部门。任正非于 2022 年 8 月 22 日在华为内部讲话表示："把活下来作为最主要纲领，边缘业务全线收缩和关闭，把寒气传递给每

## 前言
### 培训，与业务共舞，与战略并驾齐驱

个人。"刘强东在 2022 年 11 月 22 日宣布京东的管理层自 2023 年 1 月 1 日起有不同程度的降薪。亚马逊、麦肯锡等知名企业也先后进行了大规模裁员。

第二个重大事件是 2023 年突然爆火的 ChatGPT（人工智能技术驱动的自然语言处理工具），其强大的功能引发了社会热议，很多人因此开始恐慌自己的工作将会被机器人抢走。培训师也在热议，未来培训师是否会被 ChatGPT 替代？为此我将这个问题输入聊天机器人，得到了以下回复：

"作为一个 AI 语言模型，ChatGPT 可以帮助人们获得特定领域的知识和技能，但它并不能完全取代培训师。虽然 ChatGPT 可以回答各种问题并提供信息，但它无法提供真正的人际交互和个性化教学体验。培训师还能够根据学员的需要和目标制订个性化的培训计划，并提供反馈和指导，这是机器人无法做到的。此外，在某些情况下，特别是在实践方面，人类教练和导师通常更有优势。总之，ChatGPT 与培训师并不是彼此排斥的关系，而是可以相辅相成，促进人们获取更全面和高效的学习体验。"

以上回答也许能让各位培训师松一口气，但作为培训师，我们一定要与时俱进，了解和接触更多前沿技术。人工智能还在不断进化，到底能和培训擦出怎样的火花，我们拭目以待。

第三个重大事件是硅谷银行于 2023 年 3 月破产，它给美国银行业带来了连锁反应。同时，经济正处于康波周期从混乱到衰退的转折点，经济受到疫情的冲击，全球面临通货膨胀压力，国际局势复杂多变，失业率上升……有专家预测，如果金融危机再次席卷全球，可能会比 2008 年的金融危机更加严重，而对比金融危机，更可怕的是经济危机。

培训师在这些事件的笼罩下产生了很大的危机感，都在问同一个问题：如何让培训产生效果？我们不想在企业裁员的时候被第一个想到，同时也希望在动荡的经济环境下，我们还能用专业培训为企业创造价值。这也是我写本书的初衷，希望本书能解答各位读者心中的疑惑。

## 为什么写这本书

商业培训的起源可以追溯到19世纪初。受到第一次工业革命的影响，这个时期的培训主要服务于工厂的工人，培训的重点主要放在技能和标准上。随后培训经历了20世纪上半叶重视培训的科学管理、20世纪下半叶重视培训的效果转化、20世纪末重视互联网新技术的应用、21世纪重视游戏化与智能化四个阶段。培训从改造人类的双手逐步发展到改造人类的大脑，相关的理论也层出不穷。

那么，中国的商业培训发展情况如何？中国的商业培训真正兴起于改革开放之后，在2000年左右开始蓬勃发展。中国的培训行业，经历了出生、成长，目前正处于混沌期。

一项行业调查显示，已经建立企业大学或学院的中国企业占比仅有25%；有培训课程，并有完整培训体系的中国企业有30%；有培训课程，但没有完整培训体系的中国企业有38%；完全没有培训的中国企业有7%。培训从业者普遍对专业培训理念认识不够，培训工作只做到了表面功夫，对企业的帮助杯水车薪。

企业内部的培训也面临巨大的挑战。另外一项数据显示，48%参加调研的企业都表示企业缺少优质的培训师资源和有效的追踪评估机制，45%参加调研的企业都表示企业缺少完整而有效的企业培训体系。从这些数据可以了解到，中国企业培训还处于长身体时期，还不足以成为企业强有力的生产力。

虽然最近几年人才发展、组织发展的热度一直很高，但真正专业的人才却非常稀缺，这些专业人才不仅要学习大量的管理学科，其中包括管理学、心理学、人力资源管理、组织行为学等，还要有大量的实践经验。此外，企业一把手具有这些前瞻性眼界，并提供支持的环境，对培训专业人才的培养至关重要。

所以，无论你是培训从业者还是企业一把手，我都希望你看完本书

## 前 言
### 培训，与业务共舞，与战略并驾齐驱

之后能从混沌阶段到开悟阶段，让培训显出效果，成为企业管理的左膀右臂。

希望看完本书之后，各位读者朋友能够让培训与业务共舞，与战略并驾齐驱。

## 被低估的培训价值

培训能改变世界吗？当我提出这个问题的时候，你一定觉得我疯了，这个问题一点也不务实。但纵观历史长河，每一次的社会发展与进步都与文化教育变革息息相关，只是面对不同难题，培训产生的效果不同。培训工作者最重要的工作，是先清楚自己面临的是哪种难题，然后根据不同的难题匹配不同的培训方法，这样难题就会迎刃而解。

第一种是容易改变的知识性难题，只要对受众进行特定知识的培训就可以明显地看到效果。比如日本江户时期非常重视国民教育，影响了日本近代国家的建设和发展，为日本工商业发展打下了良好的基础。如果没有江户时代 220 多年间基础教育的普及和大发展，日本不可能快速摆脱贫困和落后的局面，早于其他东亚国家进入近代强国之列。

第二种是技能性难题，只要让受众掌握某项技能就可以改变他们的工作、生活现状。比如对贫困地区的劳动人口提供技能培训，就可以很好地改善他们的生存能力和社会地位。

第三种是流程系统性难题，只要对受众进行先进流程系统的培训与改造，就可以改变一家企业乃至一个国家。比如质量管理专家威廉·爱德华兹·戴明（William Edwards Deming），从 1950 年到日本指导质量管理，并持续此种行为长达近 40 年，日本早期的经营者几乎都见过戴明博士且受教于他，并实践他的品质经营理念，这促进了日本战后工业的迅速崛起，也才有了后来我们所熟知的 PDCA 戴明环。

有读者可能会问：思想观念性难题呢？思想观念也是可以改变的，

但它并非立即见效,是要在知识性、技能性、流程系统性难题培训的过程中,对受众产生潜移默化的影响之后,才会发生。本书也会介绍观念、态度性难题的培训方法。

但现实是错综复杂的,培训的效用还取决于培训内容的有效性、培训方法的有效性和培训环境支持的有效性。

培训的价值长期以来被低估,这要求培训管理者找出是什么因素影响了培训的价值体现,不仅要考虑培训内容、培训方法、培训环境支持的因素,还要不断地解放学习者的大脑,激发学习者的创造力和主观能动性。

## 这本书写给谁

本书适合培训师、培训管理者、人力资源管理者阅读,同时对从事人才发展、组织发展工作的读者也非常合适。特别是如果你只会培训的表面功夫,对底层的原理知之甚少,又特别想知道如何才能让培训变得有效,那么这本书再合适不过了。

如果你是企业的一把手、高管,本书对于提高你的企业管理能力非常有帮助。因为企业培训除了要做好人才培养之外,还需要做好战略落地和文化落地,它是打造学习型组织的桥梁和纽带,是组织生命力的培养皿。

本书并非单纯的工具书,更多的是规律总结、揭秘培训的底层逻辑。本书用通俗的语言娓娓道来,非培训专业读者也可以很好地理解和消化书中的内容。

## 这本书有哪些内容

要确保培训的有效性,就要考虑培训内容、培训方法、培训环境支持的有效性,还要不断地解放学习者的大脑,激发学习者的创造力和主观能动性。本书会从培训体系全景认知、胜任力与学习地图、培训需求

前 言
培训，与业务共舞，与战略并驾齐驱

与培训计划、培训项目设计、课程开发、内训师管理、培训落地与运营、培训效果评估与总结、培训管理与培训制度等方面介绍有效的方法和理念，辅以心理学原理、名企案例等提升多维培训管理认知的内容，同时还会介绍如何让培训更好地助力人才、业务、组织发展。

本书语言通俗易懂，无论专业还是非专业读者都能够无障碍地阅读。

如果你想了解培训效果可以体现在哪些方面，第一章的内容可以给你带来启发，也是以终为始的体现。

如果想了解培训体系的全景、搭建培训体系的流程、优秀企业的培训体系，你可以在第二章中看到这些内容。第二章"培训体系全景认知"统领全书内容。

胜任力与学习地图是读者非常感兴趣的内容，第三章"胜任力与学习地图"详细介绍了胜任力搭建的详细流程和方法，同时还教你如何把胜任力转化为学习地图。

第四章"培训需求与培训计划"帮你梳理培训需求的三大来源，以及如何通过四步法制订培训计划，还会介绍关于培训预算与培训落地的注意事项。

好的土壤和环境才能种出好的花果。有效的培训不是一个孤岛，需要借助系统和环境支持推进培训，单纯做课程培训还不足以改变员工的行为习惯，一定需要通过"一个周期的培训＋实践＋辅导"才能更好地让员工养成某种行为。第五章"培训项目设计"给出了有效的项目设计建议。

第六章"课程开发"的内容你一定要认真阅读，这不仅是对培训的基础认知，也是有趣的章节。如果没有这些基础认知，那么往后的培训效果将会事倍功半。

内训师体系的搭建和内训师的质量一直都是老大难问题。内训师是与学员接触最密切的人群，如果内训师团队效能差，那一定会影响培训的有效性。如果你想解决内训师的有效性问题，那么第七章"内训师管理"

可以给你一些参考。

再好的设计都需要一个有效的落地方案，第八章"培训落地与运营"将教给你有效的培训落地思维与落地方法。本章涉及市场营销、产品思维等内容。

闭环思维是可靠的表现。培训效果到底有没有达到？柯氏四级评估的时机和方法是什么？我们还可以从哪些方面评价我们的培训工作？如何用复盘思维提升培训工作？你会在第九章"培训效果评估与总结"中找到这些问题的答案。

打铁还需自身硬，培训部门的专业性决定了一家企业的培训天花板。有哪些不可或缺的培训部门管理方法？如何培养培训部门的精兵强将？如何通过专业的培训制度建立辅助培训目标的达成？第十章"培训管理与培训制度"有这些问题的答案。

培训绝对是人力资源管理中最难的一个模块，它的边界越来越广，要求越来越高，很多企业已经将培训部门独立于人力资源部门，成立了企业大学或学院，培训部被委以重任，这就要求培训师不能仅仅盯着几门课程、几个项目，而应该从整个企业管理的角度思考问题。人才发展、业务发展、组织发展被越来越多的企业纳入培训部门的职责范围，本书将开阔你的培训眼界，让你成为更有价值的培训管理者。

本书每章都有主要结论和学习感悟区，及时地复习、反复地输出也是提升学习效果非常重要的手段，希望各位读者都能重视每章后面的主要结论和学习感悟区。

最后，希望各位读者能体验一段愉快的学习之旅！

# 目 录

## 第一章　培训的有效性如何体现

**柯氏四级评估的挑战**　/002

　　柯氏四级评估的过去　/002

　　柯氏四级评估的现在　/005

**人才发展是培训的底线成果**　/008

　　认识人才发展　/008

　　胜任力模型不是人才发展的圣经　/014

　　人才发展需要解决的三个问题　/016

**业务发展是培训的挑战成果**　/019

　　培训实现业务发展的基础　/020

培训实现业务发展目标的引擎　　/022

培训实现业务发展的切入点　　/023

## 组织发展是培训的终极成果　　/026

构建正向反馈系统　　/028

提供化解冲突的平台　　/029

建立敏捷的学习形式　　/030

营造安全舒适的场域　　/031

发展有效的领导力　　/031

# 第二章　培训体系全景认知

## 一张图：搞懂培训体系全景　　/039

新员工培训　/040

在职培训　/040

定向学习　/040

管理发展　/041

专业认证　/041

年度重点　/042

在线平台　/042

## 一套流程：教你搭建培训体系　　/043

一个基础　/044

六大步骤　/045

一个控制系统　/049

### 一家名企：宝洁的培训体系　　/050

全生命周期　/051

文化纯净　/052

机制咬合　/053

### 线上化：培训体系的第二战场　　/055

培训体系线上化案例　/055

学习平台选择技巧　/056

# 第三章　胜任力与学习地图

### 什么是胜任力与胜任力模型　　/064

胜任力的因果　/066

胜任力的类别　/066

胜任力的等级　/069

### 五步构建胜任力模型　　/070

第一步：胜任力方案规划　/071

第二步：胜任力要素提取　/072

第三步：胜任力描述分级　/073

第四步：胜任力模型校验　/074

第五步：胜任力模型迭代　/075

## 从胜任力到学习地图　/076

第一步：确定岗位对象　/076

第二步：工作任务分析　/077

第三步：工作流程分析　/077

第四步：工作问题分析　/078

第五步：确定培训课题　/078

# 第四章　培训需求与培训计划

## 培训需求从何而来　/082

战略需求　/082

岗位需求　/083

能力差距需求　/084

## 四步制订培训计划　/086

第一步：预算信息获取　/087

第二步：培训计划制订　/087

第三步：预算与计划调整　/093

第四步：培训计划公示　/094

## "人、货、场"搞定，培训计划落地　/094

培训计划落地需要搞定的人　/095

培训计划落地需要搞定的货　/098

培训计划落地需要搞定的场　/099

# 第五章 培训项目设计

## 有效的培训项目长这样 /105
有效的培训项目敢于承担经营目标 /105
有效的培训项目应当训战结合 /106
有效的培训项目应当影响员工心智 /107
有效的培训项目应当容许犯错 /108

## 新员工培训项目成功的关键 /110
以胜任力模型为基础的新员工招聘 /111
以企业文化为基础的培训内容 /113
以融入为基础的岗位带训 /115

## 人才发展项目成功的关键 /117
能力要向上看齐 /118
储备要超前看齐 /121
发展要长远看齐 /122

## 领导力项目成功的关键 /124
四个认知 /124
领导力培养要向下看 /126
领导力培养要事先觉察 /127
领导力培养要提供"熔炉" /127
领导力培养要落实到行为 /129

### 行动学习项目成功的关键 /131

行动学习项目成功的关键 /133

行动学习项目运用场景 /137

### 用敏捷型培训项目提升组织能力 /139

以考代训 /140

以赛代练 /141

通关演练 /141

案例教学 /142

项目小组 /143

### 名企案例：华为的干部培养 /145

以干部九条作为基准 /145

以实践提升作为重点 /146

以聚焦关键作为策略 /147

以导师机制作为推动 /147

## 第六章 课程开发

### 课程研发水平五段位 /154

段位一：内容堆砌段位 /154

段位二：结构化呈现段位　/155

段位三：教学方法研磨段位　/155

段位四：场景化营造段位　/156

段位五：系统化研发段位　/156

## 课程有效的灵魂：教学设计　/157

现代教育学之父　/159

加涅的九个教学阶段　/160

梅里尔的五星教学法　/161

## 搞定课程开发的高手思维　/163

专业的课程开发流程　/164

课程开发高手思维　/165

## 用翻转课堂思考课程开发　/170

什么是翻转课堂　/170

翻转课堂式的课程开发　/170

翻转课堂的企业实践　/171

## 名企案例：沃尔玛 / 宝洁 / 京东的课程体系　/173

沃尔玛的课程体系　/173

宝洁的管理课程体系　/174

京东的课程体系　/175

# 第七章　内训师管理

## 选什么人比选多少人更重要　/181

培训师四力模型　/181

内驱力的根源是天然的热爱　/186

## 内训师应该是稀缺的　/187

内训师选拔的三道关　/188

内训师数量应该要有多少　/195

## 内训师培养的五种形式　/196

训战结合的 TTT 培养形式　/197

短平快的工作坊（沙龙）形式　/198

以赛代练的竞赛形式　/198

外派学习形式　/198

实战强化与及时反馈形式　/199

## 内训师激励是用钱还是用名　/199

内训师物质激励的"三看两要"　/201

内训师精神激励抓五感　/204

三种驱动模式　/211

## 内训师积分与星级管理　/212

内训师积分管理　/213

内训师星级管理　/218

**名企案例：阿里巴巴的内训师管理** /222

阿里巴巴的内训师选拔 /222

阿里巴巴的内训师培养 /223

阿里巴巴的内训师激励 /224

# 第八章　培训落地与运营

## 培训落地的三大学习策略 /233

学习准备策略 /234

课堂学习策略 /235

课后巩固策略 /237

## 培训落地的四大游戏化策略 /238

游戏化策略一：目标 /239

游戏化策略二：规则 /240

游戏化策略三：反馈系统 /241

游戏化策略四：自愿参与 /242

## 培训落地的六大营销策略 /242

策略一：社交货币 /243

策略二：诱因 /244

策略三：情绪 /244

策略四：公共性 /245

策略五：实用价值 /246

策略六：故事　/246

## 培训落地四步管理策略　/247

第一步：项目设计　/249
第二步：项目落地　/250
第三步：项目迭代　/254
第四步：评估结项　/254

# 第九章　培训效果评估与总结

## 柯氏四级评估的方法与时机　/260

第一级：反应评估　/261
第二级：学习评估　/264
第三级：行为评估　/265
第四级：结果评估　/267

## 培训管理的八项健康指标　/268

人均培训小时　/270
需求完成率　/270
培训普及率　/271
培训成才率　/271
直接成本　/272

间接成本　/272

讲师负荷　/272

投资回报率　/273

**用复盘思维搞定培训总结　/274**

模块一：目标及策略回顾　/274

模块二：现状及规律分析　/275

模块三：最佳实践分享　/277

模块四：下阶段目标及计划澄清　/279

# 第十章　培训管理与培训制度

**培训部门管理必做的五件事　/285**

业务导向　/285

统合借力　/287

树立标准　/288

内外兼修　/289

迭代复盘　/290

**企业培训制度参考模板　/291**

**内训师管理制度参考模板　/301**

## 培训部门利润化发展趋势 /314

培训部的产品是什么 /314

培训部的客户是谁 /316

培训部的盈利模式是什么 /316

## 后记 培训技术引领组织发展 /320

## 附录 胜任力词表 /325

## 参考文献 /341

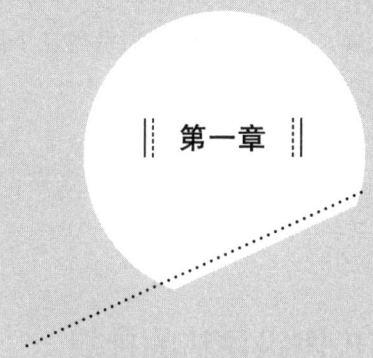

# 第一章

## 培训的有效性如何体现

培训的有效性一直都是培训界最关注的话题。在弄清如何让培训变得有效之前，我们必须先了解培训效果到底体现在哪些方面，以及这些方面的因果关系，只有这样，我们在做培训的时候才能有的放矢。

本章将从培训师最熟悉的柯氏四级评估说起，引出柯氏四级评估的过去和现在、四级评估之间的因果关系，以及作为培训师我们应该更关注第几级评估才能让培训效果得以体现。除了柯氏四级评估之外，培训师还需要从人才发展、业务发展、组织发展三个层次出发考虑，体现培训的有效性和价值。

# 柯氏四级评估的挑战

## 柯氏四级评估的过去

说到柯氏四级评估，培训师对它并不陌生。柯氏四级培训评估模型（Kirkpatrick Model）由威斯康星大学名誉教授唐纳德·L.柯克帕特里克（Donald L. Kirkpatrick）于1959年提出，是世界上应用最广泛的培训评估工具，在培训评估领域具有难以撼动的地位。他提出培训需要从四个层面来评估其有效性，这四个层面分别是反应、学习、行为和结果。

1. 第一级：反应评估

反应评估是评估被培训者的满意程度，包括但不限于培训师的培训技巧、课程内容的设计、教材的内容质量、培训的组织、学习的环境等方面,总之与培训相关的人、机、料、法、环都可以纳入反应评估的范围。

我们常常用满意度调研表来调研被培训者对培训的满意度,但培训师也可以从自己的视角出发,观察、评估学员的反应。我曾经服务过的一家互联网商超公司,他们在做人才发展项目时,助教会在整个项目中评估学员的学习反应,包括但不限于发言次数、是否担任班干部、参与程度、专注程度、违纪情况、作业完成情况、获奖情况等内容,并且会将记录结果形成一份报告,发给被培训者本人和他们的上级,这也为人才评价提供了一份有力的参考。

2. 第二级:学习评估

学习评估是测定被培训者的学习获得程度,包括但不限于知识、技能、态度等方面是否获得了提高。

学习评估一般会用测试的形式来进行,主要有两种方式,一种是看培训结束后被培训者测试结果的平均得分,另一种是在培训前和培训后各做一次测试,看看前后两次的结果对比。这里有一个误区,认为测试就是考试。其实,测试不一定是考试,也可能是实操测试,这需要根据培训内容而定。

关于学习评估的有效性,培训师还需要再深入地想一想,测试的内容是否回归课程目标本身,一切测试的重点、占比、难易程度都要从课程目标的重点出发。比如培训的目标重点是让学员能够熟练使用沟通四步法进行模拟演练,那么学习评估的测试重点、占比、难易程度就要围绕此目标进行设计和分配。就像高考的考题,基础题、中难度题和高难度题的占比不同,考点和题型的重要性又有不同程度的划分。学习评估的挑战在于,知道和做到是两码事,我们仍无法确定被培训者是否能将他们学到的知识与技能应用到工作中。

### 3. 第三级：行为评估

行为评估是考察被培训者的知识运用程度，包括但不限于知识、技能、态度等是否运用到工作中。

行为评估要在培训结束一段时间后才能更好地做出评价，评估方式可以采用问卷方式，也可以采用访问和观察方式。行为评估的难度在于时间较长和成本较大，同时学习者将知识运用于岗位往往缺少环境支持，缺少监督和持续跟进，落地难，这也是很多企业止步于第三级评估的原因。

学习者是否能将知识运用于岗位并做出行为改变，是培训是否有效的分水岭，它对培训效果起到了决定性的作用。这也是本书反复强调的重点，你会在本书中经常看到这类观点和方法的介绍。

### 4. 第四级：结果评估

结果评估是要计算培训创造出的效益，包括但不限于经济上的或精神上的效益。经济上的包括过程类指标，比如生产效率得到了提高、客户的投诉减少了等，也包括结果类指标，比如体现在财务上的销售额提升、营业额提升、成本降低等。精神上的可以包括员工的敬业度、满意度、组织氛围等方面。

结果评估是成本最高、时间周期最长的评估方式，其评估难度也最大，但对企业的意义重大，是培训有效性最有说服力的证据。

除了以上四级评估，也有人在此基础上发展出第五级即投资回报率评估，它的公式可以表示为：投资回报率＝净收益÷成本。这种评估方式站在企业经营的角度，不仅要考虑收益，还要评估成本投入，具有很强的经营思维。

我在甲方企业的很长一段时间里，大多数时候只做到前两级评估，这有我自身的原因，也有企业的原因，同时我还一度认为三、四级评估难以实现，所以没有深入探索和尝试。后来才发现自己思维太狭隘，在职业初期没有系统的思考能力，看问题目光也非常短浅。我也终于明白，三、四级评估的源头不在于培训中的任何一个环节，而在于岗位中、业务上。如果我们清楚员工好的业绩表现因何而来，那么我们在规划培训课程和项目的时候就知道要做什么，也会知道如何进行三、四级评估。这个深刻的领悟，我将会在"柯氏四级评估的现在"中详细阐述。在本书的第九章中我也对"柯氏四级评估的方法与时机"做出了详细说明，读者学习具体操作层面的内容可以详细阅读第九章。

## 柯氏四级评估的现在

培训界有一个非常出名的 ASK 模型，代表的是培训要解决的三大目标，即态度、技能、知识。后来，ASK 变成了 KASH 模型，又多了一个需要培训师操心的目标，那就是如何让被培训者养成某种习惯。这也是詹姆斯·唐纳德·柯克帕特里克（Kirkpatrick J. D.）和温迪·凯塞·柯克帕特里克（Kirkpatrick W. K.）在他们的著作《柯氏评估的过去和现在：未来的坚实基础》中重点研究的内容。

桑迪·阿尔梅达得出了非常重要的结论：一级和二级正相关，三级和四级正相关，而二级和三级没有明显的相关性，这是柯氏四级评估理论的重要发展。你会发现，现实确实如此，学习者在课堂上学得很开心，考试成绩也非常好，一到岗位上行为却没有发生改变，但只要行为发生改变，结果基本都不会太差。

扎心的是，实际上行为评估是企业培训中巨大的断层地带，让学习者在行为上发生改变还需要培训管理者做更多的努力。其实，新柯氏四级评估也给了我们专业的建议，如图 1-1 所示：在岗位上需要建立环境支持系统，行为实践需要监督、鼓励、强化及责任机制的建立，如果学习者在岗位上得不到人和环境的支持，那么距离培训结束的时间越久，行为的养成越难。培训只能解决 10% 的问题，其他 70% 需要通过实践解决，剩下 20% 需要通过榜样学习才能解决。这和心理学家伯尔赫斯·弗雷德里克·斯金纳（Burrhus Frederic Skinner）强化理论的原理是一样的，正向刺激可以让员工行为得到正强化，但当刺激减少或者不稳定时，行为将会减弱甚至消失。可见，员工行为的养成还是要靠岗位上的支持系统。这也给培训师管理者一个警示，我们不能将工作范围局限于一门课、一个项目，而是要将更多的时间、精力花在员工在岗实践中的支持系统上。可见，行为改变是培训有效性的关键。

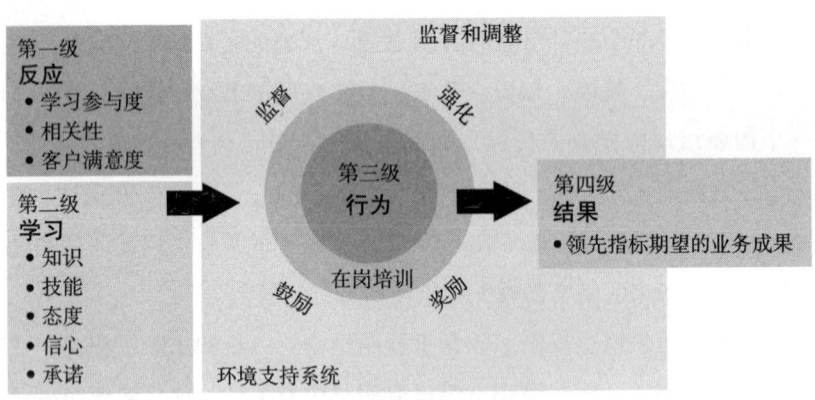

图 1-1　新柯氏四级评估模型

新柯氏四级评估还提出了许多有用的原则，对培训的有效性产生了积极的作用。比如在做培训规划时遵循以终为始的原则，从第四级开始思考培训到底要达到哪些业务目标,这些业务目标的实现要求员工做到哪些关键行为,这些行为需要通过哪些知识、技能、态度的学习才能实现,什么样的教学环境和方法能够让员工更高效地学习。这是一条培训的证据链,让培训效果有迹可循,你可以用一个口诀来记住这个原则:4321做规划,1234看效果。这里的数字代表的就是柯氏四级评估的四个层级。

可以说,如何改变人的态度和行为是培训师终其一生都在思考的问题,而这也是心理学研究的领域,可以说二者大道至简,殊途同归。作为培训师,我们需要谨记的是员工态度和行为的改变绝不是一两次培训就能够实现的,要达到这个目标,建立环境支持系统尤为重要,并且这个过程贯穿员工工作实践的始终。

在这里,我也提出四个影响培训有效性的因素。

**业务导向**:培训的源头一定是业务,规划培训项目和课程时要以终为始,用业务目标作为培训的源头,让培训与业务共舞,与战略并肩。在做培训需求调研时需要寻求多方意见,让培训更贴近业务需求。

**环境支持**:环境支持是培训有效性的外部推动力。制度允许、环境支持、师傅带教等都能让训后工作更好地落地,有利于员工行为的塑造。

**内在驱动**:内在驱动是培训有效性的内在推动力,员工为了什么而选择学习和愿意改变某种行为,是晋升奖励,是使命感,还是游戏化运营带来的心流状态?

**专业教学**:教学理念是培训有效性的基础,也是培训师的专业基本功。找准能够带来业务成果的关键行为,以及它们背后所对应的关键知识、技能、态度,设计符合大脑学习规律的课程和项目,提升教学的效能感,都是培训有效性的关键问题。

本书在各个章节中都有对这四个影响因素的论述,将系统性地解决培训体系有效性的问题。

# 人才发展是培训的底线成果

柯氏四级评估是培训管理者衡量培训效果最常用的工具和维度。此外，作为新时代的培训师，我们面临着企业更高的要求。培训的边界越来越模糊，它对培训师的要求已经不再是开发几门课程、做几场培训那么简单，甚至会做培训体系搭建也不算什么。如果培训师不能担当企业人才复印机的角色，不能为企业输送合格的人才，那么再完善的培训体系也只是假把式。

所以，新时代的培训管理者和培训师一定要思考，培训的定位到底是什么？培训的底线成果是什么？我认为，对于新时代的培训管理者和培训师而言，培训的底线成果就是帮企业做好人才发展，确保人才培养的数量和质量，及时为企业补充胜任岗位的人才。

## 认识人才发展

人才发展（Talent Development，TD），是企业人力资源管理中重要的组成部分，它需要解决什么是人才、人才如何选拔、人才如何培养、人才如何评价、人才如何任用与激励等问题。

不知道各位读者所在企业有没有人才发展岗位，或者平时的工作能解决以上所有问题吗？我想大部分人的答案一定是否定的，而且这些问题似乎绝大部分都是人力资源部门的职责范围，培训能做的只是人才的培养罢了。但无论从培训的效果出发，还是从成为更有价值的培训师出发，早日成为能解决以上问题的培训师才能让自己的价值得以体现。

人才发展的源头可以从企业的战略说起，每一次战略的调整都会牵扯人才的去留。2023年3月底，中国各大上市公司陆续发布了2022年的财报。一个个触目惊心的数字让人看了唏嘘：

阿里巴巴2022年相比2021年裁减了19576人。

腾讯2022年相比2021年裁减了4335人。

小米2022年相比2021年裁减了3695人。

贝壳找房2022年相比2021年裁减了11542人。

……

岗位的裁减有多重因素，其中企业战略与业务调整是关键因素之一。人才发展需要敏锐的战略洞察和业务视角，那些最重要的岗位、新业务岗位一定是人才发展当下要重点关注和发展的岗位。

人才发展的上游是人力资源规划。人力资源规划需要做的是根据企业业务的发展，合理规划人才数量，其中人才的平衡是最为重要的任务，它必须做到对人才入、转、调、离的准确预测。而人才发展需要在这个过程中发挥人才输送的作用，它一定要有一套精准的人才"出库"标准，通过人才发展手段使较低层级的员工符合上一层级的"入库"标准，并把他们顺利输送到匹配的岗位上。

除了人才发展的源头问题之外，我们还需要通过专业的发展手段，解决日常工作中的诸多问题，让人才发展符合业务需求和战略需求。

### 1. 胜任力模型

胜任力模型是针对特定职位优异表现要求组合起来的胜任力结构，是一系列人力资源管理与开发实践的重要基础，如工作分析、招聘、选拔、培训与开发、绩效管理等都需要使用胜任力模型。胜任力模型是一个人是否能够胜任岗位的基本假设，它由不同的素质项组合而成。

美国哈佛大学教授、社会心理学家戴维·麦克利兰（David C. McClelland）认为："胜任力模型是一组相关的知识、态度和技能，它们影响个人工作的主要部分，与工作绩效相关，能够用可靠标准测量并通过培训和开发改善。"美国著名心理学家吉尔福德（J. P. Guilford）则认为："胜任力模型描绘了能够鉴别绩效优异者与绩效一般者的动机、特质、技能和能力，以及特定工作岗位或层级所要求的一组行为特征。"

人才的基本面对人才发展而言非常重要，因为人如果没有选对，那么培养起来不仅事倍功半，还可能培养失败。我曾经在某头部茶饮公司就遇到过类似的问题。该公司在2019年快速开店，门店店长的培养速度赶不上门店的扩张速度，于是启动了管培生培养项目。管培生的招聘由招聘部负责，培养由培训部负责，项目启动一段时间之后问题逐渐显现——管培生的流失率不断升高，管培生的培养成功率不足40%。经过了解得知，很多管培生是被半忽悠进来的，还有很多管培生觉得餐饮门店工作太累就放弃了，剩下的也表现平平。培训部很无奈，因为培养失败的原因并不是培训部的工作没做好，而是管培生基本面无法与岗位很好地匹配，特别是冰山下的素质存在很大的差异。

这是我亲身经历的教训，希望各位读者朋友能引以为戒，任何时候都不要一味地埋头苦干，一定要知道培训有效性都受到哪些因素的影响，在力所能及的范围内做好沟通与调整。

### 2. 任职资格体系

任职资格是指为了保证工作目标的实现，任职者必须具备的知识、技能、能力和个性等方面的要求。它常常以胜任职位所需的学历、专业、工作经验、工作技能、能力加以表达。企业的任职资格要求由两部分组成：行为能力与素质要求。行为能力包括适应战略要求的知识、技能和经验等；素质要求是指符合某一职类、职种、职位、职层任职要求的人的动机、个性、兴趣与偏好、价值观、人生观等。你可以将这些要求理解为在胜任力的基础上还增加了更多的胜任岗位的维度，这些维度加起来就形成了更全面的任职资格，而不同岗位、不同层级的任职资格加起来就形成了一整套任职资格体系。任职资格体系在人力资源管理与开发实践中的运用和胜任力模型非常相似，都是人才招聘、选拔、培养与开发、绩效管理的基础。

### 3. 人才测评

有胜任力模型和任职资格体系作为参考标准之后，企业就需要通过不同的测评方式去识别人才的各项能力、素质是否符合这些标准。人才过往的学历、专业、工作经验、工作技能等容易从过往履历中判断，但是另外一部分冰山以下的素质就难以判断，比如动机、个性、价值观等。所以人才测评会根据企业看重的维度进行，大部分企业会对员工的性格、胜任力、价值观、逻辑等进行测试，这些测试结果将成为人才选拔和发展的重要依据。

### 4. 人才培养

人才测评会选拔出一批值得培养的人才，或者识别出人才的能力差距，接着就可以通过人才培养的方式让员工成长为胜任不同岗位的人才。人才培养的方式非常多样，已经不仅仅是指课堂学习，它还可以是在实践中学，在比赛中学，在考试中学，在标杆中学，在书上学，在教授他人中学，在团队共创中学……只要是能弥补员工能力差距的学习形式都可以成为人才培养的方法。其中721法则是人才培养最常用的学习模型，它告诉我们知识和能力70%通过实践得到，20%通过学习他人（榜样）得到，10%通过课堂培训的形式得到。华为就是721法则的忠实粉丝，"训战结合"的方法是华为的培训理念。本书将在第六章中重点介绍，什么样的培训学习方法对于员工是最有效果的。

### 5. 人才评审

在人才培养项目结束之后往往还会再进行一次人才评审，人才评审的目的是了解员工在经过一段时间的培养之后能力是否得到了提升。在这个环节可以再做一次人才测评，同时还可以结合评价中心技术进行，使结果更加客观，避免高分低能，可以真实地评估员工的能力。

### 6. 人才盘点

对人才的定期盘点是企业做好人才激励、发展的又一重要工作。我较早接触人才盘点是在甲方企业里。全球杰出的CEO杰克·韦尔奇在《赢》这本书中对人才划分方式的描述，以及阿里巴巴人才盘点的九宫格，令我印象深刻。这些方式都是通过不同的评价和测评方式将员工分类，如图1-2所示，不同区间的员工将会被赋予不同的"命运"。

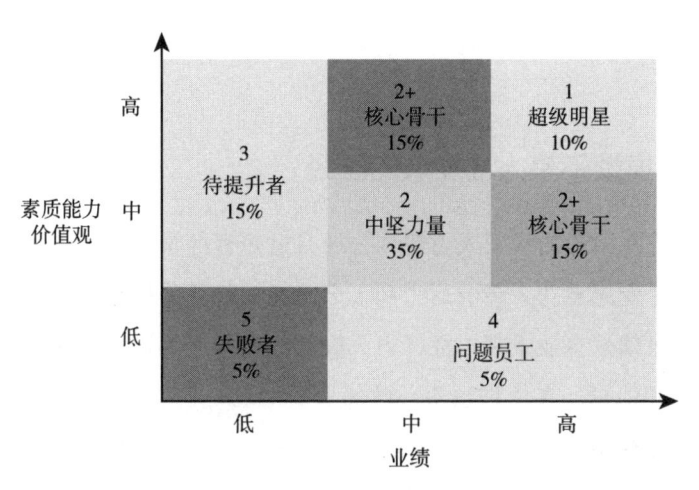

图 1-2 人才盘点九宫格

## 7. 人才发展

人才盘点后，不同的员工将会被赋予不同的"命运"，即不同的发展方式。优秀的少部分员工将获得升职加薪，大部分中间的员工将继续被培养和观察，少部分不被看好的员工可能会面临调整或被淘汰。如此循环往复，为企业持续培养和鉴别能持续创造价值的高潜力人才。

你可能觉得人才发展的工作好像离培训很远，但我为什么要向各位读者介绍这些似乎离培训很远的工作呢？原因很简单，是希望每位培训师不要给自己设限，把自己的天花板建高一点儿，因为只有我们有了更高维度的认知，我们做培训才会有更高的格局，人才发展的视角也会更宽。我个人的深刻体会是，培训不能是一个孤岛，也不能陷入专业的陷阱。如果我们不懂胜任力模型，那我们将不知道如何设计学习地图和匹配学习内容；如果我们不知道通过评审和盘点人才的能力差在哪里，那我们就不知道如何去优化和迭代培训方法，更何谈培训的有效性，人才发展的底线也无法守住。

## 胜任力模型不是人才发展的圣经

我曾在国内的一家人力咨询公司有过短暂的学习经历，发现越来越多的企业愿意花大量的财力和人力来建立胜任力模型，可见胜任力模型越来越被企业重视。胜任力无疑已经成为人力资源管理各个模块的基础和依据。在培训模块，胜任力模型也是各项培训工作的基础，比如学习地图设计、学习内容匹配、课程设计、项目设计、人才发展等。但在本书中，我将挑战胜任力模型在人才发展中的地位，它在人才发展中的应用也需要被辩证看待。

### 1. 不是什么胜任力都可以被发展

戴维·麦克利兰提出的冰山模型有一个非常重要的结论：冰山以上靠培养，冰山以下靠选拔。冰上的知识和技能是较容易被看到和被判断的，培养起来也较简单，而冰山下的特质、动机等是较难被看到和被判断的，培养起来也比较困难。通常，企业选拔人才的时候应该更注重冰山以下的素质，因为冰山以上的素质就算稍微差点，但培养起来相对容易一些。

我们发现，企业胜任力模型中的素质项基本上都是冰山以下的素质，并且都是用高度概括的词语来表达的。作为培训师，我们不能完全依赖胜任力模型，因为它只是笼统地概括了冰山以下的素质。同时，这些素质中应该隐藏着更多的能力信息，培训师需要基于员工的工作岗位和工作表现进行分析，识别出这些素质项背后隐藏的能力缺失点，并且需要分析这些能力缺失点是环境因素还是非环境因素导致的问题。培训能解决的往往是非环境因素导致的问题，培训不能解决的则需要寻找其他的解决办法。

### 2. 不同岗位的胜任力重点不同

不同岗位、不同层级的岗位胜任力是有区别的，在人才发展工作中，培训师需要对此有清晰的认知。

基层员工、基层管理、中层管理、高层管理岗位的胜任力模型是有区别的，同时也有重叠的、全员通用的胜任力模型。对于基层员工，除了胜任力模型中的素质项之外，他们更需要掌握的是岗位操作技巧和流程，你会发现这些培养内容会有更多具体的标准操作和流程，因而可以被很好地衡量。而基层管理者、中层管理者发展的能力当中，岗位操作技巧和流程类逐渐减少，随之增加的是一些比较难被衡量的领导力、通用素质能力等。到了高层管理岗位，基本看不到需要培养的岗位操作技巧和流程，几乎全部都是更宽泛、更难被定义的领导力和概念技能。不同层级的能力区别，其对应的培养方式和方法都会发生很大的变化，没有一套放之四海而皆准的培养方法，而对于培训师的挑战也会随培训对象层级的升高而增加。

### 3. 不是所有胜任力都要被发展

虽然我们的胜任力模型是固定的，但是员工的能力是参差不齐的，因此并不是所有胜任力都需要被发展。通过人才测评和统计分析，我们会得出相应的能力差异结论。人才发展工作的重点应该放在重要且差异较大的能力上，个体个性化的能力差异则需要通过更详细的个人发展计划来改善。

# 人才发展需要解决的三个问题

2022年我有幸观看了源码资本合伙人郑云端在得到的一场直播，他在谈到人才发展的时候提出了人才发展的三板斧，分别是培训、实践和辅导。这三板斧在人才发展项目中确实是不可或缺的元素，同时也符合721的学习原理。在过往的人才发展项目中，我们往往太关注方法和流程，很多底层的问题却没有厘清。我根据个人的实战经验进行了深入思考，总结了人才发展需要解决的三个问题，希望各位读者带着问题一起思考和实践。

### 1. 发展什么的问题

人才发展究竟要发展什么？也许你会认为当然是发展人的能力，也有人会认为是发展人的数量和质量。这些回答其实都没有问题，这些都是人才发展的核心工作。只不过，人才发展工作不是做一场培训那么简单，它还必须解决：

如何避免在招聘环节录用不合适的员工？

如何识别高潜力员工并给他们发展机会？

如何有效评估员工能力，给员工最恰当的能力补给？

如何提高人才对组织的认同感，减少人才流失？

……

所以，人才发展是一整套人才管理工作，它与组织发展紧密相连，需要解决更高层面的问题。

▶ **发展的目的是什么**

在企业的不同发展阶段，人才发展的目的不同。

在初创期，人才发展没有明显的发展对象，但是一定要确保初创团队的每个人都符合企业人才画像，因为团队最初的气质会影响企业后期的文化走向。

在企业快速发展阶段，人才发展最重要的是解决人才的补给问题，这时候数量和质量往往两者不可兼得，所以需要平衡和取舍。

处于成熟期的企业规模最大，企业各方面的症结明显、突出，人才发展需要通过影响员工的心智模式，打破原有的陈规陋习来达到组织发展的目的。

处于衰退期的企业，人才发展则需要考虑成本和留住人才的问题。

▶ 发展什么岗位

不同时期人才发展工作的岗位侧重点有所区别，但人才发展作为长效机制，原则上每个岗位的发展都是平等的，因为不同岗位之间是一种供应关系，任何一个岗位断层都可能会影响下一个岗位的人才补给。那么到底怎么选择发展的岗位呢？

我们跳出培训的视角，从发展的视角来看，人才发展需要根据不同岗位的成熟度选择不同的发展计划和手段。比如某个岗位需要具备的能力公司无法培养，那么人才引进也许是好的选择；某个岗位人才过剩，则给他们更多的锻炼机会（如轮岗）或许是好的发展选择；某些岗位的员工能力较差，公司又有能力培养，那么进行内部培养，也许是好的发展选择。如果非得选择一个岗位，那么可以筛选三个条件：哪个岗位是核心岗位（赚钱岗位）？哪些岗位的能力差距较大，内部可进行培养？哪个岗位的人数众多，可复制性强？三个问题都有所涉及的岗位大概率就是我们要重点发展的岗位。

▶ 发展什么能力

发展什么能力也许并不难判断，但还是需要注意能力的层次和个性问题。首先是能力的层次问题，冰山以下的素质我们一般靠选拔，因为比较难培养，相对而言冰山以上的知识和技能较容易培养。其次是能力的个性问题，培训手段往往只能解决共性问题，而个性问题则需要通过自我察觉，通过制订个人发展计划在实践中改善、提升。

### 2. 能力差多少的问题

俗话说"一口吃不成一个胖子"，人才发展也是一样的，所以在能力差距的评估上，很多读者可能都没有思考过一个问题，那就是人才发展是要让员工达到及格水平还是优秀水平。要让一个平均能力可能还没有达到及格水平的岗位一夜之间达到优秀水平，并不现实。所以，人才发展是一个循序渐进的过程。如果员工能力评估不及格，那么在确定课题的时候，培养的目标应该先定在及格水平，教学的设计和发展计划的制订也都要围绕及格水平展开。如果岗位员工能力已经达到及格水平，那么我们可以把培养目标定到优秀水平。如果岗位员工已经够优秀，那么是否还需要培养，或者提升的空间大不大，需要重新考量。

### 3. 行为有效习得的问题

人在什么情况下愿意做出行为改变？关键在于四点：痛了、懂了、会了、做了。在培训课堂上能解决的往往是让学员感觉到痛了、懂了、会了，但做了往往需要在岗位上的长期实践，最后形成肌肉记忆。这就要求人才发展要考虑到环境与机制的配套因素，通过监督、激励、考核等手段让员工在岗位上持续做出有效行为改变。群体动力学代表人物库尔特·勒温（Kurt Lewin）在研究群体行为时得出了非常重要的结论：个体在良好的氛围下参与群体活动，可以更好地改变个体的态度和行为。

人才发展向上提升就到了组织发展层面，专业方面可以延伸到社会心理学、组织行为学等领域，个体与群体的行为有效习得是产生绩效的关键一环。人力资源管理工作是基于企业的战略与发展展开的，人才发展也是如此，培训师要将目光聚焦在能使企业长远、健康发展的问题上，根据企业的发展阶段和不同场景解决不同的人才问题。

## 业务发展是培训的挑战成果

随着中国企业的管理不断成熟，企业对培训的期望也慢慢发生了转变。企业不仅仅希望培训能帮助企业做好人才发展，还希望培训能在激烈的市场竞争中帮助企业做好业务发展，但对于培训管理者来说，满足业务发展的需求远比满足人才发展的需求挑战更大。

中国中小企业的平均寿命只有 2.5 年，而集团企业的平均寿命只有 7~8 年。这些数据显示，大部分企业还没活到需要成立培训部就已经倒闭了，少部分活下来的企业也是为了生存艰难前行，在这种情况下，培训部门的成立对于企业而言，不仅仅是为了培养人才，更迫切的目的是帮助企业做好业务发展。

2022 年下半年，华为创始人任正非在内部讲话中说道："华为未来几年把活下来作为最主要纲领，边缘业务全线收缩和关闭，把寒气传递给每个人。"他还说道："未来十年应该是一个非常痛苦的历史时期，全球经济会持续衰退。现在由于战争的影响以及美国继续封锁打压的原因，全世界的经济在未来 3~5 年内都不可能转好。"华为已经将未来的经营方针调整为追求利润和现金流。在经济表现受挫的环境下，企业对业务发展的渴望愈加明显，以至于乙方培训、咨询公司与业务增长相关的产品、服务的需求量增加，企业就算花血本也要探索业务发展的突破口。

可见，帮助企业做好业务发展不仅是培训部门成立的初衷之一，更是市场经济背景下对培训部的迫切要求。

## 培训实现业务发展的基础

培训管理者要想帮助企业做好业务发展，一个重要的前提是与业务部门建立信任关系。信任关系的建立是开展工作的前提，但培训管理者因为工作性质的特殊性，常常与业务部门分道扬镳。麦肯锡有一个著名的信任公式——信任 =（亲密度 + 可靠度 + 专业度）÷ 以自我为中心，这对于培训管理者与业务部门建立信任关系有很好的借鉴作用。

### 1. 增加与业务的亲密度

从业务中来，到业务中去，无疑是一种增加亲密度的有效方法。在不同的企业，培训管理者有的是业务线出身，有的是专业线出身，但无论是哪种出身，经常贴近一线都是增加亲密度最好的做法。

我曾服务过的公司基本都要求培训管理人员要了解业务。我曾经在一家知名的餐饮公司工作，公司要求我在一线工作一个月，从普通员工做起，学习所有岗位员工要掌握的工作技能，最终接受并通过考核。在未来的工作中，还需要经常回到一线，去了解培训落地的情况。

但是，并不是经常去一线就能增加与业务的亲密度，很多培训管理者来无影去无踪，和一线的管理者招呼都不打就消失不见了，或者去了之后用上帝视角批评指责一线的工作，这都无法增加亲密度。到一线之后，需要与一线的管理者面对面平等交流，对于更高级别的一线管理者，培训管理者可以通过书面方式与其交流一线的所见所闻。

### 2. 增加培训的可靠度

在什么情况下，我们会认为一个人是可靠的？我想一定是基于对方在日常工作中体现出来的点滴细节，比如及时回复信息、及时沟通、答应的事情能落地、执行的事情有结果等。可靠度是一种职业化的体现，决定了业务部门对培训管理者的印象。

### 3. 增加培训的专业度

专业出身的没有业务出身的懂业务，业务出身的没有专业出身的懂培训，这是一个鱼和熊掌不可兼得的现象，双方都需要在彼此欠缺的领域弥补不足。

值得深思的是，业务部门自身对业务的管理也不一定总能产生良性结果，那么培训就能赋能业务的发展吗？我想各位读者在心中也一定会有自己的答案。专业是一个没有边界的东西。培训管理者对业务的专业提升不仅仅局限于日常业务管理，也可以向更宽广的业务专业领域拓展，对目前的业务做降维打击。培训管理者对培训的专业提升不仅仅局限于一亩三分地，也可以向更高深的培训技术与流程方向钻研，为目前的培训落地设计组合拳。

### 4. 降低培训的自我中心度

培训易陷入自己的世界，专业主义、理论主义、经验主义等都是培训以自我为中心的表现。想要降低培训的自我中心度，培训部门必须与业务部门穿同一双鞋子。从培训考核、评估重点是不是和业务考核、评估重点一致，可以看出一家企业的培训是不是以自我为中心。比如培训部门往往关心一、二级评估，但业务部门更关心的是三、四级评估，这样的培训就是以自我为中心的。要降低培训的自我中心度，赢得业务部门的信任，首先要把业务部门的考核、评估重点作为培训部门的考核和评估重点，这些评估重点一般都是经营者关注的经营指标。

## 培训实现业务发展目标的引擎

有了业务部门的信任之后，我们还需要两个重要的引擎来拉动培训实现业务发展的效能。这两个引擎一个是高层驱动，一个是技术驱动。

### 1. 引擎一：高层驱动

高层驱动，顾名思义，培训要取得高层的支持才能更好地驱动培训赋能业务发展。比如 GE 为了确保培训相关工作的顺利进行，特别设立了"首席教育官"的职位，他直接向 CEO 汇报工作。GE 首席教育官的人选也格外严格，一定要是负责过多业务管理、对公司运作较为熟悉的人。大多数企业一般很难做到这一点，CEO、创始人担任企业大学的校长已经是对培训最大的重视了。

### 2. 引擎二：技术驱动

技术驱动在当下非常重要，迅速发展的企业、变幻莫测的环境、降本增效的需求、培训人力的有限，都对技术驱动呼声越来越高。比如沃尔玛在培训中会采用 VR（虚拟现实技术），让学员戴上 VR 设备，去体验和处置现实中会出现的场景，导师和其他学员能够看到这名学员是如何进行操作的，并可以直接进行评估。同时沃尔玛还通过 AI（人工智能）开发了门店员工标准话术考核系统，员工只要拿着手机对着 AI 给出的模拟场景说出应对的话术，AI 就能够评判员工话术的掌握情况。沃尔玛通过技术驱动，大大提高了培训效果，也减少了不必要的人力成本。目前国内培训领域技术的驱动大多还处于PC（个人计算机）和移动互联网时代，但我相信，技术驱动培训在不久的将来会得到更好的发展。

## 培训实现业务发展的切入点

基础和引擎都具备之后，培训实现业务的发展就可以势如破竹。但要考虑以下问题：从哪开始？要做什么？要怎么做？培训实现业务发展要有场景和切入点，其中有五个切入点是培训管理者必须关注的。

### 1. 切入点一：战略规划

战略规划是培训首先要打通的切入点，因为它会影响未来培训的工作重点。我建议培训管理者要成为战略规划工作的流程专家，通过策划战略研讨会，通过专业的引导技术来提高培训在业务领域的影响力。在这个过程中，培训也能获取最新的战略信息，对战略意图的理解会更加清晰，对重点业务的把控将会更加明确，对未来培训体系规划的帮助不言而喻。

我曾经参与过战略研讨会议的策划与引导工作，培训管理者不仅要懂得战略地图、平衡计分卡、绩效仪表盘等战略管理工具及其拆解逻辑，还要对战略研讨工作坊与引导技术信手拈来。这种培训管理者参与战略规划的工作，会对往后的培训落地产生很好的指引作用。

### 2. 切入点二：新业务拓展

新业务拓展是培训实现业务发展难度较低的一个切入点。新业务拓展需要培训介入的环节往往比较多，需要解决大量的新员工培训、文化融合、业务与工作流程梳理、关键岗位与人才培养等问题。这些培训工作对于一般的培训管理者来说再熟悉不过，属于培训体系搭建的初期阶段，从无到有的过程本身就是一种助力业务发展的体现。培训在这个阶段只要确保新业务从业人员能够按照标准的工作方式顺利完成工作，流程顺畅，团队稳定，就是实现业务发展的基础保障。

我服务的企业经常会有新业务的拓展需求，在此我建议培训管理者不要局限于自己的一亩三分地，在新业务的拓展初期就加入创业团队，参与边界模糊事项的梳理工作，将不确定变得确定，将各方需求综合为培训需求，将新业务跑通，这时的培训部门就不再是企业可有可无的边角料了。

### 3. 切入点三：业务增长

当新业务变成稳定的业务时，业务部门已经不再满足于业务能跑通的基本要求，业务增长会是下一个培训实现业务发展的切入点。但不得不说，业务增长是培训管理者最大的挑战之一。

培训管理者要想实现业务增长，就不能把自己简单地看作一名培训工作者，更需要以经营者的视角来看待问题。同时，要实现业务增长，也不能仅仅用传统的培训方法，而需要更多培训手段以外的方式方法，使用组合拳。

在大量的企业培训案例中我发现，能帮助企业实现业务增长的培训都有一大特点：大部分是以项目制的形式，基于业务课题的解决而进行"训战一体"的真实作战。这时的培训管理者更像是一个项目经理，是一名军师，他的能力要求没有边界，最重要的是他能够激发团队的作战激情，汇聚团队的集体智慧，反复提升团队的作战效能。这种培训的方式有一个大家耳熟能详的名字，叫"行动学习"。本书的第五章会进一步介绍行动学习。

### 4. 切入点四：降本增效

企业在经营困难或是业务下滑阶段都会提到降本增效，这是培训实现业务发展的又一个切入点。其实无论什么时期，降本增效都可以作为一个重点话题，只是在特殊时期降本增效显得尤为迫切而已。大部分企业做降本增效，往往先想到的是裁员、缩减业务等做法，但这些做法只能让企业多活几日，并没有实际解决企业生存的问题。

降本增效实际要关注的是收支与人效问题，方法也不仅仅是裁员或缩减业务。我曾经遇到过这样一个案例：在一家大型的生产制造企业中，培训部门启动了"降低生产损耗"的培训项目，他们也是以行动学习的方式，召集生产线的管理者形成行动小组，通过群策群力的方式制订降低生产损耗的行动策略和计划，通过几个月的反复复盘，最终将生产损耗降到原来的一半，形成了一套可复制的方法论，为企业带来巨大的经济效益。从这个案例中我发现，降本增效的培训项目往往是从业务的根源寻找问题和突破口，通过群策群力和行动计划的执行来实现产能提升，解决业务发展问题。

### 5. 切入点五：经验萃取

经验萃取是目前非常流行的管理和培训方法，它敏捷、高效，几乎适用于所有企业和工作场景，无疑是培训实现业务发展的又一利器。

华为将经验萃取用于知识管理，平安将经验萃取用于绩效提升，华润将经验萃取用于教学设计，可见，经验萃取的运用场景非常广泛。我们来看一家全球领先的生物制药公司的经验萃取案例：

在绩效提升需求的背景下，这家企业给销售设计了 21 天的训练营。训练营从经验萃取开始，先萃取和提炼高绩效销售人员的关键成功要素，然后向其他销售人员推广这些关键成功要素，销售人员通过

3轮（每轮7天）的实践与对有效关键要素的评估，最终沉淀出最具效果的关键要素，为绩效提升找到线索。

培训实现业务发展的切入点不止于此，也远没有想象的那么简单。培训实现业务发展，核心是要解决两大难题，其一是要寻找到业务增长的关键策略与关键行为，其二是要解决持续的执行力问题。培训管理者需要保持学习的心态，不断拓展自己的边界，敢于尝试，才能赋能业务发展。

## 组织发展是培训的终极成果

培训是组织发展中的一环，让培训实现组织发展并没有普遍拿到台面上来说，它是一个隐性的、巨大的可能，也是未来发展的一大趋势。

组织发展（Organizational Development，OD），是指将行为科学知识广泛应用在根据计划发展、改进和加强那些促进组织有效性的战略、结构和过程上。组织发展重视人员和组织的成长、合作与参与过程以及质询精神。简单地说，组织发展研究的是个体与群体行为的影响因素，通过科学合理的干预措施，使个体和群体行为服务于企业，以达成企业目标。在组织发展研究的过程中需要以社会心理学、群体动力学、组织行为学等学科为基础，以这些学科的研究成果作为组织干预措施的指导方针，通过有效的手段影响个体和群体的行为。这些干预措施中不乏需要培训作为媒介来达到干预效果的，可以说任何管理学科的发展都离不开心理学等研究行为和心理活动的学科。本书内容也大量引用了这些学科的研究成果,是这些学科在培训领域的运用与延伸。

绩效改进之父托马斯·吉尔伯特(Thomas F. Gilbert)提出了非常著名的行为工程模型(Behavioral Engineering Model, BEM),如表1-1所示。

托马斯·吉尔伯特指出影响员工绩效表现的因素有两大类,一类是环境因素,一类是员工因素。其中环境因素包括信息、资源、激励,员工因素包括知识与技能、潜能、动机。经过吉尔伯特对1000家企业和工厂的调查,他发现信息对绩效表现的影响比例为35%,资源对绩效表现的影响比例为26%,激励对绩效表现的影响比例为14%,知识与技能对绩效表现的影响比例为11%,潜能对绩效表现的影响比例为8%,动机对绩效表现的影响比例为6%。讽刺的是,培训对应的知识与技能要素对绩效表现的影响仅占比11%,而环境因素对绩效表现的影响占比高达75%,这让人大跌眼镜。通过这个结论,培训管理者应该更加清楚,要想培训产生效果,还要将大部分的注意力放在环境因素上。

表1-1 行为工程模型

| 影响因素 | 核心要素 | 要素解释 | 影响程度 |
| --- | --- | --- | --- |
| 环境因素 | 信息 | 对工作确切、清晰的期望,清晰的标准,针对工作期望明确、及时的反馈,以及及时获取所需信息的畅通渠道 | 35% |
| | 资源 | 包括工具、系统、适当的流程,易于查阅的参考手册,充足的时间,专家或专家体系,以及充足的、安全的附属设施 | 26% |
| | 激励 | 分为物质类和精神类,包括有形和无形的奖励、认可、晋升及处罚 | 14% |

（续表）

| 影响因素 | 核心要素 | 要素解释 | 影响程度 |
|---|---|---|---|
| 员工因素 | 知识与技能 | 特别是指通过更多更好的培训、发展机会、任务指派、参与研讨与会议，以及职场教育活动而获取的知识和技能 | 11% |
| | 潜能 | 包括个人特点，性格特质，倾向性，生理、心理和情绪局限，以及生活状况或生活方式造成的个人局限 | 8% |
| | 动机 | 包括对工作或工作某方面的价值认知，把工作做好的信心、情绪，尤其是职场气候、文化、氛围等（例如威胁性、高压力、支持性、正面的环境）引发的情绪 | 6% |

组织发展也研究个体和群体的行为表现，个体行为表现不仅受到个体因素的影响，更受到环境因素的影响。培训想要实现组织发展，就要打造一个良好的生态圈，这个生态圈要有利于员工的学习和成长，能进行生态循环，而不仅仅是栽棵树、种棵花。

组织发展的核心工作是诊断组织的病症，通过人力资源的方法与手段，解决特定问题，提高员工的幸福度、忠诚度、敬业度。其中干预的措施有结构技术和人文技术。结构技术主要通过调整组织架构来实现内部流程与运作的高效流畅，人文技术则是通过组织活动来影响员工心智，再通过员工行为来解决特定的问题，最终祛除组织病灶。

培训实现组织发展，其中有五个切入点可以作为培训管理者思考和研究的方向。

## 构建正向反馈系统

在培训的大生态中，日照和雨水都是滋养万物的恩泽，持续的日照、雨水能让培训生态变得生机盎然。传统的培训管理并不是特别重视构建反馈系统，从绩效改进之父托马斯·吉尔伯特的行为工程模型中我们发现了正向反馈对员工绩效表现的重要性，培训要想实现组织发展，需要用更多的时间关注正向反馈系统的构建。

不少世界名企的培训都重视导师制。导师作为员工最为亲密的伙伴，起到了很好的催化作用，他们通过持续的带教、倾听、反馈来保证每一位员工都能理解和认可企业文化，出色完成工作任务。导师制面临的挑战是导师的选拔与带教能力的提升，特别是反馈技巧的提升，是导师能否构建正向反馈系统的关键。

在培训的大生态中，所有相关人员都应该成为被反馈的对象，培训能否构建对所有人的正向反馈系统也决定了培训实现组织发展的可能性。培训激励可以低成本地实现较好的反馈效果，无论是课堂上的激励还是项目上的激励，无论是导师的激励还是内训师的激励，无论是对个体的激励还是对团队的激励，它们都构成了培训全方位、无死角的正向反馈系统，这种反馈系统看似渺小，但无时无刻不让人欣喜。

这种正向反馈系统在组织管理层面也有迹可循。比如星巴克的文化卡片，如果有员工展现出值得被肯定的行为或践行了符合星巴克文化的行为，其他任何员工都可以把他的行为记录在文化卡片上，并公开肯定他的行为。构建正向反馈系统最终的目的是让员工感受到自己被重视和尊重，从而愿意认真学习，在工作中更投入。

## 提供化解冲突的平台

组织发展过程中会不断出现阻塞的地方，如果不及时清理就会越来越严重，阻碍正常的工作甚至企业的发展，组织发展工作就是要确保组织的生态平衡和良性循环。在一个生态当中经常会出现资源争夺、物种之间的竞争、自然灾害等情况，这些情况如若得不到解决，就会造成生态系统失衡。

培训部门可以提供一个化解组织内部冲突的平台，以实现组织内部的生态平衡。比如文化的冲突与融合，可以通过文化培训体系的塑形与落地，避免文化冲突带来更大的组织冲突；可以通过文化熏陶，潜移默化地让员工认可企业的文化价值，从而将对抗状态的员工转变为凝聚状态的员工，达到行为的一致性。

在组织发展过程中，部门之间经常会因为各种不同立场发生冲突，这种冲突会影响员工之间的有效合作，不利于组织发展。培训可以提供一个开放的冲突化解渠道，将各个部门定期组织在一起，开诚布公地将彼此的需求与看法相互澄清，或群策群力，共同面对问题，制定有效可行的解决方案，从而化解组织当中存在的各种冲突。

## 建立敏捷的学习形式

正常的培训体系是员工稳步上升的阶梯，但它并不能完全满足组织发展更高层次的员工能力的需求。打造学习型组织，是当下企业非常看重的一项工作，无限场景的敏捷学习形式是组织发展中必不可少的一项措施。

在有效提升员工能力的方法中，轮岗学习名列前茅，它可以在较低成本的情况下综合提升员工的整体能力，并能储备大量的企业接班人，企业根本不需要为各个层级的接班人人选发愁。阿里巴巴采用内部调动的形式培养领导者，华为采用轮岗的形式培养未来的接班人。这种轮岗的培养形式可以很好地打破员工的职业倦怠及安于现状的状态，可以不断激发员工的潜能，在提升员工能力的同时，也持续为企业供应人才。

## 营造安全舒适的场域

团体动力学又称群体动力学、集团力学,是研究诸如群体气氛、群体成员间的关系、领导作风对群体性质的影响等群体生活的动力方面的社会心理学分支,是由美国心理学家库尔特·勒温提出的。场域理论则是由美国心理学家库尔特·考夫卡(Kurt Koffka)等人提出的,它指的是每一个行动均被行动所发生的场域影响,而场域并非单指物理环境,也包括他人的行为及与此相连的许多因素。这些理论构成了组织行为学的理论基础。

学习对于大部分人来说是一种逆人性的任务,如果在学习过程中能感受到更安全舒适的场域、更有趣生动的氛围,会对学习的动机有明显的改善作用。培训也是群体活动的一种,人们常常受到环境的影响,受到群体行为的影响,培训无论在课堂上还是在其他组织活动中,都可以运用舒适、安全、有趣的场域来影响员工的心智与行为,让员工感到满意,从而达到组织发展的目的。

## 发展有效的领导力

一个员工离开一家企业,大部分是领导者的原因。影响员工绩效表现的环境因素基本都需要领导者来提供,比如领导者有责任和义务给员工经常性的反馈、同步信息和共识目标,为员工提供支持和帮助,激励员工等。如果领导者没有这些能力,那么员工的绩效表现就得不到保障,组织发展就更谈不上。培训实现组织发展,需要帮助领导者觉醒,发展有效的领导力,员工才愿意追随他们。

培训实现组织发展是终极成果,也是理想成果。对于目前的培训管理者而言，能零散地利用培训技术帮助企业做组织发展工作已经是很不容易的事，想成为系统的组织发展解决专家就更难，毕竟无论是老板或高管，还是培训管理者自己，对培训的认知都有局限性。老板或高管不知道培训还有这能耐，培训管理者也不知道培训的天花板还可以那么高，组织发展的事情自然就很难交给培训管理者。

培训管理者和培训师的成长路径会从原先的研究演绎，到慢慢完善体系框架知识，然后对底层设计原理爱不释手，接着开始无序地钻研各种模型和工具，最后涉及研究人类行为模式的领域。培训管理者和培训师的这一成长历程是不断拓宽自己边界的过程，培训岗位或许有天花板，但是能力没有天花板，如果你的能力突破了岗位天花板，那么在未来的发展中，你能实现组织发展这一目标的可能性就很大。我也希望各位读者在阅读本书时不要只把自己框在某个角色当中，不要给自己设限，思想与灵感的乍现可以启发现在的你，也可以塑造未来的你。

如果各位读者觉得组织发展的话题太过宏大，只需记住一句话即可：培训技术和组织发展的众多技术是相通的，它们都是研究群体行为的技术，值得培训管理者深入研究。

## 主要结论

1. 学习者是否能将知识运用于岗位并做出行为改变，是培训是否有效的分水岭，它对培训效果起到了决定性作用。

2. 三、四级评估的源头不在于培训中的任何一个环节，而在于岗位中、业务上。如果我们清楚员工好的业绩表现因何而来，那么我们在规划培训课程和项目的时候就知道要做什么，也会知道如何进行三、四级评估。

## 第一章
### 培训的有效性如何体现

3. 新柯氏四级评估给了我们专业的建议：在岗位上需要建立环境支持系统，行为实践需要监督、鼓励、强化以及责任机制的建立，如果学习者在岗位上得不到人和环境的支持，那么距离培训结束时间越久，行为的养成越难。

4. 你可以用一个口诀来记住这个原则：4321做规划，1234看效果。这里的数字代表的就是柯氏四级评估的四个层级。

5. 培训的底线成果就是帮企业做好人才发展，确保人才培养的数量和质量，及时为企业补充胜任岗位的人才。

6. 人才发展要发挥人才输送的作用，它一定要有一套精准的人才"出库"标准，通过人才发展手段使较低层级的员工符合上一层级的"入库"标准，并把他们顺利输送到匹配的岗位上。

7. 人才培养的方式非常多样，已经不仅仅是指课堂学习，它还可以是在实践中学，在比赛中学，在考试中学，在标杆中学，在书上学，在教授他人中学，在团队共创中学……只要是能弥补员工能力差距的学习形式都可以成为人才培养的方法。

8. 桑迪·阿尔梅达得出了非常重要的结论：一级和二级正相关，三级和四级正相关，而二级和三级没有明显的相关性。

9. 721法则是人才培养最常用的学习模型，它告诉我们知识和能力70%通过实践得到，20%通过学习他人（榜样）得到，只有10%通过课堂培训的形式得到。

10. 我个人的深刻体会是，培训不能是一个孤岛，也不能陷入专业的陷阱。如果我们不懂胜任力模型，那我们将不知道如何设计学习地图和匹配学习内容；如果我们不知道通过评审和盘点人才的能力差在哪里，那我们就不知道如何去优化和迭代培训方法，更何谈培训的有效性，人才发展的底线也无法守住。

11. 戴维·麦克利兰提出的冰山模型有一个非常重要的结论：冰

山以上靠培养，冰山以下靠选拔。

12.在初创期，人才发展没有明显的发展对象，但是一定要确保初创团队的每个人都符合企业人才画像，因为团队最初的气质会影响企业后期的文化走向。在企业快速发展阶段，人才发展最重要的是人才的补给问题，这个时候数量和质量往往两者不可兼得，所以需要平衡和取舍。处于成熟期的企业规模最大，企业各方面的症结明显、突出，人才发展需要通过影响员工的心智模式，打破原有的陈规陋习来达到组织发展的目的。处于衰退期的企业，人才发展则需要考虑成本和留住人才的问题。

13.哪个岗位是核心岗位(赚钱岗位)？哪些岗位的能力差距较大，内部可进行培养？哪个岗位的人数众多，可复制性强？三个问题都有所涉及的岗位大概率就是我们要重点发展的岗位。

14.人才发展是一个循序渐进的过程。如果员工能力评估不及格，那么在确定课题的时候，培养的目标应该先定在及格水平，教学设计和发展计划也都要围绕及格水平进行。如果岗位员工能力已经达到及格水平，那么我们可以把培养目标定到优秀水平。如果岗位员工已经够优秀了，那么是否还需要培养，或者提升的空间大不大，需要重新考量。

15.人才发展工作的重点应该放在重要且差异较大的能力上，个体个性化的能力差异则需要通过更详细的个人发展计划来改善。

16.培训应帮助企业做好业务发展已经是心照不宣的事实和趋势，但对于培训管理者来说，满足业务发展的需求远比满足人才发展的需求挑战更大。

17.要降低培训的自我中心度，赢得业务部门的信任，首先要把业务部门的考核、评估重点作为培训部门的考核和评估重点，这些评估重点一般都是经营者关注的经营指标。

18. 在大量的企业培训案例中我们发现，能帮助企业实现业务增长的培训都有一大特点：大部分是以项目制的形式，基于业务课题的解决而进行"训战一体"的真实作战。

19. 培训实现业务发展，核心是要解决两大难题，其一是要找到业务增长的关键策略与关键行为，其二是要解决持续的执行力问题。

20. 组织发展也研究个体和群体的行为表现，个体行为表现不仅受到个体因素的影响，更受到环境因素的影响。

## 学习感悟

1. 本章让你印象最深刻的内容是什么？
2. 本章对你的培训工作有什么启发？

## 第二章

## 培训体系全景认知

什么是培训体系？目前大家普遍认可的说法是：它是为了实现一定的培训目标，对培训的三个要素（讲师、受训者和教材）进行合理、有计划、系统的安排而形成的指导性文件。一个完整的培训体系一般由四个部分组成：培训课程体系、培训教员管理体系、培训效果评价体系和培训管理体系。前三项是培训体系的核心工作内容。

培训课程体系：需要从培训需求与目标出发，以胜任力为基础，开发设计出有针对性的教学方法，能够解决培训对象在知识、技能、态度上等问题的课程，从而改变培训对象的行为表现和绩效表现，并最终构成以课程为基础的学习地图。

培训教员管理体系：需要通过对内训师的选、用、育、留来提升培训教员的综合教学水平，使培训教员能够对培训需求与培训目标有清晰的了解，达到目标与教学方法匹配的目的，最终通过教学演绎来提高学习者在知识、技能、态度上的吸收和转化效果。

培训管理者则要不断精进专业水平，为企业搭建有效的培训体系，为学习者提供有效的培训内容和良好的学习环境，为内训师提供有效的选、用、育、留机制，统筹协调培训资源，做好培训前、中、后全流程管理，并做好培训闭环工作，打造学习型组织，用专业手段解决人才发展问题，以及业务发展和组织发展问题。

培训效果评价体系：需要围绕培训需求与培训目标设计有效的评估内容和评估方法，开展培训评估，分析评估结果，调整下一个阶段的培训计划与培训方法，不断提升培训工作的有效性。

培训管理体系：需要为企业培训体系配套科学合理的制度、流程、办法，并不断根据实际情况优化和调整，让培训体系有条不紊地运转和有效落地。

# 一张图：搞懂培训体系全景

本节将从培训体系搭建结果的视角展开，讲述一个成熟的培训体系应有的样貌。每家企业的培训体系都有自己的特色，有的已经形成了成熟的学院和大学体系，图 2-1 为你展示了一个成熟的培训体系全景。

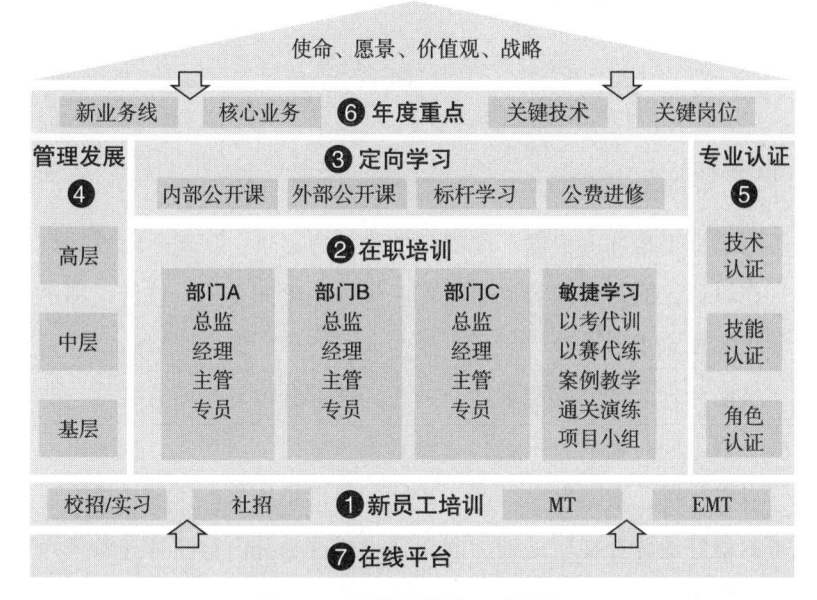

图 2-1 成熟培训体系全景图

在全景图的最上方是企业的使命、愿景、价值观和战略，这代表着培训体系不可脱离企业文化的指引，同时还要承接战略的落地。除了使命、愿景、价值观和战略以外，全景图中一共包含七大培训模块，这些模块的特点和作用不一，又有相互补位的关系。

## 新员工培训

新员工培训是企业最关注且最普遍的培训形式之一。新员工的角色根据来源和培养目标的不同又可以分为校招/实习新员工、社招新员工、MT（管培生）、EMT（经营管理团队）等不同类型。不同类型的新员工，根据其特点，培养的方式各有侧重点，比如校招/实习新员工的培训重点应放在学生与职员的角色转变上；社招新员工的培训重点应放在企业文化的融合上；而MT和EMT的培训重点除了放在企业文化的融合上之外，还应放在对业务的熟悉和经营管理层面上。

## 在职培训

在职员工培训应根据不同部门的胜任力要求，制定不同的培训内容：在职员工的培训内容也会随着职级的变化而变化，较低级别的员工学习的重点主要在执行层面，如专业技能等，岗位职级越高，对于人文技能和理念技能的要求就会越高，这部分内容在第五章第三节有详细介绍。同时在职员工也会接触到很多敏捷学习形式，比如以考代训、以赛代练、案例教学、通关演练、项目小组等，这种敏捷学习形式可以很好地弥补在职培训的固化缺点，这部分内容在第五章第六节有详细介绍。

## 定向学习

打造学习型组织不仅要向老师学，还要向内部优秀标杆学，向外部优秀标杆，向先进的技术与理念学。定向学习可以让企业、员工与外部市场保持同步，及时学习市场上最先进的知识和技能。最重要的是，定向学习要求员工转训到企业内部，企业内部也能沉淀这些先进的知识和技术，使其为企业所用。

## 管理发展

管理发展培训与在职培训有部分重叠，但管理发展作为企业的重点培训内容还是与在职培训有所区别的。管理发展除了要培养日常管理中需要掌握的能力，更重要的是能够发展出影响他人的领导力，让员工愿意追随管理者，这部分内容在第五章第四节有详细介绍。

## 专业认证

员工的发展路径无外乎两条，一条管理路线，一条专业路线。那些没有成为管理者的员工可以通过专业路线的发展实现个人价值。专业认证就是一条为专业路线准备的通道。专业认证也可以根据不同的内容来划分序列：比如角色认证，他们以掌握某种工具或成为某种角色为目标，内训师、促动师、某方面的教练、PPT专家、时间管理专家等都可以是一种角色认证；比如技能认证，他们以获得某种职业技能为目标，人力资源管理师、会计师、心理咨询师等都是一种职业技能认证，它的含金量比角色认证更高一些，受到国家或行业的普遍认可；再比如技术认证，他们以获得某些特殊领域需要达到的技术水平为目标，建筑、航天航空、生物技术、软件技术、海洋技术等领域都有众多的技术认证。

## 年度重点

年度重点是七大培训模块中变化最大的部分，因为它最贴近战略，需要每年根据战略的重点进行确认和规划。培训管理者在确定每年的培训计划时都要慎重确认年度重点培训项目到底是什么，它可能与其他的培训模块有重叠的部分，也可能是全新的一个模块。年度重点项目可能来源于新业务的发展需要、核心业务的增长需要、关键技术的学习引进需要或者是某个关键岗位的培养需要。

## 在线平台

在线平台是一个线上版的完整培训体系。在线学习平台已经成为大部分企业的知识管理平台，无论是哪个岗位的学习内容都可以搬到在线平台。同时，在线平台又具有强大的功能，能够很好地帮助学习者进行学习和练习，学习者还可以充分利用碎片化时间随时随地学习。在线平台也作为基础知识学习的主要方式与线下学习完美配合，让线下学习可以转为以体验、实操、互动为主的学习形式，这样可以大大提高学习成效。随着科学技术的发展，相信在不久的将来，在线学习平台可能会被 AI 颠覆，届时的培训体系模块中可能会有 AI 的身影。

图 2-2 是腾讯的培训体系，从中你能找到文中所讲述的培训体系模块。

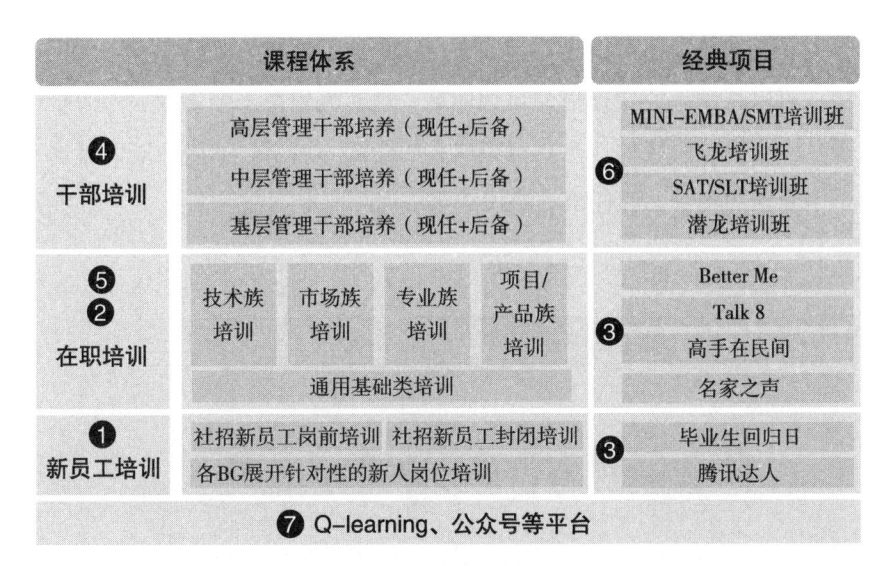

| 课程体系 | | | | | 经典项目 | |
|---|---|---|---|---|---|---|
| ❹ 干部培训 | 高层管理干部培养（现任+后备） | | | | ❻ | MINI-EMBA/SMT培训班 |
| | 中层管理干部培养（现任+后备） | | | | | 飞龙培训班 |
| | | | | | | SAT/SLT培训班 |
| | 基层管理干部培养（现任+后备） | | | | | 潜龙培训班 |
| ❺❷ 在职培训 | 技术族培训 | 市场族培训 | 专业族培训 | 项目/产品族培训 | ❸ | Better Me |
| | | | | | | Talk 8 |
| | | | | | | 高手在民间 |
| | 通用基础类培训 | | | | | 名家之声 |
| ❶ 新员工培训 | 社招新员工岗前培训 社招新员工封闭培训 各BG展开针对性的新人岗位培训 | | | | ❸ | 毕业生回归日 |
| | | | | | | 腾讯达人 |
| ❼ Q-learning、公众号等平台 | | | | | | |

图 2-2　腾讯的培训体系

# 一套流程：教你搭建培训体系

有了对培训体系的全景认知之后，本节将会带着大家一起学习如何搭建培训体系。体系是指若干有关事物或某些意识相互联系而构成的一个整体。在每一个专业领域都会有体系的说法，比如人力资源体系、财务体系、供应链体系、销售体系、生产制造体系等。而搭建体系就是用科学有效的方法将这些有关事物组合起来，形成有特定功能的有机整体。

在大量培训体系搭建的实践中，我找到了这样一套科学合理的方法，可以帮助企业快速搭建培训体系。这套流程由一个基础、六大步骤、一个控制系统共八个要素组成，如图2-3所示。如果你能掌握这八个要素的精华，胜任培训经理甚至培训总监也不在话下。

控制系统：培训管理与培训制度

① 培训需求与培训计划
② 培训项目设计
③ 课程开发
④ 内训师管理
⑤ 培训落地与运营
⑥ 培训效果评估与总结

基础：胜任力与学习地图

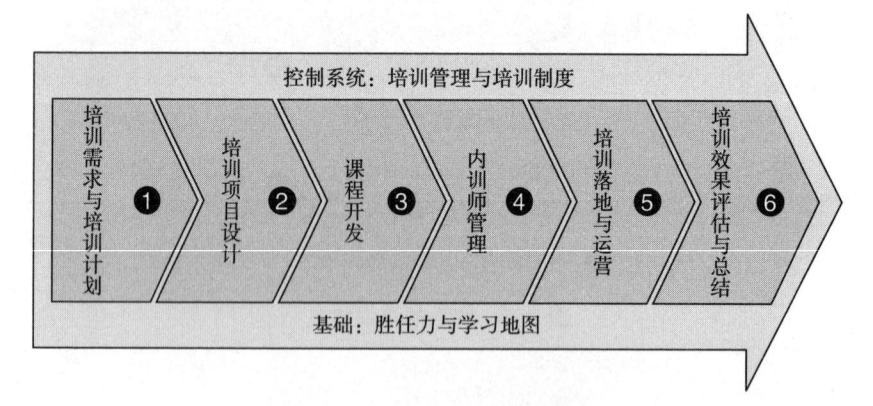

图 2-3　培训体系搭建流程图

## 一个基础

胜任力与学习地图是培训体系搭建的基础，它既是培训体系的起点，又是培训体系的终点。在任何培训开始前都要先以胜任力为基础，判断员工胜任力的缺失与薄弱部分，然后才能开始设计体系，开发课程。而在培训效果评估环节，也需要评估员工接受培训后是否有胜任力相关的行为产生，并作为下一次培训的依据。

优秀绩效表现源于关键行为，关键行为中隐藏着关键胜任力，就此可以从各岗位的胜任力中推导出关键行为，从关键行为中推导出员工的关键学习内容，一整套学习地图也就随之浮现。如果没有胜任力作为基础，就像航船失去了方向，将迷失在大海中，培训体系的搭建势必道路曲折，收效甚微。本书第三章将会详细介绍胜任力和学习地图的内容。

## 六大步骤

培训体系搭建的六大步骤包括：培训需求与培训计划、培训项目设计、课程开发、内训师管理、培训落地与运营、培训效果评估与总结。这六大步骤是根据培训体系搭建的前中后顺序编排的，在培训体系搭建过程中有着难以撼动的地位。

### 1. 第一步：培训需求与培训计划

搭建培训体系虽然有胜任力与学习地图作为参考，但是胜任力与学习地图并不能代表真正的培训需求。胜任力与学习地图只是大而全地概括了培训所有的可能性，我们务必向下探究清楚，因为一项胜任力下面还隐藏着更具体的知识、技能和态度，特别是做到什么程度才代表具备了某项胜任力。

培训需求的进一步探究能够在不同时期，针对不同的对象，识别出真正需要培训和提升的能力，能够让培训内容更加具体和聚焦。并且并不是每一项胜任力都需要被培养，也并不是每一项胜任力都要成为重点培训内容，把资源花在能够真正带来绩效的胜任力上才是明智的选择。培训需求调研和分析的准确性就成为培训取得成功的第一道坎。

培训计划是一项基于清晰的培训需求的规划性工作。培训计划需要将培训需求中的关键内容匹配具体的培训课程或培训项目，并且规划好培训的目标、对象、形式、时间、周期、频次、师资、预算等内容，让全年的培训工作能够有条不紊地开展。

关于培训需求与培训计划的内容，你将在第四章中详细了解到。

## 2. 第二步：培训项目设计

有了详细的培训计划之后，培训管理者需要将计划落地成一个个培训项目。培训项目的设计是培训取得成功的第二道坎。

培训项目设计需要紧扣培训需求，清晰的培训目标是培训项目设计的基础。要围绕培训目标，开发和设计能实现培训目标的培训内容、教学形式、落地方式、评估手段等方面，让培训项目有一条清晰的行动路径。

因为不同的项目针对的人群不同，所以培训目标千差万别，培训项目开发和设计的内容也在不断变化，你将在第五章详细了解到培训项目设计的内容。

## 3. 第三步：课程开发

有了清晰的项目规划之后，就可以开始设计培训课程了。培训课程是组成培训项目和培训体系的最小单元，课程开发也是八个要素中需要花费最多时间的工作，可以说课程开发的专业性直接影响了培训效果，它是培训取得成功的第三道坎。

课程开发要围绕培训目标展开。为了实现培训目标，究竟需要让学员学习哪些知识、技能或是态度？这些知识、技能和态度用什么样的教学方法才更容易让学员掌握？这些课程是要放线上还是线下？如何验证课程的有效性？多久迭代更新一次？这些都是课程开发必须思考的问题。

不同的企业，课程开发的起点也不尽相同。有些企业还没有培训体系就开始开发、设计课程了，有些企业在有了胜任力和学习地图后之后才开始开发、设计课程，而有的企业则在有了具体的培训项目后才开始开发、设计课程。但无论是哪个起点，课程开发的基础一定是对培训需求与目标的准确把握。做到这一点，无论企业课程开发的起点如何，都可以开发、设计出能够带来成效的培训课程。如果不能做到这一点，哪怕体系再完善，项目再完美，都会毁于中看不中用的课程。

关于课程开发的内容，你将在第六章详细了解到。

4. 第四步：内训师管理

有了培训课程之后，就需要储备与之匹配的内训师资源。内训师的质量往往是企业最为担忧的，内训师的意愿低、培养周期长、培养效果差一直困扰着培训管理者。就算培训体系再完善，项目设计再完美，课程开发再专业，只要内训师讲不好课，前期的努力就将毁于一旦，所以内训师的管理问题也就成为培训取得成功的第四道坎。

内训师管理需要用到人才管理的选、用、育、留理念。究竟要选拔什么样的内训师？究竟要做哪些日常管理？究竟怎么培养才能让内训师成长更快？究竟要做什么激励才能让内训师日益精进？究竟要做什么才能让内训师愿意留在这个团队？这些都是内训师管理需要解决的问题。当然，首要任务还是要让内训师能讲课，讲好课。

究竟是先有课程后有内训师，还是先有内训师后有课程？我想这个问题并不是最重要的。有些企业会选择先开发课程，之后再储备内训师，而有些企业会选择先让一些储备内训师批量开发课程，还有一些企业在企业发展的不同阶段将这两种方法结合着使用。无论选择哪种方式，最重要的是开发课程的人能把课程开发好，上台讲课的人能把课程讲好。

关于内训师管理的内容，你将在第七章详细了解到。

### 5. 第五步：培训落地与运营

万事俱备只欠东风，前面四步都完成之后就可以开始做培训落地与运营了。不少企业只是把培训落地与运营看作组织几场培训，实际上培训落地与运营并没有那么简单。培训落地与运营的好坏，关键在于项目设计的好坏。项目设计会直接影响培训落地与运营的方式和方法，从而影响培训效果。

此外，培训落地与运营也非常考验落地运营人员的细致程度、责任心、服务意识和热情，并且这个人还需要具备产品、营销、游戏、闭环、复盘等思维，只有兼具这些特质的人才能让培训落地与运营如虎添翼。不得不说，培训落地与运营工作常常被看轻，但它或许是培训取得成功的第五道坎。

关于培训落地与运营的内容，你将在第八章详细了解到。

### 6. 第六步：培训效果评估与总结

培训落地与运营结束之后，要做培训效果评估与总结工作。本书开篇就以柯氏四级评估为切入点展开，其中重要的结论是：一级和二级正相关，三级和四级正相关，但是二级和三级没有明显的相关关系。要实现四级的业务结果，关键是要实现三级的行为改变。但是大部分企业在做培训评估时，只是做到了一、二级评估，能做到三、四级评估的少之又少。究其原因是在设计培训目标时，没有考虑过四级目标，只是浅浅地用文字描述了一下学习层面的目标。

培训要有话语权和价值感，在确定培训目标时，应尽量从四级业务结果出发，设定业务结果指标，才能反推三级行为层面的培训需求；如果没有定四级的相关指标，就算定了三级，这三级的行为与四级业务结果究竟又有多大的相关关系，很难证明。证明培训结果最好的方式是：先定四级业务结果指标，然后通过业务结果指标反推达成这些业务结果究竟需要做到哪些行为（三级行为层）的改变，从而形成一条有力的证据链。当别人质疑业务结果是不是培训的功劳时，你就可以用这个推导逻辑来证明业务结果的达成是培训的功劳。

除了效果评估之外，培训总结这项工作也往往会被忽视。我认为培训总结是闭环工作中最为重要的一件事，它需要复盘整个培训过程、回顾目标、总结经验，通过经验总结不断提升培训落地与运营水平，同时为培训体系的调整、项目的调整、课程的调整乃至师资的调整提供决策参考作用，让培训体系不断迭代升级。

不得不说，培训效果评估与总结，是培训的终点，又是培训的起点，如果这一步做得不到位，培训将无法获得突破性成果、达到新的境界，它将成为培训取得成功的第六道坎。

关于培训效果评估与总结的内容，你将在第九章详细了解到。

## 一个控制系统

培训体系搭建还需要有一个控制系统，这个控制系统就是培训管理与培训制度。

管理是指管理主体组织并利用其各个要素（人、财、物、信息和时空），借助管理手段，完成该组织目标的过程。培训部门就是一个管理主体，培训管理就是要通过利用各个要素，借助管理手段，完成培训部门乃至整个公司的目标。在培训管理中，不仅要考虑部门的定岗、定编、定员，还需要考虑培训团队的协同和工作方式的有效性，用最少的资源达成最大的成果，这就非常考验培训管理的效率。

制度是一切理念落地的保障。培训制度一方面要基于培训理念来制定，另一方面又要考虑实施的土壤情况。将制度执行到位，并且产生正面的效果，不仅考验制度的专业性与有效性，还考验制度在落地后能根据实际情况及时调整，让制度软着陆，控制好培训体系的各个模块和环节。

培训管理与培训制度是保证培训体系有条不紊运转的控制系统，好的培训管理与培训制度可以省去很多不必要的麻烦，按照默认的规则运转，可以减少很多沟通成本，工作成效更加显著。

关于培训管理与培训制度的内容，你将在第十章详细了解到。

## 一家名企：宝洁的培训体系

这一节我们将从一个知名企业的培训体系案例中进一步了解培训体系，并希望能从它的理念中学习和借鉴一些经验。

宝洁成立于1837年，它是《财富》世界500强中最受赞誉的公司之一，拥有数量庞大的员工，但90%以上的管理层都是内部培养、提拔的，号称"快消界的黄埔军校"。阿里巴巴、天猫、京东等企业的高管中不少都有宝洁的背景。

宝洁的企业大学更是闻名遐迩，它源源不断地为宝洁培养优秀的人才，吸引众多企业争相学习。宝洁大学为何有如此强大的生命力？本节将从全生命周期、文化纯净、机制咬合三个方面追溯宝洁企业大学的生命力源泉。

## 全生命周期

首先我们来了解宝洁完善的培训体系，如图 2-4 所示。宝洁的培训体系有"全生命周期"的特点，宝洁会对全职员做全维度、全职涯（全职业生涯）的培训体系搭建。

**全职员**：在宝洁，无论什么岗位、什么年龄段的员工都会被宝洁的培训体系全面覆盖，并且宝洁会划分职位体系进行针对性培养，主要分为 M 管理系列、A 行政系列和 T 技术系列三个职位系列。

**全职涯**：全职涯代表宝洁的员工无论晋升到什么岗位都有相应的培训相伴，这种相伴可以从一名员工入职开始到退休结束，真正做到对员工进行全职业生涯、全生命周期的培训。

**全维度**：全维度代表宝洁对员工的素养有全方位的培养，主要会从基础素养、专业素养和管理素养三个方向进行培养。

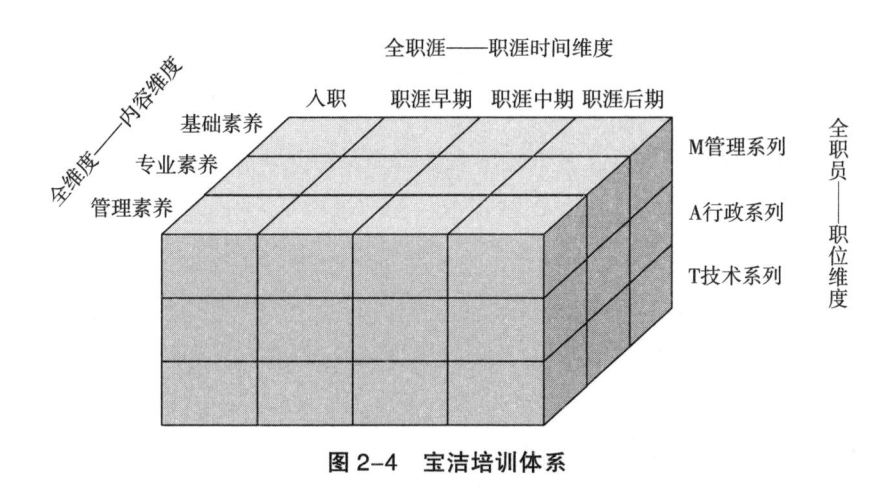

图 2-4　宝洁培训体系

宝洁大学会由全球总部的 GM 学院、全球总部职能部门的职能学院、各大区的 P&G 学院和大区的职能学院组成，如图 2-5 所示。

```
                    GM学院(全球总部)
         ┌────────────────────────────────────┐
         │      职能学院(全球总部职能部门)      │
         ├──┬──┬──┬──┬──┬──┤
         │大│大│大│大│大│大│
         │区│区│区│区│区│区│
         │职│职│职│职│职│职│
         │能│能│能│能│能│能│
         │学│学│学│学│学│学│
         │院│院│院│院│院│院│
         │  │  │  │  │  │  │
         │营│供│IT│PE│PE│TE│
         │销│应│学│学│学│学│
         │学│链│院│院│院│院│
         │院│学│  │1 │2 │  │
         │  │院│  │  │  │  │
         ├──┴──┴──┴──┴──┴──┤
         │     P&G学院(各大区总部)        │
         └────────────────────────────────────┘
```

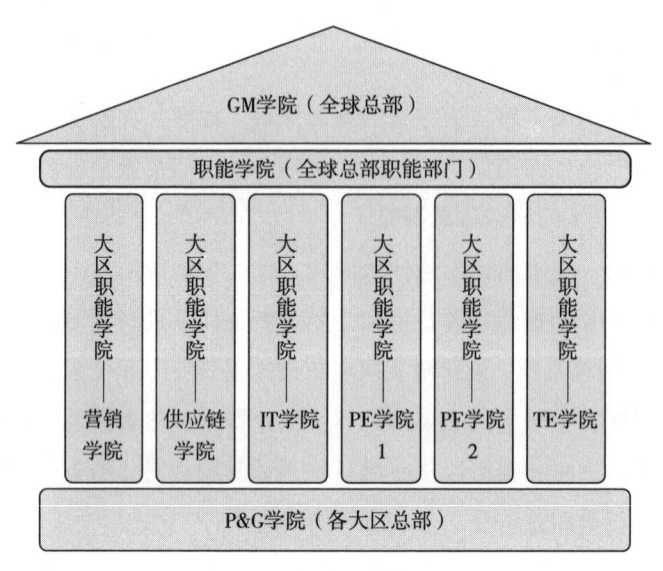

图 2-5　宝洁大学架构图

宝洁大学每个学院的培训重点不尽相同，比如总部的 GM 学院是培养各个国家总经理的地方。从宝洁的培训体系可以看出宝洁对培训的重视程度，但是体系和流程只是管理的基本功，庞大的体系容易让组织变得臃肿不堪。此时，宝洁大学想要保持蓬勃的生命力就需要纯净的水源和良好的生态，以确保成长的"效率"，才能打破体系运行不畅的魔咒。

## 文化纯净

管理专家吉姆·柯林斯（Jim Collins）研究发现，从公司外请来被奉若神明的"名人"做领导，往往会起到消极作用，而实现跨越发展的公司，其领导者大都是内部提拔的。并且他还认为挑选正确的人可以节省管理成本，因为正确的人知道如何朝着目标奋斗更能发挥管理效果，企业的管理将不再是问题。

第二章 培训体系全景认知

宝洁就是这样一家喜欢内部培养和提拔员工的企业，并且因此保证了宝洁文化的纯正性，培训的效率也比一般企业高很多。为了确保文化的纯正性，宝洁有三条用人策略：

**喜欢招聘应届毕业生**：应届毕业生就像一张白纸，会更容易接受一家公司的企业文化，塑造的成本和难度也会更低。

**喜欢内部提拔员工**：内部提拔的员工原本就认可本企业的文化，培养成本和沟通成本也更低，成功率更高。

**喜欢用内部培训师**：内部培训师有益于企业文化的传承，拥有大量实践经验的内训师会更容易影响学员。

文化的纯正性可以让员工拥有共同的语言和行为模式，管理成本更低，相应的培训效率就会更高。如果把培训看作一条生产线，那么宝洁的培训无疑是一条实现全面质量管理、成品率高的生产线。

## 机制咬合

动物靠上下牙齿咬合，确保食物能被咬烂，方便吞咽和消化。试想，如果动物缺少了一排牙齿会怎样？大部分企业的培训就像动物缺少了一排牙齿，看似能有效运转，实则独立于公司的体系之外，没有其他部门和其他机制配合，只是孤芳自赏，唱独角戏而已。这种无法咬合的培训体系将会浪费大量的人力物力，且收效甚微。而宝洁的培训体系是流动在组织里的血液，它为企业输送营养，企业也为它保驾护航，是一种完美咬合的状态。这时候宝洁的培训就不是宝洁大学一个部门的事，而是全公司的事，可以实现 1+1 ＞ 2 的效果。

宝洁的"四力咬合制"对培训的帮助功不可没。它将员工的"业绩评价""能力评估""个人发展""未来一年工作计划"紧密结合在一起。在每年年末的绩效评价中，对管理者的评价不仅要包括个人的业务成绩，还要包括对组织的贡献度，其中培养下属就是组织贡献度中重要的组成部分，这样就会迫使管理者重视对下属的培养。在绩效评价的同时还会做个人能力评估，结束后上级会帮员工一起做个人发展计划和未来一年的工作计划，个人发展计划与来年的培训计划紧密联系在一起。

宝洁通过"四力咬合制"将员工的学习成长和业绩评价牢牢地捆绑在一起，形成了人人重视培训、人人主动学习、人人培养下属的企业文化，使得培训的效果被放大。

在能力提升的过程中，宝洁还实行"双导教练制"，能实时跟进员工的个人成长情况。因为宝洁将对组织的贡献纳入绩效考核，所以管理者都非常重视培养下属、招聘/培训、效率提升和知识分享等工作。如果部门内部有人想成为企业内训师，管理者将会举双手赞成，因为这不仅是对组织的贡献，还是自己培养下属的一种表现。宝洁的这种机制无疑与培训完美地咬合在一起，形成了强大的势能。

从宝洁企业大学的三个特点中可以总结出三个结论：第一，宝洁搭建了"全生命周期"的培训体系，铺开了培训的基本面；第二，宝洁坚持文化纯正性，较强的文化认同提高了培训效率；第三，宝洁实行"四力咬合制"，集聚团队力量形成强大势能。

整体来看，宝洁的培训体系不仅大而全，还善于借助系统的力量来达成培训目标。孤芳自赏的培训将慢慢凋零，而融入企业血肉的培训将生生不息。

# 线上化：培训体系的第二战场

我们常说的培训体系都以线下为主要场景，线下是培训体系的第一战场。但随着互联网和科技的发展，企业对人效（人均劳动效率）的极致利用，培训体系的线上化已经势不可挡，线上已经成为培训体系的第二战场。线上除了不能进行面对面的互动和体验，其余线下培训体系该有的都可以搬到线上平台。但对于没有搭建过在线学习平台的培训管理者而言，培训体系的线上化将会面临诸多问题。

## 培训体系线上化案例

在线学习平台为什么那么受到企业追捧？

我曾经服务过的一家知名餐饮品牌，它打破了最快 IPO（首次公开募股）的纪录。这家企业能在极短的时间内迅速扩张并且成功上市，其中很重要的原因在于在线学习平台的使用。餐饮企业的产品制作流程、食品安全要求、工作规范等都非常严格、烦琐，如果不能保证产品的出品标准、合规的流程操作，那么产品一定会被客户诟病，将面临无穷无尽的问题。并且创业型企业的新品迭代、操作变更速度极快，一线员工如果不能第一时间准确地接收到企业信息，那么信息断层导致的后果将无法估量。这家企业用在线学习平台解决了这些痛点。

在员工培训方面，该企业的在线学习平台规划好了非常清晰的学习地图和学习路径，新员工从入职到晋升，每个阶段都有学习任务。员工学习完相应的任务之后会进行线下实践，最后需要将线下考核结果提交到线上，培训部门只要在后台查看数据和考核结果就可以掌控企业在全国的培训情况。

线上学习有很多风险点，其中之一就是无法确保员工的学习质量，这家企业也用技术手段解决了这个问题。员工学习的每门线上课程都是交互式课程，需要员工不断与课程互动，课程才会继续，中间还会出现几道测试题，如果员工没有答对，课程就会返回到开始的地方，让员工重新学习。这样，员工不得不认真学习，甚至比参加线下培训更认真。

此外，企业将线上学习与线下培训相结合，只有线上学习、实践、线下培训、综合考核全部通过，员工才能获得晋升资格。线上学习的地位和线下培训的地位是平等的，线上可以查询到任何有关员工的学习记录，而且线上学习记录是判断员工能否晋升的唯一途径。他们还一直在探索在线学习平台的趣味性，给学习任务赋予游戏的趣味，让员工学习起来不再枯燥。

在新品迭代、操作变更方面，在线学习平台也成为这家企业信息传递的唯一渠道。这家企业不会在工作群发送任何与产品和操作相关的通知，每周四雷打不动，员工都需要到在线学习平台学习本周的营运通告，完成学习后还要通过考试才算结束。总部每周都会分析全国门店的学习数据，对于企业标准的传达情况一目了然。

可以说在这家企业，线上已经不是培训体系的第二战场，而是名副其实的第一战场。

## 学习平台选择技巧

要想搭建以上企业案例中类似的线上培训体系，我们对在线学习平台的基本认知要足够扎实。在选择在线学习平台时，可以从整体功能与界面、支持的内容形式、数据管理功能、激励形式、个性化定制五个方面研究对比。

1. 看功能与界面

好的学习平台一定是能让使用者随时打开，不仅有手机端、PC端，还可以与办公软件打通，通过钉钉、企业微信等平台链接学习的平台。好的学习平台不仅要能方便学习者，还需要满足以下八种功能。

**知识库功能**：知识库相当于在线学习平台的目录，可以对学习内容进行分类，并且学员可以在知识库中找到自己想要学习的内容，或者通过关键词搜索到相关学习内容。

**学习计划与学习地图功能**：在项目运营中，学习平台可以制订学习计划并触达学员，学习计划还需要有定期提醒功能，以提醒学员完成学习计划。学习地图功能将游戏中的打怪升级理念运用到培训中，学员可以根据学习地图解锁不同关卡的学习内容，增加学习的趣味性。

**混合学习功能**：在一次学习任务中，不仅有线上学习内容，还可能有线下签到、考试、满意度反馈、上传作业、上传视频及图片、师傅带教、导师批阅等，真正实现混合学习的功能。

**多角色协同功能**：某些在线学习平台已经可以实现带教功能，把烦琐复杂的带教任务线上化。在一个带教任务中，学员可以看到自己的学习任务，师傅可以看到需要完成的带教任务，完成了相应带教任务后就可以线上操作完成带教，学习者也能同步收到自己的带教考核结果。

**试题与问卷功能**：试题、试卷库功能可以方便地进行考题管理，问卷不仅可以做满意度问卷，也可以做其他调查问卷，还可以根据问卷完成情况一键提醒作答。

**数据管理功能**：无论颗粒度多大的数据都可以从学习平台的后台查阅和导出，大大提升了数据统计分析效率，形成详细的学员学习档案。

**积分激励功能**：学习任务完成后学员可以获得不同的积分，积分的运用也是在线学习平台非常核心的内容。

**社群功能**：在线学习平台除了学习功能，还需要考虑社群功能，发帖与聊天是最基本的社群功能。

大部分成熟的在线学习平台都能实现以上功能，但是成熟度和人性化程度不一样，在研究这些功能时还需要具体情况具体分析。

## 2. 看支持的内容形式

在线学习平台支持何种学习内容形式也是需要重点考虑的功能。一般的在线学习平台可以上传视频、图片、PPT、Word 等常见的文件类型，但学员在学习这些内容时，可能会感到枯燥乏味。有一种 SCORM 格式文件，它介于视频和 PPT 之间，是一种可以上传交互式学习内容的格式。用 Storyline 软件可以制作 SCORM 格式的学习文件。Storyline 软件是一款非常专业的互动电子课件制作工具，功能非常强大，做出来的互动课件实力碾压一般的视频课程。

## 3. 看数据管理功能

在线学习平台的数据管理功能应该是平台运营用得最多的功能，也是培训管理者非常看重的一项功能，因为它可以帮助培训管理者节省很多数据统计和分析时间。数据管理功能一般会在以下两个场景中经常使用。

**课程运营阶段**：在学习计划正常运营期间，为了了解学员的学习进度、完成情况、通过情况、考试分数、满意度反馈等数据，可以单独导出某项学习计划的各项数据，方便课程运营及时监督学员完成学习。

**平台运营评估阶段：**当在线学习平台运营一段时间之后，需要对平台运营的效果进行阶段性的评估，此时数据库的强大功能就可以被体现得淋漓尽致。数据库功能可以分析出员工使用的覆盖率、使用人数、学习时长，还可以统计出每项学习任务的整体学习结果等数据。

### 4. 看激励形式

激励形式是增强在线学习平台趣味性非常重要的方式之一，可以从以下三个方面研究、选择。

**学习积分：**学员完成相应学习之后可以获得相应积分，积分排名可以在在线学习平台上显示，以增强学员的竞争和打榜意识。企业可以将积分与现金或实物激励挂钩，学员可以用积分兑换相应的奖励。

**学习证书：**学员完成某个岗位的全部学习内容之后，可以在线生成毕业证书。毕业证书代表岗位资质，是学员晋升发展的一种凭证。

**学历身份：**当积分累积到一定数量之后，学员可以获得小学生、初中生、高中生、大学生、研究生、博士生等虚拟学历身份，以激发学员的学习热情。

### 5. 看个性化定制

个性化定制也是在线学习平台的竞争力之一。根据不同企业的需求和特性，学习平台供应商可以单独开发新的界面或功能。但在选择在线学习平台时，企业尽量选择成熟度较高的平台，避免后期因开发个性化功能需要额外支付更多的成本。

只有考虑平台功能、支持内容和运营方式等多个维度，用全面的眼光看待问题，才能帮助企业选择更合适的在线学习平台。随着技术的进步，将会有更多优质的在线学习平台产生，现在已经有在线学习平台与AI、多维技术结合，实现了更高级的沉浸式学习。培训管理者也需要与时俱进，让科学技术服务于培训管理。

此外，线上化既然是培训体系的第二战场，其学习的内容和形式也不应该局限于常规课程。比如京东的线上化主题就包含：京东TV，把刘强东的演讲剪辑成10分钟左右的新闻，配上吸引人的标题，可以迅速引起员工围观；比如京东Know-How，让员工成为短视频达人，上传工作中的技巧和创新想法，知识管理与员工激励两不误；再比如京东Talk，定期邀请京东牛人录制案例和感悟，让牛人的经验可以复制。京东的做法已经给线上培训体系赋予了更鲜活的生命，让员工参与其中，激发内部的创新意识，传播牛人的方法经验，使其成为大型的知识管理平台和社交平台。

## 主要结论

1.一个完整的培训体系一般由四个部分组成：培训课程体系、培训教员管理体系、培训效果评价体系和培训管理体系。前三项是培训体系的核心工作内容。

2.在大量培训体系搭建的实践中，我找到了这样一套科学合理的方法，可以帮助企业快速搭建培训体系。这套流程由一个基础、六大步骤、一个控制系统共八个要素组成。

3.培训体系不可脱离企业文化的指引，同时还要承接战略的落地。

4.不同类型的新员工，根据其特点，培养的方式各有侧重点，比如校招/实习新员工的培训重点应放在学生与职员的角色转变上；社招新员工的培训重点应放在企业文化的融合上；而MT和EMT的培训重点除了放在企业文化的融合上之外，还应放在对业务的熟悉和经营管理层面上。

5. 员工的发展路径无外乎两条，一条管理路线，一条专业路线。那些没有成为管理者的员工可以通过专业路线的发展实现个人价值。

6. 胜任力与学习地图是培训体系搭建的基础，它既是培训体系的起点，又是培训体系的终点。

7. 如果没有胜任力作为基础，就像航船失去了方向，将迷失在大海中，培训体系的搭建势必道路曲折，收效甚微。

8. 并不是每项胜任力都需要被培养，也并不是每一项胜任力都要成为重点培训内容，把资源花在能够真正带来绩效的胜任力上才是明智的选择。

9. 本书开篇已经介绍了柯氏四级评估四个层级的关系：一级和二级正相关，三级和四级正相关，二级和三级无明显相关性。要想达成培训效果，关键是要做好三级行为层面的改变，才能带来四级结果层面的改变。

10. 证明培训结果最好的方式是：先定四级业务结果指标，然后通过业务结果指标反推达成这些业务结果究竟需要做到哪些行为（三级行为层）的改变，从而形成一条有力的证据链。

11. 管理专家吉姆·柯林斯研究发现，从公司外请来被奉若神明的"名人"做领导，往往会起到消极作用，而实现跨越发展的公司，其领导者大都是内部提拔的。并且他还认为挑选正确的人可以节省管理成本，因为正确的人知道如何朝着目标奋斗更能发挥管理效果，企业的管理将不再是问题。

12. 从宝洁企业大学的三个特点中可以总结出三个结论：第一，宝洁搭建了"全生命周期"的培训体系，铺开了培训的基本面；第二，宝洁坚持文化纯正性，较强的文化认同提高了培训效率；第三，宝洁实行"四力咬合制"，集聚团队力量形成强大势能。

13. 整体来看，宝洁的培训体系不仅大而全，还善于借助系统的力量来达成培训目标。孤芳自赏的培训将会慢慢凋零，而融入企业血肉的培训将生生不息。

14.随着技术的进步，将会有更多优质的在线学习平台产生，现在已经有在线学习平台与 AI、多维技术结合，实现了更高级的沉浸式学习。培训管理者也需要与时俱进，让科学技术服务于培训管理。

## 学习感悟

1. 本章让你印象最深刻的内容是什么？
2. 本章对你的培训工作有什么启发？

# 第三章

# 胜任力与学习地图

胜任力似乎更接近于人力资源管理的工作范畴，在搭建胜任力模型时也需要具备较高的人力资源管理专业水平。那么，了解胜任力和胜任力模型的搭建过程对于培训管理者有哪些帮助，或者说培训管理者有必要对胜任力和胜任力模型进行深入探究吗？

　　胜任力作为人力资源管理最为基础又关键的部分，是展开人才选、用、育、留的起点。如果培训管理者对胜任力不了解，那么人才的培养方向将会出现较大偏差，最终导致员工并不能因为培训而产生有利于绩效提升的行为，影响培训的价值和有效性。

　　同时，胜任力作为人才培养的起点，是人才培养的证据链条中的一环。当培训产生效果时，培训管理者可以自信地说："我们的培养方案是以胜任力为基础的，围绕胜任力识别出与绩效强关联的关键行为，以此作为培训的方向，匹配相应的学习资源，进行培训落地，才能取得今天的显著成效。"

　　此外，胜任力是研究人类行为表现差异的底层逻辑，与培训效果中的三级评估行为改变密切相关。胜任力是研究卓越员工之所以卓越的内在特质和外在表现的标尺，并将无关卓越的部分剔除，为培训工作提供明确的方向指引，减少培训工作的弯弯绕绕，提高培训工作的整体成效。因此，与胜任力相关的专业知识值得每一位培训管理者了解并掌握。

## 什么是胜任力与胜任力模型

　　胜任力是指能将某一工作中绩优者与绩平者区分开来的个人深层

次特征，它是动机、特质、自我形象、态度或价值观、某领域知识、认知或行为技能等任何可以被可靠测量或计数的，并且能显著区分优秀与一般绩效的个体特征。

胜任力模型则是为完成某项工作，达成某一绩效目标，要求任职者具备的一系列不同胜任力的组合。

可以说，胜任力是一个个要素，而胜任力模型是一个个要素的组合。

20世纪70年代，美国政府邀请戴维·麦克利兰为外交官的选拔设计一种能够有效预测实际业绩的选拔标准，因为当时的美国国务院发现，以智力因素选拔的外交官在实际工作中的表现并不能让人满意。正是在做该项目的推进过程中，戴维·麦克利兰奠定了胜任力研究的关键性理论和技术。

1973年，戴维·麦克利兰在《美国心理学家》杂志上发表一篇名叫《测试胜任力而非"智力"》(Testing for Competency Rather Than for "Intelligence")的文章。他在文章中指出传统的智力和能力倾向测验不能预测职业成功或生活中的其他重要成就，强调要发掘那些能真正影响工作绩效的个人条件和行为特征，为提高组织效率和促进个人事业成功做出实质性的贡献。他把这种直接影响工作业绩的个人条件和行为特征称为胜任力。同年，我们所熟知的冰山模型也随之诞生，如图3-1所示。

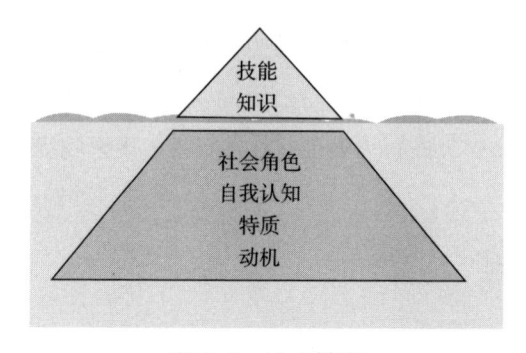

图 3-1　冰山模型

随着对胜任力研究的不断深入，现在的胜任力也逐渐形成了较完整的体系。有效的胜任力要素在形成的过程中需要区分三种关系：因果、类别、等级。

## 胜任力的因果

胜任力是区分卓越员工与普通员工的判断标准，所以其有效性就特别关键，无效的胜任力可能会影响一个员工的职业生涯轨迹。在提取胜任力之前，我们需要对胜任力的因果关系有一定的认知。

人类行为的产生一部分受内在动机因素的影响，一部分受后天训练或外部环境的影响。一般情况下受到内在动机因素影响的行为会更稳定和持久，那些拥有某些内在动机特质的人就算环境改变，也能较一致地表现出与内在动机因素相匹配的行为。这就能解释，为什么有些人能持续表现出色。胜任力就是要去识别那些与卓越绩效表现相关的行为，以及这些行为表现所体现的内在特质。有效的胜任力关键在于内在特质与关键行为都有双高的表现，有特质但无行为表现、无特质但有行为表现都要被打上问号。

大多数胜任力模型都会以冰山下的素质作为胜任力要素，因为冰山下的素质是关键行为的"因"，并且这种"因"是相对稳定的，不容易培养，以此为基础形成的胜任力与胜任力模型也比较稳定，在人力资源的运用上也更具有普适性。因此，胜任力遵循着这样的因果关系：内在素质影响外在行为表现，外在行为表现影响绩效表现。

## 胜任力的类别

胜任力自诞生以来就有不同的流派。特质论认为特质引发行为，行为决定结果;行为论认为行为是独立于特质的。而从胜任力的构成来看,有些胜任力主要以冰山下的特质来描述,有些胜任力会以冰山上的特质来描述,还有些胜任力会把两种相结合,究竟怎么做更科学呢?

首先,特质是构成胜任力的主要因素,而行为是评价胜任力的衡量标准,两者在颗粒度大小上有所区别,胜任力的表述式应该以特质为主,胜任力的评价应该以行为为准。

其次,胜任力到底是要以冰山上的特质为主要表现形式,还是以冰山下的特质为主要表现形式,其实要看它的运用场景。在人力资源的选拔场景中,胜任力以冰山下的特质为主,而在人才培养方面,胜任力则要以冰山上的知识、技能为主,因为两者相较而言,知识和技能等冰山上的特质是较容易培养的,也是培训场景中胜任力的主要构成要素。

虽然人们冰山下的某些特质很难被改变,但也可以通过训练和行为引导产生一定的改变。比如一个缺乏客户服务意识(冰山下)的员工,想要让客户满意很困难,但可以通过培训客户服务的技巧(冰山上)来影响员工行为。所以,在培训体系下的胜任力可能又是另一个系统,它更接近冰山上,更接近外显的技能行为的塑造,更少提及冰山以下的特质塑造,因为冰山以下的特质在招聘和选拔环节就应该被筛选过。

最后,胜任力有不同的划分标准。

根据不同的对象和人群,有针对全员的胜任力,有针对不同职能序列的胜任力,还有与领导力相关的胜任力,如图 3-2 所示。

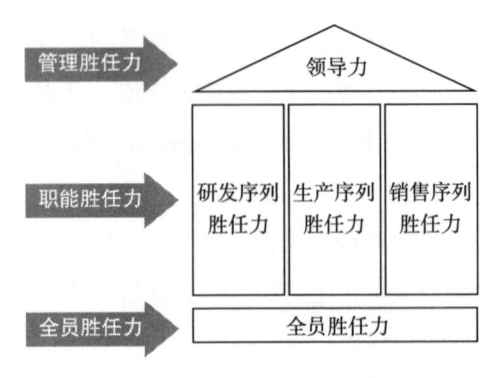

图 3-2　胜任力群体分类

可以根据绩效表现水平来划分胜任力的类别：门槛型胜任力，用于判断基本工作表现；鉴别型胜任力，用于判断绩效优秀的工作表现；变革型胜任力，全员比较缺乏，是企业未来牵引性的胜任力要求。如图 3-3 所示。

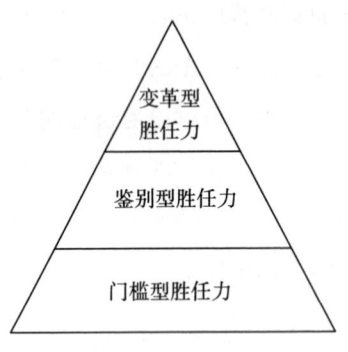

图 3-3　胜任力绩效表现分类

可以根据管理对象来划分胜任力，比如管理自我的胜任力、管理他人的胜任力、管理任务的胜任力，如表 3-1 所示。

表 3-1　不同管理对象的胜任力模型摘要

| 对象 | 胜任素质 | 维度 |
| --- | --- | --- |
| 管理自我 | 成就导向 | 自我愿景、勇于挑战、承受压力、追求卓越 |
| | 学习创新 | 学习意愿、学习策略、学以致用、创新意识 |
| 管理他人 | 团队管理 | 团队合作、下属培养、有效激励、塑造文化 |
| | 沟通协调 | 有效表达、用心倾听、积极反馈、冲突解决 |
| 管理任务 | 客户导向 | 服务意识、挖掘需求、有效响应、持续共赢 |
| | 计划管理 | 计划制订、时间管理、执行能力、结果导向 |

## 胜任力的等级

正常情况下，胜任力并不能一眼被判断出来，所以在测评环节，还需要把胜任力再具体描述为可被定义和衡量的行为标准，不同的行为标准又被赋予不同的等级。

我们以咨询公司麦肯锡的某项胜任力为例，了解胜任力的等级是如何被区分的，如表 3-2 所示。

表 3-2　麦肯锡胜任力等级与描述

| 胜任力 | 定义 | Level 0 | Level 1 | Level 2 | Level 3 |
| --- | --- | --- | --- | --- | --- |
| 个人影响力（维度：信心来源） | 通过有效沟通和适当的影响策略影响他人的能力（面对挑战和不确定性，能建立信心，找到依据） | 在客户服务环境下，缺乏最基本的信心和专业素养 | 对自己的知识和能力展现出充分的信心 | 在专业领域之外和面对挑战时，能够建立信心 | 面对高风险环境，应对难搞的个人和团体，仍能达到 2 分要求 |

在以上等级划分的文字描述中我们不难发现，胜任力的行为水平

在不断提高，这也预示着不同行为表现的人在绩效表现上也有差别。不同岗位的胜任力等级要求也存在一定的差异，有些要求达到较高的等级要求，有些只要求达到基本的等级要求，这取决于某项胜任力在不同岗位上的重要程度和对绩效表现的影响程度。

培训管理者也要像人力资源管理者一样，看到胜任力素质词语时就能反应过来其所代表的人类内在动力来源是什么，同时还能清楚这些胜任力素质词语应从哪些维度来判断，不同的维度又分别可以用哪些具体行为来衡量。当培训管理者理解行为背后的底层动力时，就算不能轻易改变员工的内在动力，也可以准确地找到对绩效表现帮助最大的行为，通过培训手段来塑造员工的行为，从而达到提升绩效的目的。

看到这里，你是否会觉得培训只能塑造人的表层行为，无法改变人的深层动机？传统培训确实很难对员工的心智产生影响，但是也不是不可能，需要借助社会心理学的理论才能更好地实现培训对员工心智的影响。本书第五章第五节关于行动学习项目的介绍也许可以帮助你解答这个问题，告诉你如何通过培训影响员工心智。

# 五步构建胜任力模型

胜任力可以区分出绩优员工和绩平员工，据统计，《财富》世界500强中有超过半数的公司应用胜任力模型。在一项基于全球426家公司的调查中，有80%的公司在人力资源管理实践中应用胜任力模型。

但从胜任力模型的构建来看，大部分企业的胜任力模型构建只停留在要素层面的呈现上，并没有对相应的维度、等级、行为等进行详细描述和验证。有的企业会把标杆企业的胜任力模型直接拿来使用，没有考虑自己企业的特性。如果请外部的咨询顾问来构建胜任力模型，需要花费大笔费用，如果企业自己有构建胜任力模型的能力，会省去一大笔费用。

本节将会用五步介绍胜任力模型的构建方法，如图 3-4 所示。

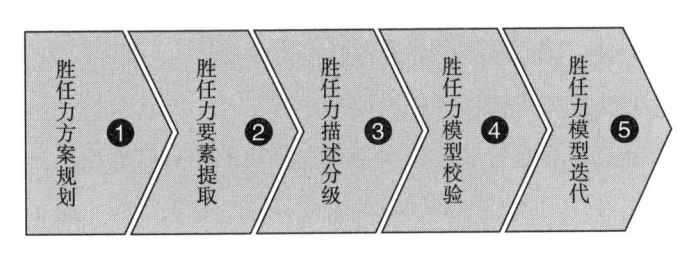

**图 3-4　胜任力模型构建五步法**

胜任力方案规划 ❶ → 胜任力要素提取 ❷ → 胜任力描述分级 ❸ → 胜任力模型校验 ❹ → 胜任力模型迭代 ❺

## 第一步：胜任力方案规划

在构建胜任力模型之前需要先明确胜任力模型构建的方式方法，至少要对以下五项内容有清晰的界定。

**运用目的**：胜任力模型运用目的决定了要构建什么样的胜任力模型。比如：用于人才选拔的胜任力模型和用于培训的胜任力模型在内容上还是有一定区别的，前者侧重冰山下的要素，后者更侧重冰山上的要素；是给特定的岗位建模，还是给全体岗位建模，最终形成的胜任力模型是不一样的。运用目的是胜任力模型构建需要提前思考清楚的问题，它会影响后续的工作方法和模型构建出来的样子。

**分类标准**：分类标准用于界定胜任力模型构建的工作深度和广度，比如胜任力是按照岗位划分，还是按照绩效表现水平划分，或是按照管理对象划分（如图3-2、图3-3、表3-1所示）。最终要呈现多少个胜任力模型，每个胜任力模型要有多少个要素，每个要素要有多少个维度，每个维度要分多少个等级，这些都是分类标准需要提前规划的内容。

**调研方式**：不同运用目的胜任力模型可能会涉及不同的要素提取方法，比如调研、访谈、观察法等都是常用的调研方式。在调研时，有些专家会选择先漫无目的地去调研或访谈，然后再形成胜任力要素，而有些专家则是先在胜任力词表中预设一些胜任力要素，然后开始调研或访谈，最后形成胜任力要素和胜任力模型。

**校验方法**：为了确保胜任力模型的有效性，初构形成的胜任力模型还需要经过若干次校验。校验需要选择对照组和实验组，通过测评等方式得出胜任力模型与高绩效的表现是否正相关，模型是否表现出较高的稳定性，如果是"否"，就还需要对胜任力模型进行纠偏，最后才能呈现为胜任力模型。

**管理方式**：胜任力模型的管理方式包含后续的运用场景和更新迭代频率。胜任力模型并不是一成不变的，它也会随着企业战略变化、市场变化、技术变化、人才变化等发生改变，所以胜任力模型需要随着环境的变化而变化。

胜任力方案规划好之后，才能开始按计划构建胜任力模型。

## 第二步：胜任力要素提取

胜任力要素提取环节是既烦琐又重要的一个环节，它是否具备科学性直接影响胜任力模型是否可信有效。在这一步中需要完成四项重点工作。

**要素假设**：在开始正式提取工作时，可以在胜任力词典中假设企业需要的胜任力，或者从标杆企业中获取他们的胜任力模型作为参考，这样对后续的建模会有一定的帮助。但在提取过程中不能先入为主，应该根据企业的实际情况客观提取。我们在本书的附录提供了一套胜任力词典，可以作为参考和指引。

**样本选择**：要素提取关键的一步是选择提取的样本，样本一定是目标岗位上的绩优员工。绩优员工的选择也需要从其绩效的稳定性、入职时间、价值观等方面充分考量，特别是价值观如与企业高度一致，则他们的言行更能代表企业的精神内核。

**调查研究**：调查研究常用的方法是 BEI（Behavioral Event Interview，行为事件访谈法），通过若干员工和成功事件的访谈挖掘，获取关键行为的具体做法，同时也能反映出胜任力的关键要素。

**归纳分类**：不同岗位层级的胜任力要素需要进行归纳分类，同时要素下的子维度也需要进行归纳分类。通过归纳分类，可以初步形成企业的胜任力模型。

## 第三步：胜任力描述分级

胜任力描述分级也是一项非常关键的工作，它是将胜任力定性、定量化，使其能够被测量。其实在第二步胜任力要素提取环节就应该对胜任力的行为做出初步的记录和描述，这对于第三步的描述分级有很大的帮助。在胜任力描述分级环节至少要完成以下三项工作。

**定义描述**：定义描述是指对胜任力的要素和子维度进行文字描述，定义描述可以是"场景+行为表现""行为+达到的影响"；或是用动宾结构来描述胜任力的定义，比如表 3-2 将"个人影响力"胜任力的定义描述为"通过有效沟通和适当的影响策略影响他人的能力"。

**水平分级**：水平分级指的是同一项胜任力要素从一般到卓越的行为表现的等级。通常分为3级或4级，根据等级的描述可以赋予等级定义，如1级为待发展，2级为胜任，3级为优秀，4级为卓越等。

**行为描述**：在不同的水平分级下对应的行为有哪些，需要在行为描述中体现出来。行为描述一般用程度的大小和影响的大小来区分胜任力级别。比如表3-2对"个人影响力"Level 0的行为描述为"在客户服务环境下，缺乏最基本的信心和专业素养"。

## 第四步：胜任力模型校验

其实胜任力模型的校验工作应在前几步就开始做了，即每完成一步就去推敲和检验胜任力描述是否正确，等级行为描述是否恰当，这样会在第四步省去很多工作量。第四步胜任力模型校验环节至少需要完成四项工作。

**对照校验**：对照校验需要选择实验组和对照组，对建构好的胜任力模型进行评估，分析其有效性和稳定性。同时需要听取多方意见，对胜任力模型和评估方式进行纠偏调整。

**纠偏调整**：纠偏调整不仅要调整胜任力的定义、维度、等级、行为描述等，如果评估问卷有问题，还需要对评估问卷进行纠偏调整。如果这个环节一次不能完成，则需要经历几次纠偏调整，直到胜任力模型和评估方式表现出出色的有效性和稳定性。

**构建模型**：胜任力模型校验、纠偏调整之后，就形成了最终的胜任力模型。对象不同，构建出的胜任力模型也不同。胜任力模型最终的呈现形式一定是图形化、简洁化的，还要有企业特色，方便员工记忆和传播。比如宝洁的5E领导力模型就非常简洁，也容易记住（如图3-5所示）。

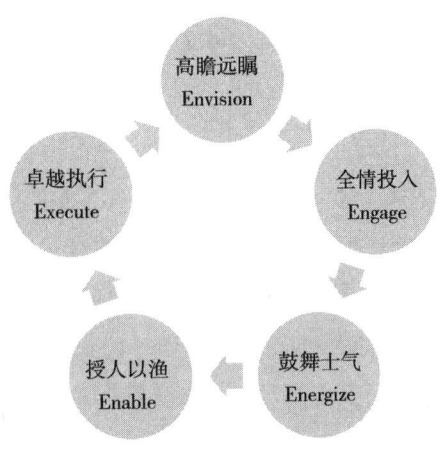

图 3-5 宝洁公司 5E 领导力模型

**局部落地**：胜任力模型构建好之后就到了落地环节。为了确保员工的适应性，在模型落地环节一定要做好宣贯与解答工作。模型落地可以从局部开始，并以试用的名义先向下落地，待局部能较好地接受胜任力模型之后再开始全面推广。

## 第五步：胜任力模型迭代

任何管理方法都要与时俱进，胜任力模型也不例外。企业战略、业务方向、市场环境的变化，科学技术的发展，员工素质与技能的提高，都会影响原模型的适用性，因此，需要对胜任力模型进行定期评估。

定期评估的方式也可以采用第四步胜任力模型校验的方法，设计实验组与对照组，定期评估胜任力模型是否能有效且稳定地测评出绩优员工，如果答案是否定的，那么就要对胜任力模型进行阶段性的调整或是重构。

# 从胜任力到学习地图

以选拔为目的的胜任力模型侧重冰山以下的要素,以培养为目的的胜任力模型侧重冰山以上的要素。更准确地说,以培养为目的的胜任力模型更多以工作任务为主要构成要素,比如一名餐饮门店经理的胜任力模型构成要素可能会是:值班管理、食品安全管理、库存管理、人员管理、排班管理、安全管理、设备管理等要素;同时,门店经理又是管理岗位,除了工作任务对应的专业技能以外,还会结合部分软性的人文技能和理念技能来培养。本节介绍以培养为目的的胜任力,如何通过五个步骤转变为学习地图,如图3-6所示。

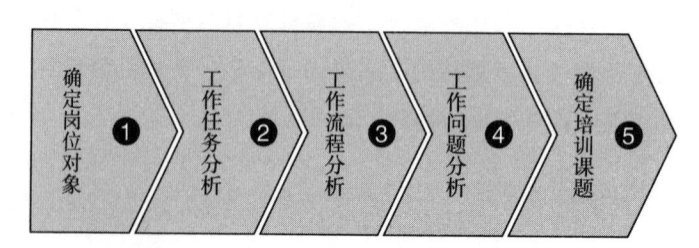

① 确定岗位对象 ② 工作任务分析 ③ 工作流程分析 ④ 工作问题分析 ⑤ 确定培训课题

图 3-6 学习地图搭建五步骤

## 第一步:确定岗位对象

学习地图搭建开始之前需要先确定要培养的岗位对象。根据对象的不同,学习地图可以分为三种类型:全员学习地图、关键群体学习地图和关键岗位学习地图。如果企业还没有搭建过学习地图,建议可以从关键岗位开始搭建。关键岗位一般是一家企业的业务岗位,是直接帮企业赚钱的岗位,而且这些岗位人数越多,搭建学习地图的价值就越大。

关键群体一般就是关键岗位的纵向岗位集群，学习地图的搭建逐步从一个岗位到纵向的多个岗位，再到横向的其他部门岗位，逐渐成形。

## 第二步：工作任务分析

确定好岗位对象之后就可以展开第二步工作任务分析。工作任务分析的方式方法有很多种，一般可以从岗位说明书中找到相关信息，或者通过访谈萃取的方式进行工作任务分析，还可以通过岗位体验和观察的形式进行工作任务分析。分析对象一般选择绩效表现优秀的员工、标准流程做得最好的员工，或者是任务体系最完善、最专业、最资深的员工。

工作任务分析主要是了解关键岗位员工日常的工作任务是什么，分为哪些模块或管理哪些事项。部分企业对工作任务有模块化的概念，但也有很大一部分企业对工作任务没有模块化的概念，这时候培训管理者也可以通过先发散后聚焦的方式归纳整理工作任务，并且对工作任务的重要程度进行区分排序，非常规的工作任务需要待定处理。

## 第三步：工作流程分析

工作流程是完成工作任务必须做的步骤或流程，是工作任务继续向下拆解的内容。比如房产销售岗位的工作任务之一是带客户看房，那么"带客户看房"就是一项工作任务，继续向下分析"带客户看房"的工作流程，就会得出以下八个关键步骤：邀约客户、匹配房源、准备物料、迎接客户、现场讲解、送客离开、了解看房感受、邀约下次看房。这八个关键步骤就是工作流程分析出来的内容。

是小部分人以这样的流程工作,还是绝大部分人都按照这样的流程工作?工作流程分析还需要考虑流程的普适性,要被大部分人遵循和认可。如果企业内部还没有标准的工作流程,可以先萃取标杆员工身上的优秀做法作为工作流程,然后再逐渐优化。

## 第四步:工作问题分析

工作问题分析是针对上一步的工作流程进一步向下分析,看看员工在操作上有哪些问题,是不懂、不会还是不愿,所对应的就是后续要加强培训的知识、技能和态度的内容。需要注意的是,问题分析一定是基于培训能改变的内容,特别是在技能层面可以多加挖掘。

工作问题分析这一步非常关键,它承接了前面三个步骤,同时对第五步确定培训课题起到了决定性的作用。只有问题足够准确,培训的课题和内容才能足够精准有效。

## 第五步:确定培训课题

培训课题来源于工作任务、流程和问题,一个问题可以成为一个培训课题,一个流程、一项任务也可以成为一个培训课题,只是课题的颗粒度大小不一样,主要看想解决一个点还是一个面的问题。通过表3-3我们可以详细地了解从胜任力到学习地图的转变过程。

## 表3-3 房产经纪人学习地图分析范例

| 工作任务 | 工作流程 | 工作问题 | 培训课题 |
| --- | --- | --- | --- |
| 客户获取 | 1. 选择获客渠道<br>2. 选择主推房源<br>3. 线上线下获客<br>4. 留下联系方式 | 1. 不懂有哪些有效的获客渠道<br>2. 不具备各种渠道的获客技巧<br>3. 不愿主动出门开发客户 | 客户开发三大渠道与开发技巧<br>…… |
| 需求匹配 | 1. 询问购房目的<br>2. 询问预算首付<br>3. 询问户型要求<br>4. 匹配合适房源 | 1. 不懂客户需求的询问方向<br>2. 不具备根据客户需求匹配房源的技巧 | 客户需求的三大方向与匹配策略<br>…… |
| 客户带看 | 1. 邀约客户看房<br>2. 准备看房物料<br>3. 现场带看讲解<br>4. 了解看房感受<br>5. 匹配新的房源 | 1. 不懂客户邀约的技巧<br>2. 不会准备看房物料<br>3. 不懂介绍房源的技巧<br>4. 不懂了解客户看房感受 | 客户带看五步骤<br>房源讲解实务<br>…… |
| 客户签约 | 1. 邀约客户、业主<br>2. 准备签约材料<br>3. 签约场地准备<br>4. 合同讲解说明<br>5. 签约<br>6. 过户与售后 | 1. 不懂准备哪些签约材料<br>2. 不会签约谈判技巧<br>3. 不懂过户流程和材料<br>4. 不懂各种费率的计算方式 | 签约流程与签约准备<br>签约谈判技巧<br>贷款过户流程<br>贷款费率计算实务<br>…… |

在整个学习地图搭建的过程中采用团队共创的方式效率会更高，同时也需要掌握工作分析的访谈技巧，最后还需要用经验萃取的方法来做课程开发。培训工作者在整个过程中扮演着咨询顾问的角色，紧扣每个环节，提供流程和技术的支持。

虽然学习地图似乎呈现了岗位培训需求的所有内容，但不能忽略其他方面的培训需求来源，我们将会在第四章介绍培训需求的其他来源和培训计划制订的注意事项，为后续的项目设计和课程开发奠定基础。

## 主要结论

1. 胜任力作为人力资源管理最为基础又关键的部分，是展开人才选、用、育、留的起点。如果培训管理者对胜任力不了解，那么人才的培养方向将会出现较大的偏差，最终导致员工并不能因为培训而产生有利于绩效提升的行为，影响培训的价值和有效性。

2. 胜任力是指能将某一工作中绩优者与绩平者区分开来的个人深层次特征，它是动机、特质、自我形象、态度或价值观、某领域知识、认知或行为技能等任何可以被可靠测量或计数的，并且能显著区分优秀与一般绩效的个体特征。

3. 人类行为的产生一部分受内在动机因素的影响，一部分受后天训练或外部环境的影响。一般情况下受到内在动机因素影响的行为会更稳定和持久，那些拥有某些内在动机特质的人就算环境改变，也能较一致地表现出与内在动机因素相匹配的行为。

4. 胜任力遵循这样的因果关系：内在素质影响外在行为表现，外在行为表现影响绩效表现。

5. 在人力资源的选拔场景中，胜任力以冰山下的特质为主，而在人才培养方面，胜任力则要以冰山上的知识、技能为主，因为两者相较，知识和技能等冰山上的特质是较容易培养的。

## 学习感悟

1. 本章让你印象最深刻的内容是什么？
2. 本章对你的培训工作有什么启发？

# 第四章

# 培训需求与培训计划

培训需求最大的来源是胜任力，胜任力是对岗位能力的一般要求，在一定时期内稳定不变。但胜任力并不是培训需求的唯一来源，培训需求还来源于一些个性化需求和特殊需求，培训计划需要综合各方面的需求制订。本章将介绍培训体系搭建的第一大步骤——培训需求与培训计划。

# 培训需求从何而来

培训需求最基本的来源是岗位要求，也就是胜任力。但在实际的工作中，无论是招聘，还是培训，我们都无法刚好招聘到或培养出满足所有胜任力要求的员工，这时候第二次培训的需求就会产生。或者因为企业业务战略方向调整，企业对员工的能力要求有了新的变化，这时候新的需求也会产生。所以，培训需求最重要的来源除了岗位胜任力，还来源于员工的能力差距和企业战略。我们把来源于岗位胜任力的培训需求称为静态培训需求，而把来源于员工能力差距与企业战略的培训需求称为动态培训需求。

## 战略需求

企业因为战略变化、产品变化、业务线调整等原因会对员工的能力产生新的要求，这些新的要求使得胜任力发生变化，这种胜任力变化属于动态培训需求的新增需求。

培训管理者需要从新的工作岗位与任务出发，分析关键流程步骤，识别出新的能力要求，搭建新的胜任力模型，随之就能很好地匹配适合员工的培训课程。

在我曾经服务过的一家企业中，就发生过一次重大的战略调整，随之而来的是组织架构的调整和新业务的开展。从旧业务线调整到新业务、新岗位上的员工，对自己未来即将要面临的新任务都忐忑不安，到底该如何开展工作，谁都没有经验。当时企业的第一项任务就是对这些员工立刻开展一次培训。培训内容不仅有对新业务调整的原因和相关问题的解释，而且更重要的是有对新岗位的角色定位和工作内容的解释和说明。随着业务的发展，在往后的培训中也增加了根据新的岗位胜任力而设计的培训课程。在大规模的战略调整背景下，企业在内部进行人员调动和人员培养是最简单、最高效的做法，这家企业也因此在极短的时间内完成了几万人的调动和部署，成功地推进了本次战略调整。

可见，培训是战略落地的关键环节，它对新业务的诠释、文化与语言的统一、行为的对齐有着重要作用。随着时间的推移，战略变化下的动态培训需求也会慢慢转变为静态培训需求，直到下一个新的战略变化产生出新的动态培训需求。

培训管理者除了要关注静态培训需求，还要有极其敏锐的战略嗅觉，在企业战略发生转变的时候，第一时间成为战略落地的推动者。

## 岗位需求

岗位需求就是我们常说的胜任力需求，在一定时期内，这些需求是相对稳定的，所以它是相对静态的培训需求。岗位培训需求是确保员工能够胜任工作的基本要求，第三章关于胜任力与学习地图的内容非常详细地介绍了这些需求的分析过程，本节不再赘述。

需要注意的是，虽然岗位培训需求是静态培训需求，但随着岗位层级的提升，动态需求也会增加。比如一个基层的操作岗位负责的工作内容单一且固定，这个岗位的培训需求基本上不会有太大的变化。但是，到了较高层级的管理层，他们所面临的工作内容会更加丰富，挑战性与不确定性会更大，这个岗位的培训需求无时无刻不在发生变化，所需要具备的能力也更加丰富，综合性更强，相应的动态培训需求就会增加。

培训管理者应更多地关注管理者的能力变化，在现有静态培训需求的基础上及时做好动态培训需求的调整。

## 能力差距需求

能力差距需求也可以说是绩效差距需求，它是动态培训需求中的二次需求。因为在初次招聘和培养中并不能选拔或培养出十全十美的员工，这时候员工身上个性化的需求就会产生。此时没有必要再去培养员工已经具备的能力，培训部门应该识别出影响绩效表现的能力差距，聚焦于这些能力的培养，效果会更显著。并且这种能力差距并不是培训一两次就一定能消除的，如果下一个评估周期发现这些能力还是差距很大，要么继续培训，要么改进培训方式，总之，要让这些能力得到实质的提升。

对于培训管理者而言，识别出每个员工的个性化需求无疑是最好的，这样可以给每个人做 IDP（个人发展计划），但这个过程需要花费大量的人力物力，因此做全员整体意义上的评估分析也是一种不错的选择。图4-1是基于大客户经理岗位评估分析得出的胜任力雷达图，图中的岗位要求和现有水平的差距——阴影部分，就是该岗位的能力差距，也是动态培训需求的主要来源。这种分析方法也是常规培训需求分析的主要方法。

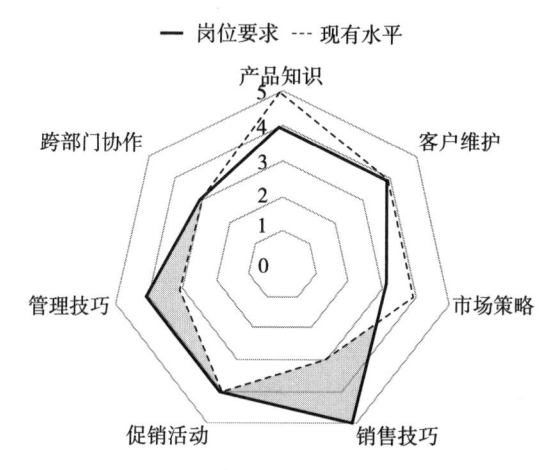

图 4-1 大客户经理胜任力雷达图

对于培训管理者而言，选择最多人欠缺的胜任力、整体差距最大的胜任力、最重要的胜任力加以培养，培训效果会更明显。

同时，作为培训管理者，经常会收到来自各方的培训需求，因此我们还需要具备两种能力。

第一种是判断培训需求是不是真需求的能力。我们不能只听需求方向我们反馈他们想培训什么课程，而应该进一步了解为什么想要参加这些培训课程，到底出现了什么问题，想要解决什么痛点。经过进一步了解，我们才能真正清楚这些课程是不是真的能解决这些问题或痛点，或者说这些问题或痛点是不是培训能够解决的。仅仅根据需求方的建议来做培训，有可能药不对症，因此还需要培训管理者辩证处理。

第二种是区分哪些需求是重要需求的能力。企业每年的培训需求众多，如果雨露均沾，那么一年下来，培训工作不会有很大的亮点和贡献。培训管理者应该区分出常规培训需求和重要培训需求，对于重要培训需求需要做特殊的规划和落地，比如关键部门的关键岗位、增长性业务的岗位、新增业务的岗位等的培训需求都有可能成为重要需求的来源。同时也可以根据表4-1进行培训需求的价值判断，价值越高的培训需求越值得作为重点工作推进。

表4-1 培训需求价值判断表

| 需求内容 | 重要性（1-5分） | 紧迫性（1-5分） | 可行性（1-5分） | 复制性（1-5分） | 聚焦度（1-5分） | 总分 |
|---|---|---|---|---|---|---|
|  |  |  |  |  |  |  |
|  |  |  |  |  |  |  |
|  |  |  |  |  |  |  |

# 四步制订培训计划

有了详细的培训需求之后，培训管理者需要完成培训计划制订工作。一般培训计划的制订会放在年底或者年初，但偶尔也会出现在培训计划实施过程中产生新的培训计划或调整原有培训计划的情况。通常，培训计划制订需要经历预算信息获取、培训计划制订、预算与计划调整、培训计划公示四个步骤（如图4-2所示）。

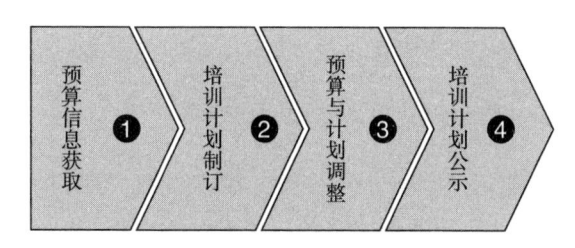

图 4-2 培训计划制订四步骤

## 第一步：预算信息获取

每年年底一般是下一个年度预算发布的时候，通常培训预算也会随之出炉。这既是企业每年对员工的投资额度，也是年度培训的最高限价。

每家企业给的培训预算额度与比例参差不齐，一是受到高层对培训重视程度的影响，二是受员工规模的影响，三是受到往年培训支出及企业经营与战略布局的影响。

整体来说，按照既定的额度规划培训，将预算与实际支出控制在合理的范围内本身就是一种管理能力。而且，提前了解到培训预算对于下一年度的培训计划与培训方式的规划有很好的指导作用，可以根据预算的多寡调整培训策略，不至处于被动的境地。如果培训预算与培训计划有很大的误差，则培训管理者需要及时提出异议，申请调整培训预算，以便达成下一年度的培训效果。

## 第二步：培训计划制订

培训计划的制订是最为复杂的一项工作，它需要一手抓准需求，一手搞定落地，是检验培训专业性非常关键的一步。要制订好培训计划，需要对培训计划涉及的方方面面有一个整体概念。

### 1. 培训计划的内容

通常，培训计划包含计划的对象、项目名称、课程名称、培训时间、培训形式、师资等内容，这些内容需要在培训计划表中详细呈现，并且在制订培训计划时要详细填写清楚。

### 2. 培训计划的形式

培训计划的形式大体上可以分为年度项目培训计划、年度课程培训计划、IDP、月度/季度培训计划这四种形式。

▶ 年度项目培训计划

年度项目培训计划应该从宏观层面体现全年将举办哪些培训项目，什么时间举行，在哪里举行，用内部师资还是外部师资，总预算多少等信息，如表4-2所示。它涵盖静态培训项目，也会涉及动态培训项目。培训管理者要清楚地区分这些项目中哪些是常规项目，哪些是非常规的重点项目，并且在规划培训时间时需要充分考虑业务部门的高低峰期与培训资源的调配情况，既不能耽误正常业务开展，也要确保培训资源能够支撑培训落地。

▶ 年度课程培训计划

年度课程培训计划区别于年度项目培训计划，它源于员工能力差距产生的二次需求。这些员工可能已经参加过了常规项目培训，如果再参加一次就非常浪费时间和精力，所以可以再为他们单独开设一些课程，聚焦于某些能力的补齐，它更倾向于动态培训需求的满足。年度课程培训计划出来之后，部门员工可以根据自己的能力差距选择相应的课程来学习，或者培训部门直接要求哪些员工参加哪些课程的学习。这种单独课程的学习需要与员工所在部门的领导先打好招呼，并让部门提前做好工作安排，不然错过一次课程可能就要间隔很久才有机会学习（如表4-3所示）。

▲ IDP

IDP是承接以上两种计划后更详细的个人发展计划，如表4-4所示。个人在每年绩效评价完成之后，需要根据个人绩效与能力差距，规划第二年的个人发展计划，其中就需要包含个人的培训计划。个人可以根据培训部发布的项目或课程计划选择适合自己的内容报名，当培训开始时就可以根据计划参加学习，并在自己的个人发展计划上写上完成相应的培训或行动任务，直到又一年的绩效考核开始，如此循环往复。

▲ 月度/季度培训计划

全年培训计划只是宏观地规划了全年的培训计划，培训部门还需要再发布更详细的月度/季度培训计划。月度/季度培训计划会有详细的流程、时间、时长、地点、人物、形式等说明。月度/季度培训计划可以很好地弥补年度培训计划不够详细的不足，同时还可以实时调整，是培训落地的真正依据。

3. 培训计划的预算

培训计划初步制订出来之后就可以整合所有培训计划中涉及的预算金额，这些金额有可能超过公司的预算金额，也有可能少于预算金额，无论何种情况都要进入第三步——预算与计划调整。

表 4-2　年度项目培训计划

单位：万（元）

| 项目名称 | 师资形式 | 举办形式 | 单场预算 | 总预算 | 场次 ||||||||||||
|---|---|---|---|---|---|---|---|---|---|---|---|---|---|---|---|
| | | | | | 1月 | 2月 | 3月 | 4月 | 5月 | 6月 | 7月 | 8月 | 9月 | 10月 | 11月 | 12月 |
| A 项目 | 内部 | 分公司 | 0.1 | 2.4 | 2 | 2 | 2 | 2 | 2 | 2 | 2 | 2 | 2 | 2 | 2 | 2 |
| B 项目 | 内部 | 总部 | 0.2 | 0.8 | | | 1 | | | 1 | | | 1 | | | 1 |
| C 项目 | 外部 | 总部 | 5 | 10 | | | | 1 | | | | | | 1 | | |
| 预算合计 | | | | 13.2 | 0.2 | 0.2 | 0.4 | 5.2 | 0.2 | 0.4 | 0.2 | 0.2 | 0.4 | 5.2 | 0.2 | 0.4 |

表 4-3　年度课程培训计划

单位：万（元）

| 课程名称 | 师资形式 | 举办形式 | 单场预算 | 总预算 | 场次 ||||||||||||
|---|---|---|---|---|---|---|---|---|---|---|---|---|---|---|---|
| | | | | | 1月 | 2月 | 3月 | 4月 | 5月 | 6月 | 7月 | 8月 | 9月 | 10月 | 11月 | 12月 |
| A 课程 | 内部 | 线下 | 0.1 | 0.6 | 1 | | 1 | | 1 | | 1 | | 1 | | 1 | |
| B 课程 | 内部 | 线上 | 0.1 | 0.6 | | 1 | | 1 | | 1 | | 1 | | 1 | | 1 |
| C 课程 | 外部 | 外部 | 3 | 6 | | | | 1 | | | | | | 1 | | |
| 预算合计 | | | | 7.2 | 0.1 | 0.1 | 0.1 | 3.1 | 0.1 | 0.1 | 0.1 | 0.1 | 0.1 | 3.1 | 0.1 | 0.1 |

表4-4 IDP模板

| 基本信息： | | | |
|---|---|---|---|
| 姓名 | | 性别 | |
| 出生日期 | | 入职日期 | |
| 所在部门 | | 现任岗位 | |
| 当前面临的职业发展问题：<br>1.<br>2.<br>3. | | | |
| 自我评估：（当前岗位必需的能力或经验，相应的能力及经验根据需要调整） | | | |
| 请参照员工能力开发需求表中关于本岗位现阶段急需提升的3项能力：<br>1.　　　　　　　　建议课程：<br>2.　　　　　　　　建议课程：<br>3.　　　　　　　　建议课程：<br>其他强项：<br>其他弱项： | | | |
| 请对以下工作经验做出标注，已经拥有的经验打√，尚不具备的经验打×：<br>团队管理　　　　　　（ ）　销售/销售管理（ ）　跨职能管理　　　　（ ）<br>扭转劣势，开创新局面（ ）　总部工作经验　（ ）　无授权下影响业务　（ ）<br>服务管理　　　　　　（ ）　咨询或实施管理（ ）　创业创新项目实践　（ ）<br>其他已具备的经验：<br>其他尚未具备的经验： | | | |
| 职业发展规划： | | | |
| 一、职业发展兴趣 | | | |
| 二、职业发展可能的障碍或不足 | | | |

（续表）

| 三、个人现状总结 |||
|---|---|---|
| 目前负责的工作/项目 || 自我评价 |
|  ||  |
|  ||  |
|  ||  |
| 个人优势/专长 |||
| 当前不足之处 |||

| 四、三年内重点发展的三项能力素质 ||||
|---|---|---|---|
| 重点发展的知识、技能和素质项 | 目前水平 | 计划达到的水平 | 计划达成时间 |
|  |  |  |  |
|  |  |  |  |
|  |  |  |  |

| 五、具体行动计划 ||||
|---|---|---|---|
| 重点发展能力素质项 | 学习/发展计划活动（行动举措） | 衡量标准 | 活动持续时间 |
|  |  |  |  |
|  |  |  |  |
|  |  |  |  |
|  |  |  |  |

| 六、需要公司提供的支持 |
|---|
|  |

(续表)

| 七、面谈总结 | 好 | 不好评价 | 不好 |
|---|---|---|---|
| 1. 对公司的评价 | ( ) | ( ) | ( ) |
| 2. 工作满意度 | ( ) | ( ) | ( ) |
| 3. 上一周期能力或经验提升的评价 | ( ) | ( ) | ( ) |
| 4. 上一周期发展机会的评价 | ( ) | ( ) | ( ) |
| 5. 其他意见或建议: | | | |
| 当事人签名: | | 直接上级签名: | |
| 签订日期: | | 签订日期: | |

## 第三步：预算与计划调整

如果预算超额，这个时候先检查有没有项目可以调整培训形式，尽量将培训预算降下来。比如将部分线下培训转移到线上培训；在不影响培训效果的情况下，减少培训频次与场次；将外部采购的培训课程转变为内部的培训课程；分公司与部门自己能组织的培训可以自己解决；等等。这些都可以在一定程度上降低培训预算。但如果因为需要开展新的重点项目而导致培训预算超额，培训部门可以向公司申请提高预算额度。

如果预算盈余，这时候可以先检查是不是有一些培训预算少算了，或一些培训项目和课程没有添加进培训计划内，等等。如果检查后都没有问题，则需要向公司申请降低预算额度。

培训预算与计划是相互调节的，同时培训部门也需要为自己留一些预算空间，比如在整体预算的基础上上调15%作为安全额度，以备不时之需。培训管理者都有这样的担忧，一旦培训预算降下来或者本年度预算没花完，会影响来年的培训预算，这与每家企业的具体操作息息相关。同时在企业困难时期，企业有可能将培训预算降下来，寻求用更低成本办同样规模的培训或效果更好的培训，这也是考验培训管理者能力的时期。

## 第四步：培训计划公示

当所有的预算与计划都已经调整完，就可以进入最后一步：培训计划公示。培训计划公示的不仅仅是年度计划，月度/季度更详细的培训计划更是需要重点公示的内容。培训计划公示应该作为一项固定的任务来做，力求做到多方都达成共识，全体都清楚了解，随时都方便查询。

培训计划公示的形式不局限于邮件，可以通过更多渠道扩大覆盖面和提高影响度。比如公众号、海报、图册等形式，都可以在不同场合中起到公示作用。

培训计划制订好后，培训管理者还需要考虑一个重要的问题，现有培训资源是否能够支持培训计划落地。比如场地、设备、物资、师资、运营落地人员等都是培训计划落地不可或缺的资源，如果现有资源无法支持培训计划的落地，培训管理者需要提前规划与协调这些资源的就位情况，使培训计划有条不紊地落地。

# "人、货、场"搞定，培训计划落地

最让大部分培训管理者头疼的也许是培训计划落地的问题，因为落地牵扯到各种资源的调配和协调。培训计划制订得再好看，只要落地不给力，培训工作照样虎头蛇尾，见不到成效，无法得到业务部门和老板的认可。

培训计划落地从大的方面讲可以涵盖本章及之后的所有章节内容，特别是项目、课程、内训师、机制等的统筹协调，都是培训计划落地的范畴。本节从"人、货、场"的角度谈论培训计划的落地，先打开整体的思维，具体的落地方法和技巧将在后面的章节中详细讲解。

## 培训计划落地需要搞定的人

培训计划落地首先要搞定人的因素。有三类人培训管理者一定要花心思搞定，这三类人也构成了培训管理的铁三角（如图4-3所示）。

### 1. 领导者

领导者有两种含义，一种是真的身居领导职位的人，另一种是虽然不在领导职位却是某方面的专家或意见领袖的人。

在培训计划落地前首先需要获得身居领导职位的人的支持，比如各个部门的负责人，只有他们支持培训，并且了解其中需要配合的环节，培训落地才能更加顺利。在这个方面多请教他们，多听他们的意见，多走动沟通，都会给未来的培训计划落地扫清很多障碍。另外，在培训正式落地时可以争取高层领导者的支持，让高层领导者为培训站台发声，无疑能让各方干系人提高重视程度，这对培训落地的好处不言而喻。

此外，争取到专家或是意见领袖的支持同样重要。特别是在内训师的舞台上，让专家和意见领袖成为内训师，让他们为培训代言，可以吸引更多优秀的人为培训发声。

### 2. 台前人

台前人一般指以下三种角色：内训师、学员、助教。这三种角色又构成了培训落地实施的铁三角。

内训师是影响培训效果非常关键的角色，第七章会从内训师的选、用、育、留等方面介绍内训师的管理。良好的管理与培养机制可以让内训师在台前展现出更稳定的状态。另外一个影响内训师授课水平的因素是课程的编导水平，第六章会介绍优秀课程开发设计的方法和原则。同时，内训师在课前对课程演绎的设计也是关键的一环。优秀的内训师还需要了解即将面对的学员，他们的需求和痛点是什么，这个工作也可以交给助教，由其在课前完成后告知内训师。

学员是学习的参与者，他们的意愿和感官体验决定了他们的学习效果和对待培训的态度。除了内训师需要关注学员的感官体验之外，最重要的是助教能够成为一名出色的氛围专家，通过关注整个培训落地的"人、机、料、法、环"来达到让学员满意的结果，我们将在第八章深入探讨这些问题。与此同时，学员的直接上级对学员的要求与支持也会影响学员在整个培训中的表现。

助教是培训落地的总导演，其导演的水平直接影响培训的"票房"。一名好的助教不仅是优秀的流程专家、氛围专家，还是一名出色的"服务员"。助教要头顶雷达，探测培训现场存在的问题和潜在的需求，然后用闪电般的速度解决当下问题，满足潜在的需求，用热情的态度服务好每一位在场的"顾客"，以获得"顾客"的满意和源源不断的"回头客"。所以一名出色的助教要具备很强的综合能力，不仅是洞悉人心的"心理学家"、卖座的"总导演"，更是事无巨细的"服务员"。培训管理者在选拔和培养助教时可以从以上的方面进行考量。

### 3. 幕后人

如果想要让培训落地更好、更高效，那么一定不能忽略两个幕后人：专家团队与学员导师。

培训经常会遇到经验萃取与课程开发的需求，这两种场景都离不开专家团队的帮助。对于非业务出身的培训管理者来说，经验萃取就是最好的办法；面对突如其来的课程开发需求，时间紧任务重，组织专家团队集体开发是最高效的开发方式。

培训到底要落地到哪里？那一定是学员的工作岗位上。传统的培训落地可能止于课堂，但学员真正的课堂在岗位上，课堂培训只是落地的开始，岗位实践才是落地的战场。培训管理者不能忽略的第二个幕后人便是学员导师。我们在第二章宝洁的培训体系中介绍过宝洁的导师制（双导教练制），让导师与员工个人的发展挂钩是宝洁导师制成功的关键，但导师制与其落地效果在大部分企业还有一段漫长的探索之路要走。

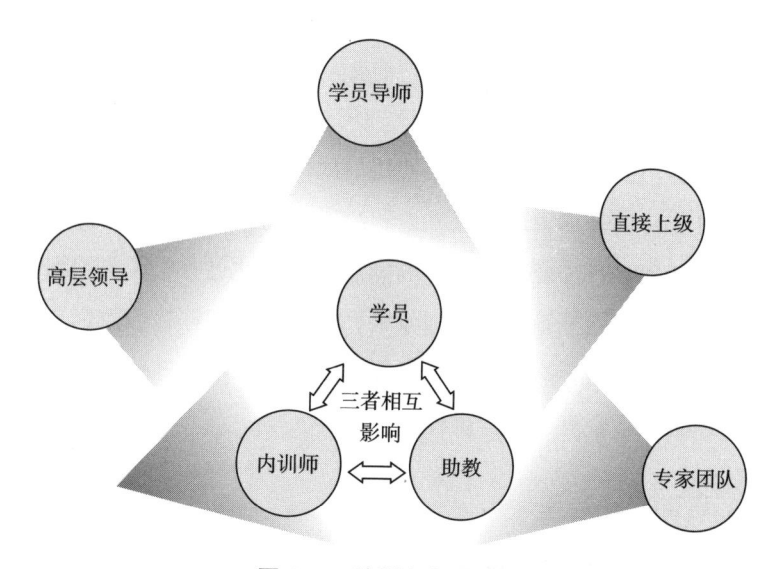

图 4-3 培训角色影响圈

## 培训计划落地需要搞定的货

如果把培训部门比喻成一家公司,那么这家公司售卖的产品是什么?那一定是与培训相关的产品,它可以是一套体系、一个项目、一门课程。所以培训计划落地需要搞定的货就是与培训相关的产品或服务。既然是产品思维,就离不开产品设计、产品功能、产品营销的话题。

### 1. 培训产品设计

培训计划要想落地,那么培训产品一定要是一个具体的、客户需要的、能使用的产品。比如培训体系设计完善、可落地,需求精准、学习地图具体明确,项目可操作,课程有效等。这些产品设计一定是遵循科学合理的设计流程,打磨工艺,才能标准化地呈现在客户面前,这是培训计划落地的基础条件。本书所讲的培训体系搭建的方法和流程,为培训产品的标准输出打下了良好的基础。

### 2. 培训产品功能

培训产品功能从另外一个角度理解就是培训的价值到底是什么。它会影响客户的购买意愿,以及使用后的体验。所以从产品设计之初就需要以客户的需求为出发点,以解决客户的痛点为目标,去思考培训产品要如何设计才能解决客户的痛点,在落地过程中需要用到哪些方式、方法才能更好地达成培训效果,落地后要如何检验效果是否达成,客户的反馈是什么,如何改良和升级产品功能。这些内容本书的第八章、第九章会有进一步讲解。

### 3. 培训产品营销

在酒香也怕巷子深的时代,营销思维非常重要。培训产品营销有两个目的，一个是吸引学员参加培训，一个是让更多的人看见培训的价值。

吸引学员参加培训主要是把培训的亮点通过包装呈现在客户面前，通过不同的渠道占领客户的心智。同时讲好产品的故事，做好客户的峰值体验，让好的产品自己说话。

让更多的人看见培训的价值则是以培训后的反响和效果作为营销的内容，讲好客户的故事，让培训效果深入人心。这些内容本书的第八章会有进一步讲解。

## 培训计划落地需要搞定的场

培训计划落地还需要搞定两个"场"，一个是"现场"，一个是"线场"。这两个"场"是学员、娱乐与竞技的场所，只有具备有趣刺激的游戏规则才能做好这两个"场"的培训落地。

1. 培训"现场"

"现场"一般指的是学员线下集中培训和岗位实践。线下集中培训的流程、物料、设备、视觉设计、温度、声音、游戏规则等都是现场的范畴，培训管理者需要研究并调动学员的学习动机、左右脑神经来达到培训落地的效果。岗位实践则需要设计好驱动系统，通过鼓励、监督、奖励、强化等机制达到学员行为的强化效果。

2. 培训"线场"

"线场"指的是线上学习平台与线上运营机制。线上学习平台并不能满足于简单地让学员去学习几门课程，而是要通过游戏化设计，让学员清晰看到自己的学习地图和闯关路径，用即时的积分、阶段性的荣誉来激发学员的学习兴趣。线上运营机制则是学员在回到岗位实践之后运用的运营方式，通过有节奏的线上信息触达，时刻提醒学员自己需要在哪些节点完成哪些任务，此外，了解自己"战友"的任务完成情况，也可以很好地达到推动培训落地的效果。这些内容在第八章会重点讨论。

## 主要结论

1. 培训需求最大的来源是胜任力，胜任力是对岗位能力的一般要求，在一定时期内稳定不变。但胜任力并不是培训需求的唯一来源，培训需求还来源于一些个性化需求和特殊需求，培训计划需要综合各方面的需求制订。

2. 培训需求最重要的来源除了岗位胜任力，还来源于员工的能力差距和企业战略。我们把来源于岗位胜任力的培训需求称为静态培训需求，而把来源于员工能力差距与企业战略的培训需求称为动态培训需求。

3. 培训是战略落地的关键环节，它对新业务的诠释、文化与语言的统一、行为的对齐有着重要作用。

4. 虽然岗位培训需求是静态的培训需求，但随着岗位层级的提升，动态需求也会增加。

5. 在初次招聘和培训中并不能选拔或培养出十全十美的员工，这时候员工身上个性化的需求就会产生。此时没有必要再去培养员工已经具备的能力。培训部门应该识别出影响绩效表现的能力差距，聚焦于这些能力的培养，效果会更显著。

6. 选择最多人欠缺的胜任力、整体差距最大的胜任力、最重要的胜任力加以培训，培训效果会更明显。

## 第四章 培训需求与培训计划

7. 作为培训管理者，经常会收到来自各方的培训需求，因此我们还需要具备两种能力：第一种是判断培训需求是不是真需求的能力，第二种是区分哪些需求是重要需求的能力。

8. 每家企业给的培训预算额度与比例参差不齐，一是受到高层对培训重视程度的影响，二是受到员工规模的影响，三是受到往年培训支出及企业经营与战略布局的影响。

9. 培训预算与计划是相互调节的，同时培训部门也需要为自己留一些预算空间，比如在整体预算的基础上上调15%作为安全额度，以备不时之需。

10. 培训计划公示应该作为一项固定的任务来做，力求做到多方都达成共识，全体都清楚了解，随时都方便查询。

11. 争取到专家或是意见领袖的支持同样重要。特别是在内训师的舞台上，让专家和意见领袖成为内训师，让他们为培训代言，可以吸引更多优秀的人为培训发声。

12. 一名出色的助教要具备很强的综合能力，不仅是洞悉人心的"心理学家"、卖座的"总导演"，更是事无巨细的"服务员"。

13. 传统的培训落地可能止于课堂，但学员真正的课堂在岗位上，课堂培训只是落地的开始，岗位实践才是落地的战场。

### 学习感悟

1. 本章让你印象最深刻的内容是什么？
2. 本章对你的培训工作有什么启发？

# 第五章

# 培训项目设计

在一家世界500强新能源企业的培训课堂上，学员们在相互探讨中发现，现在的培训有三个明显的变化趋势：

培训越来越短平快，追求效益；

培训正受到AI的影响；

培训越来越定制化、项目化、高端化。

的确，现在的培训已经不是我们十几年前所理解的培训，早已不是上台讲一门课那么简单，它已经被运作成一个项目、一种产品、一种变革工具。培训不仅承载了个人的成长需要，更肩负着人才培养、业务赋能、组织发展的重任。如果一门培训课程只是解决一个点的问题，那么一个培训项目则需要解决一个系统面的问题。如何才能让培训项目解决一个系统面的问题，也是本章要探讨的问题。

CSTD（Chinese Society for Talent Development，中国人才发展平台）是中国领先的人才发展服务平台，为企业培训与人才发展部门提供团队赋能、资源甄选、行业交流等全价值链的会员服务。我翻阅了CSTD近几年获奖的培训案例，在近100个头部企业项目案例中发现，越来越多的案例目标是围绕人才发展和业务赋能展开的。这些项目的特点是贴近业务，敢于承担经营目标，重视训战结合，重视游戏化运营。可见，现在的中国培训从业者已经越来越专业，懂得用科学合理的项目设计让培训实现人才发展和业务赋能的目标。本章将从这些案例中总结规律，探讨培训项目有效性的问题。

# 第五章 培训项目设计

# 有效的培训项目长这样

很多培训项目往往花了很多人力、物力、财力,但最终看不到效果,这也是培训部门存在感低的原因。一个好的培训项目能站在经营的视角看待问题,而不仅仅是站在培训的专业角度看待问题,它的边界应该是模糊的,不应该被限制。从大量卓有成效的培训项目中总结出的规律来看,有效的培训项目应该具备以下四个特点。

## 有效的培训项目敢于承担经营目标

目标是做一件事情的初始目的,如果培训项目在开始阶段没有思考清楚为什么而做、用什么来衡量这个项目的效果、要做到什么程度,那基本上这个培训项目是失败的项目。有时即便培训项目有了明确的目标,也还是没什么波澜,关键原因是培训项目的目标没有戳到企业的痛点。

培训项目承担经营目标也许是很多培训人想都不敢想的事情,但它确确实实可以影响业务的走向。这件事情的难点在于:其一,作为培训人,你有没有把培训当一回事,相不相信培训可以影响业务,培训人首先要过自己心里这一关;其二,企业一把手相不相信培训可以影响业务走向,愿不愿意给培训机会。

培训项目能承担经营目标的关键在于:不要仅把培训当作目的,而要把培训当作一种手段;不要把培训项目当作培训工作,而要拓宽它的边界。当你能以终为始地想要去达成经营目标时,在整个过程中你会发现,培训只是其中很小的一个环节,从培训到泛培训,再到边界模糊的项目,你能使用的方式方法已经不再局限于培训。

"取法其上，得乎其中；取法其中，得乎其下。"哪怕培训项目对经营目标的影响很小，但只有迈出了这一步，各个部门才能身居一线，承接企业战略，此时，培训部门的这种价值感不可同日而语。

我们在大量的企业培训咨询中也是这样制定目标的，并且取得了丰硕的成果。比如帮助银行达到增收类目标，帮助生产制造企业达到损耗类目标，帮助零售企业达到市场占有类目标。这些培训项目成功的关键一步就是敢于承担经营目标。

承担经营目标还有一个非常重要的目的是引起高层的重视。在项目的各个环节能得到高层的重视和支持，会让项目事半功倍。学会借力是培训项目取得成功不可或缺的因素。

## 有效的培训项目应当训战结合

721法则是培训界普遍认可的理论模型，它指的是人们获得的知识技能70%来源于实践，20%来源于向他人学习，10%来源于课程学习。这个理论已经被运用到培训的各个环节，很多知名企业都在用这个模型指导培训项目的设计。

华为培训的重要理念便是"训战结合"，它以注重实战而闻名，非常重视员工在真实的场景中边做边学。而GE提倡的行动学习也是注重实战的一种学习方式，它以解决真实问题为场景，让学习者在解决问题中得到能力的提升，让GE成为"美国商业界的哈佛"，培养了众多知名的企业CEO。后来，GE的行动学习风靡全球，华润、中粮等企业是国内率先实践行动学习的企业，并受益颇丰。随着培训模式的发展与演变，很多企业都会运用OMO（Online-Merge-Offline，线上与线下融合）、OJT（On the Job Training，在岗培训）等培训模式，这些培训模式非常重视训战结合。

从理论层面来看，注重实践的学习方式非常符合库伯学习圈理论，人们都要从具体的经验中得到能力的提升。"纸上得来终觉浅，绝知此事要躬行。"实践出真知的智慧，我们自古以来就有。

这些著名的学习形式或者理论都有互通的地方，当我们真正理解与认可它们时，我们才能将培训项目设计成它该有的样子。

需要注意的是，很多企业往往并不能很好地把控岗位实践的培训质量。要做好岗位实践培训，不仅要制定好实践的标准和计划，还要抓住岗位导师这一关键人物。

宝洁作为零售企业的"黄埔军校"，它的培训体系享誉全球，其中的"双导教练制"卓有成效。宝洁在整个绩效考核中明确规定，带好新人、成为内训师就是为企业做贡献的一种表现，所以宝洁的"双导教练制"可以发挥很好的作用，它不仅是一种制度，还是一种文化。

## 有效的培训项目应当影响员工心智

心理学对行为的研究发现，人类之所以会做出某种行为，受到很多因素的影响，其中个体心理因素和环境因素是非常重要的两个因素。个人的价值观、认知等是影响个体行为的重要心理因素，而环境因素对个体行为产生影响主要是通过群体的力量实现的，从众行为就是受群体力量影响产生的一种行为表现。

培训项目是否有效，要看员工培训后有没有行为改变。被迫的行为改变不能长久，自愿的行为改变才能长久，所以培训项目要想更有效，就要影响员工的心智。"鸡蛋从外打破是食物，从内打破是生命。"培训项目应该让员工的行为由内向外生发，才能形成内生智慧，员工的行为自然而然会高度一致。

氛围是生产力是有一定道理的。培训项目要想有效，就要通过氛围来影响员工的心智。在大量的企业培训项目中我们发现，要想让培训有氛围感，一定要采用团队作战的方式。比如通过团队的研讨共创、执行复盘，最终实现目标。同时再增加一些激励因素与趣味性，可以让培训项目像游戏一样好玩。越来越多的企业已经在用游戏化思维来设计培训项目了。

美国著名未来学家简·麦戈尼格尔（Jane McGonigal）在她的畅销书《游戏改变世界》中提到游戏提升幸福感的四个原则是：有明确、挑战、吸引人的目标，有清晰且有发挥余地的规则，有及时反馈，强调自愿参与。我们在进行培训项目设计时，可参考这四个原则。

## 有效的培训项目应当容许犯错

社会的进步与技术的发展都是在不断探索中获得的，失败是常有的事，培训项目也是一样。培训项目应当作为历练人才的"熔炉"，应当有容忍犯错的空间，只有给员工提供挑战与突破现状的土壤，创新与进步才会发生。

美国心理学家马丁·塞利格曼（Martin Seligman）在1967年提出了著名的"习得性无助"理论，它指的是人或动物接连不断地受到挫折，在不断努力但依然无法改变现状后，会在情感、认知和行为上表现出消极的特殊心理状态。要防止员工产生"习得性无助"的心理状态，就要培养员工具备成长型思维。具有成长型思维的员工相信自己的一切都是可塑的，相信只要努力就可以不断提高自己的能力。拥有成长型思维的员工将会更信任企业，更愿意创新和冒险，更愿意付出和承担责任，对事物会有更积极的看法和评价，也更愿意学习和成长。

想要拥有具备成长型思维的员工，就要为员工创造可以改变现状但又无须担心失败后会被惩罚的工作环境。可以说培训项目中的犯错成本是最低的，与此同时它又能更高效地提高员工的能力。那些有效的培训项目都鼓励员工不断尝试，允许员工犯错。

有效培训项目具备的四个特点和组织能力建设的杨三角理论（如图 5-1 所示）是相通的，因为培训最终要达到的高度也是组织能力建设。

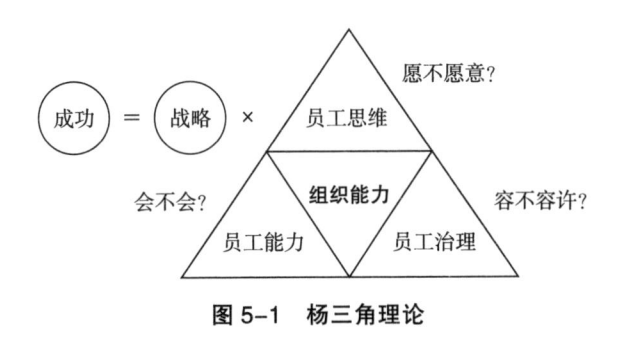

图 5-1 杨三角理论

组织能力以员工思维、员工能力、员工治理三个要素作为支撑。员工思维代表的是愿不愿意的问题，对应的培训项目要有影响员工心智的特点；员工能力代表的是会不会的问题，对应的培训项目要有训战结合的特点；员工治理代表的是容不容许的问题，对应的培训项目要有容许犯错的特点；战略对应的是培训项目要有承担经营目标的特点。

最后，我们通过表 5-1 来了解华为在项目设计与开发方面的流程和方法，这有助于各位读者建立对项目设计基本流程的认知。

表 5-1 华为项目设计与开发六步法

| 步骤 | 描述 |
| --- | --- |
| 需求分析 | 需求分析从四个方面进行，分别是业务需求、绩效需求、学习分析和学员分析 |
| 基础设计 | 界定整个项目的要素，如目标、人员、时间等 |

（续表）

| 步骤 | | 描述 |
|---|---|---|
| 细节设计 | 内容设计 | 设计课程和所对应的方法、工具、模型等 |
| | 教学程序设计 | 设计教学过程中的教学方法、教学策略等，以及要引导的关键行为 |
| 物料制作 | | 物料制作主要包括大纲、PPT、多媒体、游戏演练和活动安排等 |
| 项目试点 | | 对项目进行试点，经过效果的反馈后对项目进行迭代升级 |
| 项目交付 | | 项目正式交付，交付采用项目管理的逻辑对整体流程进行管理（项目管理流程见第八章图8-3） |

# 新员工培训项目成功的关键

新员工培训的内容虽然基础、简单，但要做好也绝非易事。新员工培训效果最受关注的一项数据就是新员工的离职率。虽然这个指标完全由培训部门背也说不过去，但现实中很多培训部门就背上了这个指标。因此，培训部门都把新员工的离职率看作培训有效性的一个重要衡量标准。

网上一直流传这样的说法：入职2周离职，说明新员工看到的实际状况与预期产生了较大差距；入职3个月离职，主要与工作本身有关；入职6个月离职，多半与直接上级有关；入职2年左右离职，一般与企业文化有关；入职3~5年离职，与职业发展有关。

另一项调查报告的数据显示:"70后"的第一份工作平均超过4年才换,"80后"则是3.5年,到"90后"再降到19个月,"95后"更是仅仅在职7个月就选择辞职。

用人部门除了重点关注新员工的离职率外,也要重点关注新员工能否符合岗位要求,能否快速创造业绩。所以衡量新员工培训的有效性可以用三个短语来概括:留得下、能干活、有产出。

新员工离职的问题,不同企业有所不同,就算同一家企业在不同时期也不一样。所以新员工培训要体现其有效性,就要用咨询的思维来诊断和设计解决方案,即站在组织发展的角度来看待问题。新员工培训需要注意三个方面的有效协同,才有可能更上一层楼。

## 以胜任力模型为基础的新员工招聘

我曾为甲方的一家头部企业培养过管培生,但管培生的保留率和成才率很低,造成这一问题的总体原因是管培生不适应岗位工作强度或者管培生不符合岗位要求。向上追溯,是人力资源部门在招聘的时候没有统一的胜任力模型和测评评价工具,加上项目启动时间紧迫,很多管培生也是懵懵懂懂进了培养项目。这就导致后续投入的大量人力物力都打了水漂。人如果是错的,再怎么培养都是错的。

任何培养都是以胜任力为基础的。冰山以上的素质容易被看到,而冰山以下的素质则比较难识别。根植于内心、思维中的东西最难改变,培养起来也特别难,所以招聘新员工的原则也是"冰山以上靠培养,冰山以下靠选拔"。从新员工离职的原因来看,企业要从以下三个方面对应聘者进行胜任力识别。

## 1. 冰山上的经历

冰山上的经历主要看应聘者过去做过的工作和服务过的企业。应聘者做过的工作可以很好地迁移出一套做事的方法论，我们从其过去的成功可以迅速判断其是否能胜任岗位工作。而看应聘者服务过的公司，并不是看公司的大小，主要是看公司的企业文化、管理模式和领导风格，因为一个适应了某种文化的员工在进入差异较大的新文化环境时会有很强烈的不适感，这会导致其对新环境的适应能力下降。宝洁招聘新员工以校招为主，因为学生就像一张白纸，塑造的难度低，企业的晋升也以内部提拔为主，这样就最大限度地保证了内部员工的价值观一致性，大大降低了沟通成本。

## 2. 冰山下的价值观

价值观是人基于一定的思维感官而做出的认知、理解、判断或抉择，也就是人认定事物、判断是非的一种思维或价值取向，而企业价值观是员工工作中约定俗成的做事思维。从心理学的角度来分析，新员工的价值观与企业的价值观不一致会出现三种结果：第一种结果是新员工无法理解企业的做事习惯，内心冲突煎熬，最终选择离开新企业；第二种结果是新员工选择从众，愿意慢慢被同化或被影响；第三种结果是新员工坚持自己的价值观和做事习惯，然后成为企业特别的存在，或成为管理中的不稳定因子。

## 3. 冰山下的性格

越来越多的企业在招聘时进行性格测评。市面上用得比较多的性格测评工具有性格色彩、PDP（行为特质动态衡量系统）、DISC性格测试、MBTI性格测试、大五人格、九型人格等。性格测评重要的意义在于它与其他因素的匹配性研究。

**性格与工作的匹配性。** 不同的性格类型有不同的工作偏好，性格与工作内容匹配，可以让新员工工作得心应手。同时，不同性格的人成为管理者的概率也是有差异的，如果是管理岗位，那么要倾向于录用拥有特殊性格的新员工。

**性格与直接上级的匹配。** 不同性格的上级偏好不同性格的下级，愈满足上级性格偏好的员工愈能适应岗位工作。

**性格与同事之间的匹配。** 不同员工之间的配合也非常重要，复杂程度、丰富程度较高的部门工作对不同性格员工的需求比较大，这时候就要求部门管理者具备根据不同员工的特点转变领导风格的能力。

每家企业新员工招聘方式方法都有所区别，比如除了价值观之外，有些企业还非常注重新员工的逻辑思维、成长思维、吃苦耐劳等特质。无论企业在新员工招聘中重视什么胜任力，其最终的目的都是让新员工留得下、能干活、有产出。此外，培训部门还需要根据新员工的离职原因进行定期分析，不断调整新员工招聘胜任力中的侧重点。

## 以企业文化为基础的培训内容

新员工入职后都会经历入职培训，培训的内容也大同小异，企业文化是其中重要的一部分。哈佛商学院教授约翰·科特（John Kotter）和詹姆斯·赫斯克特（James Heskett）在11年的考察期中，以丰富的案例证实了企业文化对企业经营业绩的影响：重视企业文化建设的公司，其经营业绩远胜不重视企业文化建设的公司，如表5-2所示。

表 5-2 企业文化对经营业绩的影响

|  | 重视企业文化的公司 | 不重视企业文化的公司 |
| --- | --- | --- |
| 总收入平均增长率 | 682% | 166% |
| 员工增长 | 282% | 36% |
| 公司股票价格 | 901% | 74% |
| 公司净收入 | 756% | 1% |

现在的问题是每家公司都对企业文化培训非常重视，而效果却大相径庭。企业文化培训有效的关键是能成功影响员工的心智模式，当员工认可企业文化后，员工的行为自然而然就会朝着企业期望的方向发展。从脑科学或心理学的角度来分析，人类行为的产生往往会经过四个阶段，分别是接收信息、产生感受、获得启发、做出行动。那么企业文化的培训要让员工感受深刻，一定要选择特殊的信息传递方式，让员工产生强烈的情感触动，获得深刻的启发，最后才能有感而发，产生行为模式。企业文化的培训内容更倾向于改变态度类的内容，但态度类的内容往往是最难产生培训效果的。因此，我们在进行企业文化培训时，在选择培训媒介和教学方法上，一定要多花一些心思。

华为新员工企业文化培训会通过影片、书籍等媒介来输入，新员工还需要对这些学习内容输出自己的感受和看法。这种企业文化媒介会比单纯讲授更深入人心，新员工获得的感受和启发也会更强烈。

有的企业通过企业故事比赛来开展企业文化熏陶，这种方式也特别好。教育心理学研究发现，榜样的示范作用可以较好地影响群体的思想道德。金字塔模型告诉我们，以教为学的学习方式效果最好。同时以教为学还隐藏着一个心理学的底层逻辑——承诺一致，当员工自己讲多了企业文化故事后，自己的言行也会与自己所说的保持一致。

对于劳动密集型企业而言，想在短期内让形形色色的员工拥有一致的价值观、认可企业文化，是一件比较困难的事情，但运用心理学的研究成果，我们可以找到答案。在新员工培训中，很多知名企业会用到"军训"的培训形式。无论层级高低，所有的新员工都要在严苛的军事化管理中历练，这些被"折磨"后的新员工会对彼此和企业有更强烈的认同感，也更加珍惜来之不易的工作机会。这种"军训"式的新员工培训不仅可以起到"承诺一致"和"社会认同"的作用，同时通过统一规范的群体管理，还能起到"群体行为"的塑造作用。企业文化理论之父埃德加·沙因（Edgar H. Schein）发现，绝大多数企业并购失败的原因都是不同文化之间的冲突没有被消除。一个个新员工就像一家家被并购进来的新公司，如果忽视了这些人的文化融合，那么失败的并购会让原企业付出更大的代价。

所以，新员工企业文化培训的有效性不仅在于你培训了什么企业文化，更重要的是你是怎么培训企业文化的，也就是说培训的方法更重要。企业不仅要在新员工培训项目中重视文化培训，还要在各个层级的培训项目中融入不同层次和形式的企业文化培训或活动。

此外，做好新员工的期望管理也非常重要。不仅要在招聘环节做好期望管理，还要在新员工培训阶段坦诚地将企业的各项规则、制度说清楚，让新员工知道企业鼓励什么、不鼓励什么。事先的约定对新员工的思想和行为都会有约束作用。

## 以融入为基础的岗位带训

新员工培训不是上完课就算完成培训了，更关键的是要关注培训在岗位中的融入，这是培训需要花更多精力去关注的模块。关注培训的岗位融入也是遵循721法则的一种表现。岗位融入有两个方面的要求，一个是工作的融入，另一个是团队的融入。

工作融入方面需要给新员工规划详细的带训计划，包括对时间、任务、带训人等信息的规划。在规划带训计划时要考虑到新员工的适应过程，需要从简单到复杂、从轻松到有挑战性，循序渐进地安排带训任务。很多企业的新员工工作融入会要求新员工到一线，让其了解一线，拥有一线思维，这对后续的工作开展会有很大的帮助。

团队融入方面需要给新员工安排导师。导师制可以参考宝洁的"双导教练制"，一名导师主要关注工作带训，一名导师主要关注新员工的情感体验，导师与新员工之间定期的沟通和反馈少不了。同时，在融入阶段设置一些有仪式感的小活动，为里程碑注入荣耀时刻，这些都是加快团队融入的关键动作。

高关怀与高要求的企业文化更能让企业成为卓越的企业，这样的企业文化在新员工培训开始时就应该成为指导思想。培训管理者如果在新员工岗位带训方面能借助导师的力量协同新员工培训，对培训的价值是巨大的。学习型组织应该能化培训为无形，人人都是培训师。

[案例]

华为新员工培训分为三个阶段，并采用721的培训方式，如表5-3所示。华为的新员工培训非常重视文化的融入与岗位融入，以及严格的军事化管理；从入职开始培养员工之间的合作精神、拼搏精神，以及对规则的敬畏之心；华为新员工180天带训计划，可以帮助新员工快速融入企业文化和适应岗位工作。

表 5-3　华为新员工培训的三个阶段

| 阶段 | 主要内容 |
| --- | --- |
| 阶段一：<br>引导培训——<br>导师先行 | 校园招聘的新员工会提前分配导师<br>导师至少每个月打一次电话给新员工，关心毕业与个人情况<br>导师会提前给新员工布置任务，帮助新员工做好工作准备 |
| 阶段二：<br>集中培训——<br>植入文化基因 | 集中培训会采用军事化、封闭式管理，主要是做文化的融入和了解华为的规章制度等<br>白天主要是学习和军训，晚上主要是进行相关话题的辩论和讨论，也会请海外军团成员讲海外的故事，还要写相关心得等<br>推荐两篇文章：《致新员工书》《把信送给加西亚》<br>推荐电影：《那山那人那狗》<br>推荐三本书：《黄沙百战穿金甲》《下一个倒下的会不会是华为》《枪林弹雨中成长》<br>讨论话题：坚持、沟通、团队协作、服从组织、做正确的事、正确地做事等 |
| 阶段三：<br>实践培训——<br>深入一线 | 普通员工将会安排在岗位中实践学习<br>营销岗员工在经过一段时间的国内实践后会被派往海外学习<br>技术与研发相关的岗位则会到生产一线学习 |

# 人才发展项目成功的关键

广义的人才发展项目应该包括各个层级员工的选、用、育、留所涵盖的内容，但本节只从培训角度来探讨如何做好人才发展。

企业学习地图的搭建除了新员工培训外，应该还要包含在岗员工培训、管理岗（领导力）培训、技能认证、在线学习平台、其他专项或公开课等内容。在岗员工培训和管理岗（领导力）培训都会涉及人才发展的需求，不同的地方在于能力发展类别的区别。在岗员工的发展更倾向于岗位技能的培养，少部分会涉及领导力的培养；而管理岗培训所涉及的能力发展更倾向于领导力的发展。

人才发展项目一般的设计思路是先做人才测评，然后进行培训、岗位实践辅导，最后再进行一次综合评审，最终选拔出符合目标岗位要求的人才。因此，人才发展项目中有一个三板斧理念，即培训、实践、辅导。每家企业似乎都会做人才发展项目，做出的效果却大相径庭，其中常见的问题有：

人才发展项目培养的质量不高，成才率很低；

人才发展项目满足不了业务部门快速发展的需求，人才供给断层，不及时；

人才发展项目培养出来的人，实际工作表现不尽如人意；

……

这些问题是培训工作者经常会遇到的。其实在人才发展项目工作中只要做到"三个看齐"，就可以减少很多问题。

## 能力要向上看齐

人才发展项目首先要解决的问题一定是能力提升的问题。如果没有准确地把控好对员工的能力要求，那么培养出来的人一定也掌握不了目标岗位需要具备的能力。本书一直强调"冰山下的能力靠选拔，冰山上的能力靠培养"，但在现实中又需要辩证看待这个观点。在人才发展项目上能力的发展需要先向上看齐。

能力要向上看齐的意思是指，企业如果要把 A 岗位的员工向上培养到 B 岗位，那么就要先看 B 岗位对员工的能力要求，而不仅仅是看

A岗位上的员工对A岗位而言是不是足够优秀。比如一个很出色的销售冠军被提拔成管理者之后，很容易遭受职场滑铁卢，这是因为销售冠军的销售能力并不能很好地迁移到管理岗。所以要让销售冠军做好管理岗位的工作，重点就要先看这个管理岗位的优秀管理者到底具备哪些特质，如果这个销售冠军也具备了这些特质，那么他成功管理一个团队的概率就会提高。

当我们理解了能力要向上看齐的理念之后，不妨思考：不同层级的岗位在能力上到底有什么不同？是不是应该完全遵循"冰山下的能力靠选拔，冰山上的能力靠培养"的原则？我们可以参考图5-2的要求。

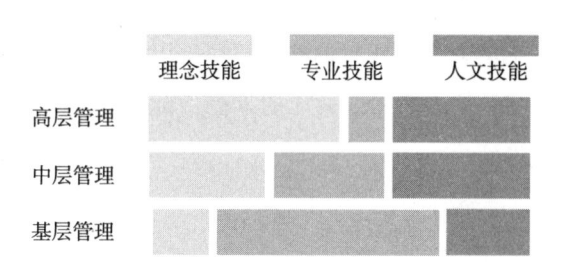

图 5-2 不同层级管理者的三大技能要求

## 1. 基层管理人才发展重点

基层员工最需要具备的是专业技能。这里所说的专业技能指的是对生产和服务的特定知识、程序和工具的理解和掌握。这时候我们需要向上看现有团队中表现出色的基层管理人员都具备哪些突出的专业技能。这些专业技能属于冰山上的能力，所以这个时期的选拔是最为简单的。这时候冰山上的能力既是靠选拔出来的，又是可以培养出来的。但这并不意味着就不看冰山下的素质，我们还是要看目标岗位上的基层管理人员是否有冰山下的特质，或者企业有没有特别关注的冰山下的特质。由于基层管理人员需求量最大，对专业技能的要求也最多，所以这个时期重冰山上、弱冰山下是正常的选择，但岗位越往上走，这种倾向将会改变。

### 2. 中层管理人才发展重点

基层管理者要向中层管理岗位发展，就要向中层管理岗位的能力要求看齐。一般中层管理者最需要具备的能力是人文技能，它指的是在组织中建立融洽的人际关系并作为群体中的一员有效工作的能力，这也是领导力非常重要的一部分。基于基层管理工作的性质特点，基层管理者不需要展现出太多的人文技能，所以这个时候人才发展的重点就是要通过测评等工具识别人文技能较强的基层管理者。人文技能更偏重于冰山下的素质，所以这些素质还是以选拔为主，辅以适当的培养也可以获得一定的提升。这个时期的边际效益是递增的，投入成本培养是较值得的。

### 3. 高层管理人才发展重点

中层管理者要向高层管理岗位发展，就要向高层管理岗位的能力要求看齐。一般高层管理者最需要具备的能力是理念技能，它指的是能从整体把握组织目标、洞察组织与环境相互关系的能力，以及能在复杂环境中分析、解决问题的能力。理念技能是最难被选拔也最难被培养的，所以大部分自己培养、选拔不出高层管理人才的企业会选择高薪聘请外部人才。高层管理人才发展最难做，但并不是没办法，下文"储备要超前看齐""发展要长远看齐"可以为你解答这一疑惑。

## 储备要超前看齐

人才发展项目第二个要解决的问题是人才培养的及时性和适配性。让用人部门最头疼的应该是用人的时候没人可用，好不容易培养出来的人又不好用。要解决这个问题，还是要从人才发展的角度来思考。人的能力并不是一夜之间就可以突飞猛进的，一定是长年累月历练、积累得来的，所以即时的人才发展项目已经很难满足企业的需要，只有超前看齐的人才发展项目才能稳定地为企业输送人才。

储备要超前看齐的意思是不能等到企业需要人才的时候才开始培养人才，而应该预见企业在什么时候，需要多少什么样的人才，然后提前做好培养和储备。华为的轮值董事长制度就是一种超前看齐的做法，通过轮岗、副职、代理等方式培养继任者。

超前看齐的方法基于能力的培养需要时间这一事实。基层管理者需要掌握的专业技能相较于人文技能和理念技能而言，是最容易培养的，所以他们的超前培养时间可以较短；中层管理者需要掌握的人文技能较难培养，所以需要更长的超前储备时间；高层管理者需要具备的理念技能更难培养，所以超前储备的时间是最长的。华为大约在2004年建立了EMT（应急管理）经营管理团队，开始了轮值主席制度，而后在2011年演变为轮值CEO制度，如今又升级为轮值董事长制度。

储备要超前看齐，一方面解决了组织在特殊时期人才空缺的问题，可以及时填补和调度，另一方面也解决了人才能力欠缺的问题，被填补和调度的人才都能够很好地胜任岗位工作，因为他们已经提前无数次处理过类似岗位上的工作。

## 发展要长远看齐

人才发展项目第三个要解决的问题是员工心智问题。从本质看，人才发展项目是一道心理学问题。人才发展项目需要秉持人人平等、人人有机会的理念，只要员工看见在企业有发展机会，就愿意留在企业继续奋斗。"倡双手改变命运之理，树公司公平公正之风"是海底捞的企业文化，海底捞之所以成为各企业学习的对象，也缘于海底捞善于给普通员工改变命运的机会。

"习得性无助"，使得人们哪怕是遇到小困难，都会选择放弃抵抗，选择妥协。若企业员工养成这种心态，企业注定会陷入"固定型思维"——既然无法改变，那就不去改变了，企业将逐渐失去活力。而提倡人人平等、人人都有机会的人才发展项目其实是为员工打开了一扇大门，让员工养成"成长型思维"——个人努力一定可以带来某些改变和希望，这对企业发展来说尤为重要。

有些人可能会想：鼓励员工发展，但是没有那么多岗位给他们，怎么办？这不是给了员工希望又让他们希望破灭吗？从宝洁的人才发展方式中我们可以有所借鉴。人才发展并不一定要给员工那么多晋升岗位，宝洁将能力发展和绩效评估绑定，在年底进行绩效评价时会同步评价员工个人能力，针对薄弱能力会制订下年度IDP，员工需要在下年度完成相应课程的学习和任务，直到下一次的年度绩效评估，如此循环往复。宝洁的这种方式既规避了晋升岗位有限的问题，又能让员工在日常工作中不断关注自身的学习和发展，已经成为企业员工的一种习惯和共识。当下比较热门的"宽带薪酬制度"通过薪酬的宽度来激励人才，也可以解决岗位有限的问题。除此之外，赋予不同的岗位任务、轮岗等也是一种发展方式。

发展要向长远看齐，要求企业有良好的发展理念和长远目光，并且能将人才发展融入日常的工作与管理中，细水长流才能汇聚成江河大海。

[案例]

京东在管培生培养上持续进行专业测评，并及时给管培生提供能力上的培训，但主线依然是以岗位实践和轮岗为主，如表5-4所示。

表5-4 京东管培生项目流程

| 项目流程 | 主要内容 | 培训方式 |
| --- | --- | --- |
| 管培生选拔 | 条件相对宽松，本硕博都可以，基础素质方面比较看重超强的学习能力、强烈的事业心、吃苦耐劳的精神<br>筛选流程：网申—笔试——面（群面、无领导小组）—二面（HR一对一半结构化面试）—性格测评—三面（HR、高管群面） | 全程采用专业测评工具，帮助管培生了解自己的认知水平、管理技能、管理个性、管理风格、职业价值观等情况，更具针对性地制订后续的培训课程及个人培养计划 |
| 管培生培养 | 1个月军训与团队融合<br>5个月轮岗学习，了解京东的各项业务流程 | |
| 第一次选择岗位 | 轮岗结束后第一次选择岗位<br>选择岗位后进行6个月的定岗培训 | |
| 结业与第二次选择岗位 | 1年培养期结束，正式结业<br>第二次选择岗位机会 | |

# 领导力项目成功的关键

领导力是通过自己的行动来带动和影响周边的人一同参与和行动，以服务社会的能力。它的定义很模糊，但它普遍存在于我们身边的方方面面，一个人的领导力并不是通过他的职务权力体现的，而是通过影响身边的人体现的。

领导力项目与人才发展项目有重合的部分，其项目设计的方式和方法都差不多。领导力是一家企业非常重要的培训项目，在接下来的内容中我们将着重介绍领导力项目要怎么做才会更有效。

## 四个认知

### 1. 认知一：实战派、学术派、版权课程

大部分企业自身没有实力做好领导力项目，所以大多数企业会引进培训公司的领导力产品。因此，企业的培训工作者先要对市面上的领导力产品有整体的认知，才能帮企业更好地选择乙方培训服务。

乙方培训公司分三种：第一种是实战派的培训公司，它们会请具有丰富实战经验的甲方头部高管来讲领导力的课；第二种是学术派的培训公司，它们主要请知名大学的教授来讲领导力的课；第三种是有版权课程的培训公司，它们提供的内容会更加聚焦、接地气一些。不同类型的讲师和课程所呈现的领导力内容是不一样的。有些领导力课程在"道"的层面头头是道，建立基本认知没有问题，但比较难落地；好一些的领导力课程在"法"的层面有所建树，但最好的领导力课程应该是"法"与"术"相结合的，既提供方法，又能给出清晰的行为

指引。在引进培训公司的领导力产品时，企业的培训工作者需要明确地辨别适合自己公司的类型。

2. 认知二：中介，还是深耕

在选择乙方培训公司时要注意区分其类型。有些乙方培训公司属于中介培训公司，他们没有自有讲师，没有课程产品研发能力，只是整合市场上的资源，帮忙卖课程、推荐老师；还有些培训公司有自己培养的全职讲师，有课程产品研发能力，在领导力领域有专门的研究和长时间的探索。前者可能只能提供简单的课程培训，而后者可以提供定制化的培训解决方案，系统地帮助企业提升领导力。

3. 认知三：辩证看待领导力模型

对于领导力模型的基本认知也是培训工作者的基本功。DDI，一家领导力领域的咨询公司，其在建立能力模型时从员工的知识（获取有关组织如何运作的知识，如各职能部门分工、组织流程、系统、服务内容等）、能力（将会影响工作成败的一系列行为技巧）、经验（在过去工作历练中积累的经验）、个性特质（能影响工作成功与否的个性特质和工作动力适配因素）进行挖掘，然后根据不同场景和需要建立不同岗位的不同能力模型。在领导力方面，DDI 从领导力转型（认知）、带人（待人）、处事、团队建立四个维度来建立领导力模型，每个维度都配备不同的能力要求，不同的领导层级在能力要求上还会有进一步的区分，如图 5-3 所示。

此外，也有按照五力、六力、七力等形式划分的领导力模型，或者按照管人、管事、管内、管外的形式划分的领导力模型，但无论如何划分，这些领导力模型并不能包治百病，还需要根据企业及其员工的实际情况辩证看待。

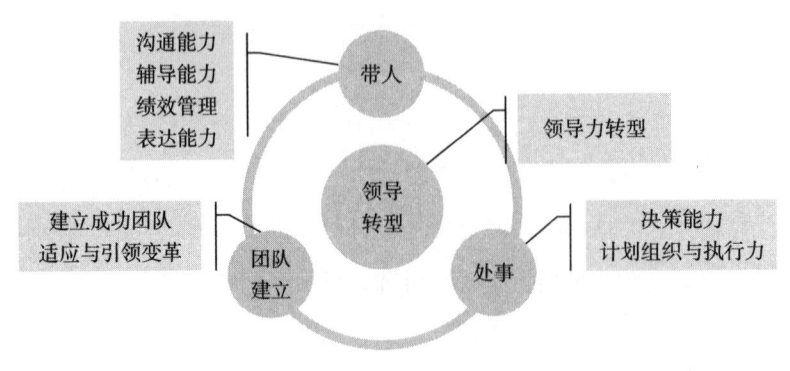

图 5-3　DDI 领导力模型

### 4. 认知四：不同层级，不同侧重点

不同层级的领导者，需要具备的专业技能、人文技能、理念技能的占比是不同的。在每个阶段需要培养的领导力是有侧重的，基层管理者主要是做绩效执行，中层管理者主要是做绩效管理，高层管理者主要是做绩效变革。

## 领导力培养要向下看

培养起来非常困难的领导力更加需要前置培养，如果企业到用人的时候才开始培养，员工往往不能在短期内获得相应的领导力，导致领导力培养失败。企业在培养领导力时至少要向下看一到二级员工，提前为这部分后备力量打好领导力的基本功。同时并不是只有管理者需要进行领导力培养，在资源充足的情况下，领导力培养应该从普通员工做起，拥有领导力素养的普通员工对提升企业的组织能力有很大的帮助，同时对提升企业员工的职业素养、执行力，以及维护企业的人际和谐等也会带来很大的帮助。

## 领导力培养要事先觉察

领导力的觉察应该是领导力培养的起点。斯坦福大学商学院顾问委员会的 75 名成员在谈到领导者需要培养的最重要的能力时，几乎都强调了自我认知能力。自我认知让我想起了心理学术语中的"自我意识"，自我意识是一个人对自己的认识和评价，包括对自己心理倾向、个性心理特征和心理过程的认识与成败评价。正是由于人具有自我意识，人才能对自己的思想和行为进行自我控制和调节，形成完整的个性。自我意识是由自我认知、自我体验和自我调节三个子系统构成的，所以也叫自我调节系统。自我意识在个体发展中有十分重要的作用。

如果我们的领导力培养项目只是上上课就结束了，那么学习者就不能清楚地知道自己的领导力强项和弱项到底在哪里，也就不会在日常工作中特别留意自己的言行，领导力的提升就会收效甚微。领导力觉察可以通过测评分析、角色认知、他人告知反馈等形式达成，针对领导力的薄弱项再制订提升计划，做有目的的提升，效果才能显现。但需要注意的是，并不是所有领导力薄弱项都需要培养。需要培养的领导力要满足两个条件，一个是确实是领导力的薄弱项，另一个是领导力的需要项，也就是说，这种领导力是学习者本岗位需要用到的，又是他个人的薄弱项。对学习者本岗位表现影响不大的领导力的薄弱项可以作为次重点。

## 领导力培养要提供"熔炉"

当代杰出的组织理论、领导理论大师沃伦·本尼斯（Warren G. Bennis）在撰写《领导者》时研究了美国 90 位领导者的特质，得出了让人意想不到的结果。90位领导者或左脑发达，或右脑发达，他们高矮胖瘦各异、衣着形象各异，说明领导力并非某一类人特有，它的大门是向所有人敞开的。但同时，90位领导者又都有一个共同点，那就是他们都能在复杂的环境中显示出掌控力。

沃伦·本尼斯的研究显示，领导者需要具备的品质包括：适应能力（警觉、韧性、从经验中学习、好奇心、创造力），能够以共享的愿景融合他人，独特的声音，操守（雄心壮志、胜任力和道德方向）。同时他还得出了管理者的四项能力：注意力管理、意义管理、信任管理和自我管理。

这些特质并不是与生俱来的，我们是否可以通过研究这些领导者的过去反推领导者的锻造过程呢？

让人欣喜的是，沃伦·本尼斯的确研究了他们的过往，发现了杰出领导者的成长经历中都有一个共同点：他们都经历过逆境。所以在沃伦·本尼斯的著作中几乎都提到，要成为领导者，必须具备拥抱逆境的胆识和超越逆境的智慧。逆境，是锻造领导者的"熔炉"。

"烧不死的鸟是凤凰"，这与杰出领导者的锻造也是一致的。杰出的领导者都曾从逆境中找到积极的意义，在严峻的考验中汲取过力量和智慧。"熔炉"可以是一种磨难、一个关乎生死的事件、一段痛苦的经历，这些经历会让人不断自我质疑、反思和重构，最终在挣扎中形成坚定的意志。很多杰出的"领导者"都曾在"熔炉"中锻造过。美国开国功勋本杰明·富兰克林（Benjamin Franklin）幼时辍学，做过学徒、帮工，自己创业，爱好研究和写作，在他的一生中经历过很多旁人不敢想象的困难，他涉猎广泛，最终在商业、政界、文学、科学界都享誉盛名。1944年，著名心理学家维克多·弗兰克尔（Viktor E. Frankl）被送往奥斯威辛集中营，后又被辗转送至德国境内的其他集中营，受尽磨难。战争结束后，他才发现，一家人仅剩下他和妹妹。

他的心理学名著《活出生命的意义》鼓舞了无数人。华为创始人任正非幼年家境贫困，父亲在"文化大革命"时期遭遇批斗，大学期间他还自学了电子计算机、数字技术、自动控制等专业技术，毕业后入伍。这些经历都形成了他如今不服输的企业家精神。

沃伦·本尼斯领导力发展的三要素包括选对人、选对事、支持与评估。我并不担心选对人这一项，因为大部分企业已经有了自己的领导力模型。但选对事和支持与评估，是企业需要长期考虑的问题。GE之所以被称为美国商业界的哈佛，为美国200多家企业培养了CEO，是因为GE本身就是一个大熔炉，其管理者是放在真实课题下不断解决问题培养出来的。在这种情况下，GE不需要那么早考虑要晋升谁，而是通过动态的熔炉试炼去培养和发现人才。人才是折腾出来的，通过赛马，让黑马自己跑出来。

需要注意的是，虽然企业要时刻给管理者准备"熔炉"，但这个"熔炉"不能太烫人。轮岗、副职、代理等方式不仅可以在真实的环境下培养管理者，并且能给管理者营造一个缓冲地带，使其能循序渐进地成长。定期的项目制，让团队在项目中合作，成功地完成一件件小事，就是一个不错的"熔炉"，在这个熔炉中，管理者能力提升的速度也会很快。取得商业成果和维持好的人际关系被认为是优秀领导者的两大标准。

## 领导力培养要落实到行为

还记得本书开篇就提到的新柯氏四级评估吗？其实在这一章的项目设计中，无论是新员工培训项目、人才发展项目还是领导力项目，都要关注第三级行为的改变，然而，在项目设计中达成行为改变的驱动系统往往是培训工作者容易忽视的。培训要产生效果，它一定不能成为一座孤岛，而是需要协同和联结各项资源以促使整体培训目的的达成。

领导力最终是要通过行为产生影响力来达成的。领导力培训结束后如果草草了事，可以说与没有培训几乎无异，因此学习者在培训结束后，还需要制订个人领导力提升计划来实现领导力的提升。通过行动计划的制订，学习者可以清晰地觉察到哪些行为对提升自己的领导力有帮助；通过教练或导师的监督反馈，学习者可以清晰地觉察到需要改进的行为习惯；通过阶段性的测评与评估，学习者可以清晰地觉察到领导力提升的效果。

领导力不是脑海中的知识，而是最终需要形成肌肉记忆的行为。任何管理学科都讲求情景的变化，对于一位领导者来说，根据环境、对象、个人的不同特征不断摸索和总结适合当下环境的领导风格尤为重要，它几乎没有终点，它时刻都在修炼和调整中。

[案例]

华为如何通过角色认知、管理任务、影响他人等计划来实现领导力的培养？不难发现，华为的新任干部180天转身计划基本是让干部在"熔炉"中磨炼，让他们带领团队一步步取得成功，最终获得团队的信任，从而华丽转身，实现领导力的提升，如表5-5所示。

表5-5 华为新任干部180天转身计划

| 主要流程 | 主要内容 |
| --- | --- |
| 1~30天<br>融入团队，建立关系 | 新上岗干部在教练、主管和导师的定期辅导和反馈帮助下，执行赋能计划，尽快成功转身<br>为新角色的成功做好准备：思想、时间、技能、人脉网络都要做相应的转身 |

（续表）

| 主要流程 | 主要内容 |
| --- | --- |
| 31~60天<br>规划速赢 | 选择近期的重要目标，并为此而努力，在团队中建立信誉度 |
| 61~90天<br>加强影响 | 建立广泛的伙伴关系，增强影响力，保证业务成功<br>找到愿意帮助你的人、想跟你一起成功的人、能提供资源支持的人、能帮你吸引更多资源支持的人 |
| 91~180天<br>走上轨道，转身结束期 | 带领团队更上一层楼<br>对新岗位进行战略思考，并上下对齐；让关键系统保持一致；评估并适当调整现有团队；理解并适配组织氛围与文化；等等 |

# 行动学习项目成功的关键

行动学习在培训界是一种传奇的学习方式，由英国雷格·瑞文斯（Reg Revans）首创，大约从1945年开始，在英国的产业领域广泛使用，随后开始传播到欧洲大陆及世界上其他地区。行动学习被GE发扬光大，杰克·韦尔奇是行动学习的忠实粉丝，行动学习也帮助他缔造了GE的商业辉煌。华润是国内最早引进并实践行动学习的企业之一，并取得了可喜的成果。目前，行动学习已经成为企业争相学习的工具和方法。麦肯锡曾调研美国前50名公司的200名高管后得出结论：从对公司有效性和对个人能力发展的有效性两个维度评价，行动学习在众多的人力资源发展技术中综合得分最高，如图5-4所示。

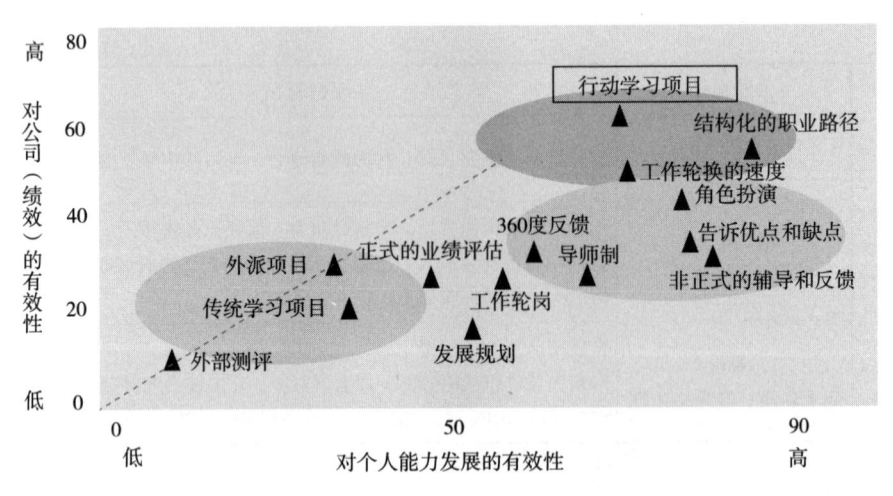

图 5-4  麦肯锡对高管成长有效性的调研结果

行动学习其实就是一群人边干边学的一种学习形式，与普通培训有较大的差别。普通培训是希望先通过学习改变员工的行为，从而带来绩效的改变，但这种方式效果不明显。而行动学习则是先从解决一个组织难题开始，成立问题解决小组，群策群力，一起实施落地，并在过程中不断反思、纠偏，最终通过解决问题达到绩效和能力的双提升。在行动学习过程中，需要做能力提升的，才会选择用培训来解决。不难发现，传统培训只是行动学习的一个要素，它们的起点是不同的。培训是公司要我学，而行动学习则是一群人为了解决一个问题自动自发地学习。

企业管理中有很多知名的管理方法，比如精益生产管理、六西格玛等，都与行动学习有很多共同点，它们都是以解决问题为导向，成立问题解决小组，在过程中通过集体的力量去完成一件事。不同的是，过程中使用的不同方法，感性和理性的部分会有所差别。如果你还是无法理解这些管理工具，那么你就先简单地把它们理解为"项目管理"，想想 PDCA 的方法流程，或许你会有初步概念。

## 行动学习项目成功的关键

并不是所有的行动学习项目都能取得成功,如何才能让行动学习项目获得成功呢?培训工作者需要做到两个"选对"和获得两个"支持"。

1. 选对课题

课题是行动学习项目的起点,也是要做行动学习项目的初衷,好的课题是行动学习项目成功的一半。并不是所有课题都适合用于行动学习项目,它需要满足三个条件。

**经营管理相关**:行动学习项目课题最好是与经营管理紧密相关的。因为与经营管理紧密相关的,通常都与战略相关,且更容易得到高层的支持,对后续项目的开展和资源支持有较大的帮助。需要注意的是这类课题一定要是明确的、可衡量的、人力可以改变的、立竿见影的。

**急需解决的**:重要紧急的课题不仅代表企业重视、高管支持,也代表需要在短期内解决的课题。行动学习项目周期大概在一个季度到一年左右,紧急的课题容易凝聚力量办大事。不紧急的课题容易拉长战线,对于执行力与士气造成不良的影响。

**内部有共识的**:行动学习项目的关键一步是要成立6~8人的行动学习小组。小组成员有的时候来自同一条业务线,有的时候来自不同业务线;小组成员一定要对课题有概念和认知,并且课题与自己切身工作有紧密的联系,如此,在行动学习项目落地执行过程中,小组成员才能更好地协同作战。

[案例]

GE曾经做过的行动学习课题：

业务团队在6个月内将营业费用减少1000万美元；

信息团队在3个月内将进入系统的数据精确度提高30%；

法务及业务组成的跨部门小组在6个月内减少250万~500万美元的直接索赔费用；

研发中心将××产品的开发周期缩短为原来的一半；

客服团队在4个月中将客户的投诉率从18%降低到2%；

电话中心员工在2个月内将处理一个销售来电的平均时间减少20%；

售后团队在不降低客户满意度的前提下，在100天内将维修成本平均每件减少10%；

××项目团队在始终达到服务标准的前提下，在第二季度将生产效率提高20%；

营销团队在"群策群力"实施的12个星期内提高50万美元收入；

项目筹备小组在4周内将客户建议的准备周期减少50%；

采购部4个月消除了订货过程400步的大部分，在采购循环上节省50%的时间；

秘书处在6个月内将不必要的报告数量减少50%。

2. 选对团队

选对团队也是行动学习项目成功的关键。课题小组会在项目周期内协同作战，每个人都将被赋予重任，只要一个成员跟不上，项目就有可能会遭遇失败。行动学习课题团队成员除了要与课题密切相关之外，还应是关键岗位成员（有一定的话语权，掌握一定的资源），或是重点培养对象。当然，团队中每个人的意愿同样重要，最终能不能实现课题结果，个人意愿对团队氛围和执行效果的影响是不容忽视的。

3. 高层支持

高层支持是每个项目都必须争取的资源，行动学习项目也不例外。高层的重视会让整个行动学习项目有不得不做好的理由，对于课题小组有莫大的激励作用。高层可以出现在行动学习项目的各个环节，比如启动会、复盘会、结项会。此外，高层最好还是这个项目的发起者。

4. 流程支持

行动学习项目之所以成功，还源于它的理论基础是社会心理学和群体动力学。人往往会受到群体行为的影响，所以课题小组在一起解决问题的过程就是改变群体行为模式和心智模式的过程。行动学习有两条主线：一条是理性的 PDCA——Plan（计划）、Do（执行）、Check（检查）、Action（改善）；一条是感性的 PDCA——Participate（参与）、Dream（愿景）、Challenge（挑战）、AAR（After Action Review，复盘）。因此，行动学习项目的策划者不仅要是流程专家，还要是氛围专家。

AACTP 和众行行动学习研究院经过多年的研究和实践也沉淀了一套行之有效的行动学习项目流程——124N1。这套流程已经为众多 500 强企业取得了经营结果，也可以作为各位培训管理者设计行动学习项目的参考流程，如表 5-6 所示。

表 5-6　124N1 行动学习项目流程

| | |
|---|---|
| 1 | 行动学习项目将进行 1 天的深度汇谈，了解业务痛点、项目期望，确定项目目标、团队、机制、能力等信息 |
| 2 | 行动学习项目将进行 2 天的启动会，行动学习小组会进行群策群力和团队共创，制定行动策略和行动方案，通过"城镇会议"后就可以开始实施行动计划 |
| 4 | 行动学习项目实施过程中需要进行至少 4 次的阶段复盘，及时调整行动策略，总结项目规律，执行下一个阶段的行动计划 |
| N | 行动学习项目过程中出现的问题可以组织 N 次解决问题工作坊，或对能力缺失组织进行 N 次能力补给培训 |
| 1 | 行动学习项目结束后还需要进行最后一次总复盘 |

如果想了解更多行动学习的流程和技术，也可以参考 AACTP 刘永中老师的《行动学习使用手册》，这本书更全面、专业地介绍了行动学习流程和各项运用技术。

[案例]

华润行动学习项目流程大概分为六个步骤，如图 5-5 所示。

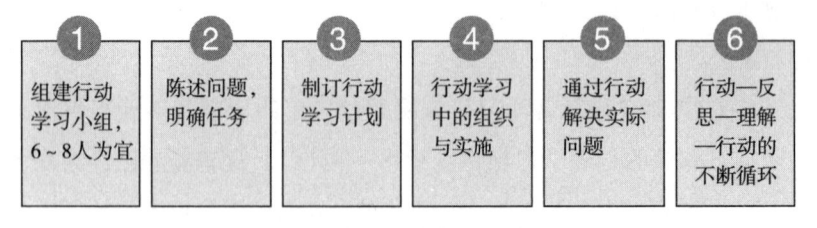

① 组建行动学习小组，6~8人为宜　② 陈述问题，明确任务　③ 制订行动学习计划　④ 行动学习中的组织与实施　⑤ 通过行动解决实际问题　⑥ 行动—反思—理解—行动的不断循环

图 5-5　华润行动学习项目流程

通过以上六个步骤，一个行动学习项目基本上可以做到落地。而感性的元素是穿插在理性的流程中的，比如在群策群力环节的共启愿

景、感性承诺，在过程中的反思，在项目结束后的趣味性惩罚，等等。增加感性部分是基于人类右脑的习惯，激发感性因子更容易触发行为的产生。

## 行动学习项目运用场景

行动学习项目的运用场景非常广泛，它既是一种学习方式，又是一种组织发展方式。在 GE，行动学习主要有三大运用场景。

### 1. 领导力发展实践

GE 领导力发展中心为培养公司的各级管理人才，开发了不同层级的领导力项目，统称为 CLD（公司领导力发展系统）。其中比较有名的项目是 MDC（经理培训课程）、BMC（商业管理课程）和 EDC（高级管理培训课程）。

BMC 是 GE 推出行动学习之后最具代表性的经典项目，学员来自不同的职能部门，通过学习业务概念和领导力概念后，他们需要通过合作解决真实的业务问题。这个项目的前两周，学员需要完成理论学习，后两周则会被分成 6 个 5~6 人的小组，针对 GE 公司真实存在的业务问题完成行动学习任务。业务问题一般会准备 3 个，每 2 个小组会面对并解决同一个问题，这样既可以形成小组之间的竞争意识，又可以为决策层提供不同角度的解决方案。小组在正式解决业务问题前都会先到业务现场调研和诊断，结束后会一同制定解决方案，方案将经历一轮汇报和修改，基本敲定之后小组会制订行动计划，然后进入 6~8 个月的方案落地期，结项时还需要对实施情况和计划完成情况做最后的总结汇报。

通过 BMC 项目，学员不仅可以学习到理论知识，还可以把理论知识用于实践，特别是通过业务问题的解决，学员在团队建设、领导力、组织变革等方面都获得了突破。

### 2. 战略与全球化探索

除了领导力发展实践外，GE的行动学习还会用在战略与全球化探索的项目中。

GE曾经组织过一次名为"进入东欧市场"的行动学习项目，为进入东欧市场提供全球化解决方案。在这个项目中学员也是分成6组，分别前往相关国家。他们的任务是分析每个国家的政治和经济环境，最终形成一份GE在该国发展机会的评估报告。在整个过程中学员要和各个国家的学术组织、政府及商业组织建立联系，当然，他们在这之前已经收集并阅读了这些国家的大量资料和信息。学员还需要在不同国家进行不同的课题研讨，比如全球环境下的企业运营、国际政治和社会趋势、国际经济趋势等，这对写报告有重要的帮助。有了以上的宏观信息，学员对GE在该国的发展机会就会有基本判断。他们还需要分工访问当地的企业，通过了解当地企业的发展与战略，他们会重新修订之前的假设或调查表。访问结束后，小组成员就可以聚焦于报告的修改，并在顾问的指导下，进行排演和再修订，之后才能提交给副董事和参谋团队。最后，副董事和参谋团队会对报告进行提问和评审，同时也会给小组建设性的反馈。小组成员也会对成员彼此的表现和贡献做出评价。

在"进入东欧市场"的行动学习项目中，GE不仅可以获得不同角度的评估报告，为战略选择提供依据，还可以借此培养员工的战略与全球化思维，对人才培养产生了重要作用。

### 3. 组织变革推动

GE 的行动学习在推动组织变革上功不可没，如果没有行动学习，GE 的组织不可能一直保持旺盛的生命力。在组织变革上不得不提 GE 的行动学习方法"群策群力（Work-Out）"，可以说群策群力是行动学习的一种变形。群策群力是一种简单、直接的方法论，它可以快速帮助企业找到问题并解决问题，几乎适用于所有的管理场景。GE 经常会将不同部门的员工组织在一起，然后通过群策群力的方法找到组织中存在的问题，并通过对问题的质疑与反思，提出实际的解决方案。之后团队需要将方案呈递上级主管，通过城镇会议（Town Hall Meeting）向上汇报，上级主管会给他们建设性意见或直接决定方案是否通过，最后才能落地实施。比如 GE 曾经就借助群策群力、城镇会议当场通过简化经费审批流程、软件购买无须经过 IT 部门的批准、事前制定标准来确定投资的可行性等方案，而不是层层评估。

GE 通过类似的群策群力方法帮助公司优化了很多流程，甚至整顿了公司的官僚作风，为推动组织变革、实现组织健康发展做出了巨大贡献。从 GE 对行动学习的实践中发现，行动学习不是只能运用于培训和人才培养上，在战略制定、组织变革等方面也非常适用，越来越多的企业已经通过行动学习实现了企业管理正循环。

## 用敏捷型培训项目提升组织能力

在与大量甲方企业的培训工作者交流的过程中，我发现很多企业并没有太多的耐心和人力去运营太复杂、周期太长的项目。环境变化太快，如果每个培训需求都要从胜任力模型开始，然后到需求，到项目设计，到课程研发，到内训师储备，那么等培训项目落地，可能新的需求又产生了。如何才能及时响应培训需求，用敏捷的培训项目提升组织能力呢？

对于培训工作者来说，他们必须学会两条腿走路：一条是"静态培训体系"，主要是针对那些比较固定的岗位和固定能力搭建的培训体系；一条是"动态培训体系"，主要是为不确定的、偶发的、时效性比较强的需求搭建培训体系。普通的岗位培训就属于静态培训体系，而上一节中介绍的行动学习项目更偏向于动态培训体系。本节介绍的五种较为敏捷的培训形式，也是偏动态的培训体系。

## 以考代训

以考代训的培训方式非常适用于知识量特别多、更新速度较快、学习对象特别多的学习场景。以考代训的学习形式特别适合知识类内容的培训，培训管理者可以快速地梳理出相关知识，不需要劳神劳力地去开发课程，学习者只需通过自学学习材料获取知识，最后通过统一的考试形式来考察自己对知识的掌握程度。

比如链家的"博学"考试，就是通过以考代训的方式，一方面让员工掌握大量的房地产专业知识，另一方面检验员工的专业知识水平。这已经成为一种固定的学习形式，运用起来非常敏捷，容易落地，能够帮助员工做到对房地产政策实时迭代。

## 以赛代练

以赛代练的培训方式非常适合技能操作性内容特别多、操作情况比较复杂、实践性比较强的学习场景。以赛代练通过员工间相互竞赛，让其不断自我学习和掌握更多的技能型知识。这种学习方式只用培训工作者设计相应的竞赛主题，然后提供一个竞赛机制和竞赛平台，员工就可以在竞赛的过程中达到技能的提升。

比如华为在培养程序员时，会提供一个练手的平台，在这个平台上无论是新员工还是老员工，都可以挑战不同水平的编程题目。无论是新员工还是老员工，如果成功处理的编程题目越多，处理的编程题目难度越大，就代表这名员工相应的技能水平越高，那么他在晋升与加薪方面都可以得到相应的优待。

## 通关演练

通关演练既适合知识型内容的学习，又适合技能型内容的学习，它是让学习者先学习或准备特定情景下的知识或技能，然后通过抽签或指定的形式决定通关演练的主题，让学习者表述或演练特定主题下的知识或技能，从而检验学习者是否掌握了某种知识或者技能的敏捷学习形式。

比如平安保险在培养保险经纪人对产品的理解和销售能力时，经常会采用这种通关演练形式。平安保险会给出通关演练的主题，让员工提前熟悉相关的知识或技能，到了通关演练现场，每名员工会面对一名考官，考官会让员工抽签决定通关演练主题，有些简单的题目要求员工表述清楚即可，而有的题目则会给出一些场景，员工需要根据场景选择不同的应对话术和销售策略。

## 案例教学

案例教学最早被用于西方的法学和医学界，20世纪初，由美国哈佛商学院倡导，被广泛用于工商管理教学领域。案例教学法的案例都来自商业管理的真实情境或事件，此种教学方式，有助于培养和发展学生主动参与课堂讨论的兴趣，实施之后颇具成效。

案例教学适合复杂性知识与技能的培养，常常用于领导力的提升项目，对于决策制定、风险管控、问题分析与解决一类的能力提升尤为显著。案例教学只需要培训工作者给出相应的案例背景，然后让学习者通过查阅资料、小组研讨等形式寻找解决方案。这种没有标准答案的案例教学只是其中的一种形式，另一种形式的案例教学是有标杆做法的，它常常与经验萃取相结合。有标杆做法的案例教学主要是从成功的案例中萃取出优秀经验，然后通过内部学习和传播的形式让员工学习标杆案例的做法，从而让员工在面对相同问题时能迅速做出正确的行动。

华为经常用已经发生过的项目案例作为教学题材。成功的案例，可以让员工学习和复制；失败的案例，可以让员工从回顾整个案例的过程中汲取失败的教训。华为的案例教学和经验萃取都是服务于知识管理的，将内部隐性的知识显性化，可以让员工快速检索到相关的知识体系，华为的经验就此保留下来，如图5-6所示。这种知识管理方式似乎又为培训管理者开启了一扇大门，培训不只是机械地传播知识，还应该做好"前人栽树后人乘凉"的可持续发展工作，经验萃取、传播、沉淀……所有工作都多做一步，将会是未来培训工作的发展趋势。

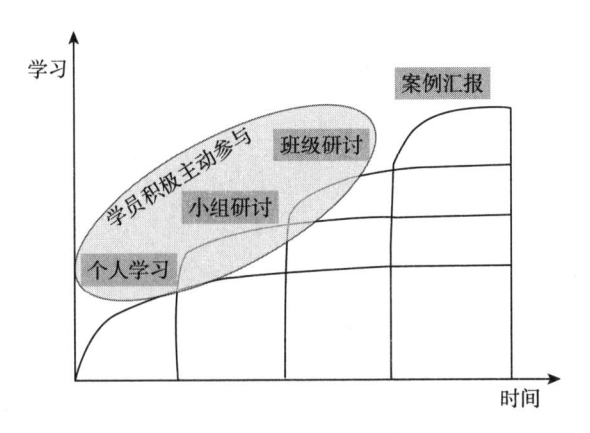

图 5-6 华为的案例教学流程

## 项目小组

项目小组的学习形式与行动学习项目有点相似，你可以把它看作敏捷的行动学习项目。很多企业确实没有那么多人力、物力来落地行动学习项目，而项目小组可以更加敏捷，并且可以融入日常管理中。项目小组的成员不受限制，谁想成立项目小组，邀请谁加入项目小组，都可以，所以它非常适合小课题的场景设置，适用于普通员工的培养。管理者只要提供项目的奖金支持，并在立项、阶段汇报和结项的关键环节参与进来即可，其他时间让项目小组自己去"折腾"。项目小组的学习形式在某种程度上也起到了横向拉通、打破部门墙的效果，对形成良好的工作氛围有很好的促进作用。

项目小组同样有阿米巴基因。阿米巴经营就是以各个阿米巴的领导为核心，让其自行制订各自的计划，并依靠全体成员的智慧和努力来完成目标。通过这种做法，一线的每一位员工都会成为主角，主动参与经营，进而实现"全员参与经营"。稻盛和夫的阿米巴经营理念及管理方式，被誉为"京瓷经营成功的两大支柱之一"。

[案例]

华为善于在项目中培养和选拔干部，如表 5-7 所示。

表 5-7 华为从项目管理中选拔干部的流程

| 流程 | 主要内容 |
| --- | --- |
| 网课认证 | 一些项目管理的基础理论知识和经营知识在平台上由学员进行自学 |
| 集中沙盘演练 5 天 | 沙盘模拟了一个项目端到端的流程，基本上是案例角色的演练，会有教练的点评，以及精华知识点讲解。集训更多的是项目管理的实操，以及学员的角色扮演和演练 |
| 项目实践 2~3 个月 | 学员会被安排到一线的项目中进行实践，并且要在这个项目中承担一个关键岗位的职责。华为大学会跟一线部门协商，让学员去项目中承担一个关键角色。担任的角色是经过评审之后挑选出来的 |
| 答辩认证 | 实践之后，学员要到华为大学进行答辩，如果不合格就不能晋级，如果通过答辩认证就会进入公司的后备干部资源池，打上相应标签。未来有一线管理干部选拔的时候，就会从这些人中选择 |

以上五种敏捷型学习项目形式可以在较少的资源投入下加速企业的血液循环，弥补了静态培训体系不够灵活、投入成本高的缺点，能对紧急培训需求做出快速的响应并落地，提高培训工作者的工作效率。

# 名企案例：华为的干部培养

通过华为的干部培养案例学习优秀企业在培训项目上是如何取得成功的，这对培训工作者有很大的借鉴作用。

## 以干部九条作为基准

华为的干部九条就是华为的领导力模型，如图5-7所示。这个模型根据华为几十位成功的高级领导访谈，借助咨询公司，通过内部萃取而来。该模型由三个模块与九个维度组成，对华为的干部提出了全方位的要求。三个模块分别是发展个人能力、发展组织能力和发展客户能力，而九个维度的能力也并不是点到为止，华为为干部九条做了详细的定义和程度区分，无论是在干部选拔上还是能力提升上都能准确聚焦与量化分析。这与本书的胜任力内容高度一致。

| 序号 | 模块 | 维度 |
|---|---|---|
| 1 | 发展组织能力 | 团队领导力 |
| 2 |  | 塑造组织能力 |
| 3 |  | 跨部门合作 |
| 4 | 发展客户能力 | 关注客户 |
| 5 |  | 建立伙伴关系 |
| 6 | 发展个人能力 | 成就导向 |
| 7 |  | 组织承诺 |
| 8 |  | 战略性思维 |
| 9 |  | 理解他人 |

关注客户

定义：致力于理解客户需求，并主动用各种方法满足客户需求的行为特征。"客户"是指现在的、潜在的客户（包括内外部客户）

维度：对客户理解的深度，采取行动的难度

| Level 1 | Level 2 | Level 3 | Level 4 |
|---|---|---|---|
| 响应明确的客户需求 | 解决客户的担忧，主动发现并满足客户未明确表达的需求 | 探索并满足客户潜在的需求 | 想客户所未想，创造性地服务客户 |

图5-7 华为领导力模型干部九条

华为在进行干部培养时，利用这种方式来评估员工的领导力水平，在培养与发展期间也会针对其薄弱的部分有针对性地提升。据此标准，员工也将有更加清晰的路径提升自己的领导力。

后来，华为的干部九条逐渐演变为干部四力，即决断力、理解力、执行力和人际连接力。不同层级的干部需要具备的四力是不一样的，比如高层一定要具备较好的决断力，中层一定要具备较好的理解力，基层一定要具备较好的执行力，而人际连接力是对每个层级来说都非常重要的一项能力。

## 以实践提升作为重点

华为干部培训也是采用"训战结合"的方式，员工参加完领导力课程的培训之后将会用大量的时间用于实践提升。领导力提升的时间周期比较长，但一般以三个月为一个单元，第一个单元结束后进行评估，然后继续下一个三个月的实践提升，直到项目结束。教练会与培养对象进行提升计划的制订与沟通，还会让相关的评估人员知晓，方便在计划结束后给出客观的评价。

培养对象需要在周期内努力提升自己薄弱环节的能力，如果评估结果没有进步，将会被认为是不值得培养的人。通过长周期的实践、阶段性的计划与回顾，大部分的培养对象都能在过程中得到不同维度领导力的提升。

对于华为的高管而言，更真实的实践场景就是该岗位本身，所以轮值就成为华为高管培养的重要方法。以华为的轮值董事长制度为例，轮值董事长每六个月就会轮换一次。

## 以聚焦关键作为策略

在整个领导力提升的过程中并不要求员工全方位发展，而是将时间、精力聚焦在关键的岗位和能力上。

首先是关键岗位。华为并不是对每个岗位的员工都倾尽所有，在集中力量办大事这一点上，华为可是行家。华为会重点培养对业务、战略比较重要的岗位干部，比如研发团队、营销团队的投入一直都比较大。

其次是关键能力。有些薄弱的能力如果该岗位未来用不上，那么也不要求提升，而是将精力聚焦在既薄弱未来又很需要的能力上。在每次的能力提升计划中也不会要求员工面面俱到，会选择 1~2 个最重要的能力进行提升。每一次领导力的提升都会根据情况而定。

刺猬理论告诉我们，面对从不同方向采取攻击的狡猾狐狸，刺猬每次只要简单地完成缩成圆球的动作，就可以取得战斗的胜利。这也诠释了华为"力出一孔"的管理理念。

## 以导师机制作为推动

在很多人眼中，培养人并不是一名管理者的重点工作，也有很多人认为培养了徒弟，饿死的是师傅。但干部的培养始终离不开教练的辅导，能将培养人作为重点工作的管理者少之又少，因此，需要借助一种机制帮助管理者形成一种习惯。

在华为，没有培养接班人的干部是无法得到提拔的，个人业绩再好也只是个体贡献者，最多只能拿到业绩奖金，不能获得提拔。

华为将人才培养纳入中高管的绩效考核中，而且占比较大。中高层管理者至少要有两名接班人才算是基本胜任，管理者一旦有变动，接班人就可以迅速接替其工作。

此外，任正非认为只注重业绩是短视行为，如果没有人才梯队，没有源源不断的人才补充，长期业绩将无法得到保障。

因此，华为的干部培养不用担心没有教练辅导，中高层管理者在这种机制的驱动下会不断为自己培养接班人。

华为干部培养的原则方法总结如下：

首先，任正非在人才培养这件事上有先见之明，并且愿意花大力气；

其次，借助咨询公司的专业力量，建立了华为的领导力模型干部九条，并发展为干部四力；

再次，在领导力提升过程中更注重实践环节，并且聚焦在关键岗位和关键能力上；

最后，通过强化制度考核推动中高层管理者重视接班人培养。

成功的原则方法往往都很简单，难的是要有和任正非一样的先见之明和勇气。

## 主要结论

1.现在的培训已经不是我们十几年前所理解的培训，早已不是上台讲一门课那么简单，它已经被运作成一个项目、一种产品、一种变革工具。培训不仅承载了个人的成长需要，更肩负着人才培养、业务赋能、组织发展的重任。

2.CSTD近几年获奖的培训案例显示，在近100个头部企业项目案例中，越来越多的案例目标是围绕人才发展和业务赋能展开的。这些项目的特点是贴近业务，敢于承担经营目标，重视训战结合，重视游戏化运营。

3. 其一，作为培训人，你有没有把培训当一回事，相不相信培训可以影响业务，培训人首先要过自己心里这一关；其二，企业一把手相不相信培训可以影响业务走向，愿不愿意给培训机会。

4. 培训项目能承担经营目标的关键在于：不要仅把培训当作目的，而是要把培训当作一种手段；不要把培训项目当作培训工作，而是要拓宽它的边界。

5. 从理论层面来看，注重实践的学习方式非常符合库伯学习圈理论，人们都要从具体的经验中得到能力的提升。

6. 培训项目是否有效，要看员工培训后有没有行为改变。被迫的行为改变不能长久，自愿的行为改变才能长久，所以培训项目要想更有效，就要影响员工的心智。

7. 培训项目应当作为历练人才的"熔炉"，有容忍犯错的空间，只有给员工提供挑战与突破现状的土壤，创新与进步才会发生。

8. 人如果是错的，再怎么培养都是错的。

9. 招聘新员工的原则也是"冰山以上靠培养，冰山以下靠选拔"。

10. 新员工的价值观与企业的价值观不一致会出现三种结果：第一种结果是新员工无法理解企业的做事习惯，内心冲突煎熬，最终选择离开新企业；第二种结果是新员工选择从众，愿意慢慢被同化或被影响；第三种结果是新员工坚持自己的价值观和做事习惯，然后成为企业特别的存在，或成为管理中的不稳定因子。

11. 重视企业文化建设的公司，其经营业绩远胜不重视企业文化建设的公司。

12. 一个个新员工就像一家家被并购进来的新公司，如果忽视了这群人的文化融合，那么失败的并购会让原企业付出更大的代价。

13. 所以，新员工企业文化培训的有效性不仅在于你培训了什么企业文化，更重要的是你是怎么培训企业文化的，也就是说培训的方法更重要。

14.在规划带训计划时要考虑到新员工的适应过程，需要从简单到复杂，从轻松到有挑战性，循序渐进地安排带训任务。

15.在岗员工的发展更倾向于岗位技能的培养，少部分会涉及领导力的培养；而管理岗培训所涉及的能力发展更倾向于领导力的发展。

16.人才发展项目中有一个三板斧理念，即培训、实践、辅导。

17.基层员工最需要具备的能力是专业技能。专业技能指的是对生产和服务的特定知识、程序和工具的理解和掌握。

18.中层管理者最需要具备的能力是人文技能，它指的是在组织中建立融洽的人际关系并作为群体中的一员有效工作的能力，这也是领导力非常重要的一部分。

19.高层管理者最需要具备的能力是理念技能，它指的是能从整体把握组织目标、洞察组织与环境相互关系的能力，以及能在复杂环境中分析、解决问题的能力。

20.即时的人才发展项目已经很难满足企业的需要，只有超前看齐的人才发展项目才能稳定地为企业输送人才。

21.基层管理者需要掌握的专业技能相较于人文技能和理念技能而言，是最容易培养的，所以他们的超前培养时间可以较短；中层管理者需要掌握的人文技能较难培养，所以需要更长的超前储备时间；高层管理者需要具备的理念技能更难培养，所以超前储备的时间是最长的。

22.提倡人人平等、人人都有机会的人才发展项目其实是为员工打开了一扇大门，让员工养成"成长型思维"——个人努力一定可以带来某些改变和希望，这对企业发展来说尤为重要。

23.企业在培养领导力时至少要向下看一到二级员工，提前为这部分后备力量打好领导力的基本功。

24. 领导力培养应该从普通员工做起，拥有领导力素养的普通员工对提升企业组织能力有很大的帮助，同时对提升企业员工的职业素养、执行力，以及维护企业的人际和谐等也会带来很大的帮助。

25. 正是由于人具有自我意识，人才能对自己的思想和行为进行自我控制和调节，形成完整的个性。

26. 需要培养的领导力要满足两个条件，一个是确实是领导力的薄弱项，另一个是领导力的需要项，也就是说这种领导力是学习者本岗位需要用到的，又是他个人的薄弱项。对学习者本岗位表现影响不大的领导力的薄弱项可以作为次重点。

27. 要成为领导者，必须具备拥抱逆境的胆识和超越逆境的智慧。逆境，是锻造领导者的"熔炉"。

28. 需要注意的是，虽然企业要时刻给管理者准备"熔炉"，但这个"熔炉"不能太烫人。轮岗、副职、代理等方式不仅可以在真实的环境下培养管理者，并且能给管理者营造一个缓冲地带，使其能循序渐进地成长。定期的项目制，让团队在项目中合作，成功地完成一件件小事，就是一个不错的"熔炉"，在这个熔炉中，管理者能力提升的速度也会很快。取得商业成果和维持好的人际关系被认为是优秀领导者的两大标准。

29. 任何管理学科都讲求情景的变化，对于一位领导者来说，根据环境、对象、个人的不同特征不断摸索和总结适合当下环境的领导风格尤为重要，它几乎没有终点，它时刻都在修炼和调整中。

30. 培训是公司要我学，而行动学习则是一群人为了解决一个问题自动自发地学习。

31. 行动学习项目课题最好是与经营管理紧密相关的，课题一定要是明确的、可衡量的、人力可以改变的、立竿见影的。

32. 从GE对行动学习的实践中发现，行动学习不是只能运用于培训和人才培养上，在战略制定、组织变革等方面也非常适用，越来越多的企业已经通过行动学习实现了企业管理正循环。

33. 对于培训工作者来说，他们必须学会两条腿走路：一条是"静态培训体系"，主要是针对那些比较固定的岗位和固定能力搭建的培训体系；一条是"动态培训体系"，主要是为不确定的、偶发的、时效性比较强的需求搭建的培训体系。

34. 培训不仅仅是机械地传播知识，还应该做好"前人栽树后人乘凉"的可持续发展工作，经验萃取、传播、沉淀……所有工作都多做一步，将会是未来培训工作的发展趋势。

## 学习感悟

1. 本章让你印象最深刻的内容是什么？
2. 本章对你的培训工作有什么启发？

第六章

课程开发

课程设计是培训师最为关心的话题，又是最为基础的能力。本章不仅站在课程设计的角度来阐述，而且借助人类大脑记忆的原理来助力课程开发。如果你现在是一名培训师，了解了大脑的记忆原理，本章就一定会给你的课程设计带来更深刻的启发。

# 课程研发水平五段位

我在《课程研发的五个段位，看看你在第几层》一文中总结了课程研发水平的五个段位。

## 段位一：内容堆砌段位

入门级的培训师在这个段位栽的跟头比较多。领导让你研发课程，需求又急又没什么具体要求，你还没想好就开始干，想到什么就写什么。这个段位的培训师开发出来的课程都有四个主要特征：

**结构混乱**：课程逻辑主线不清晰，没有框架可言，一、二、三级内容错位，让人费解。

**文字太多**：课程文字都是从原来的文件中复制、粘贴而来的，内容堆砌严重，看得人眼花缭乱。

**没有重点**：课程内容平铺直叙，均匀分布，没有重点又都是重点。

**缺乏互动**：无论是什么内容与技能的课程，都没有考虑设计出有效转化的教学方法，老师一言堂，效果转化几乎为零。

这个段位的培训师最多只能算青铜段位选手，在要求不高的公司也许能存活，但还达不到行业的平均水平。

## 段位二：结构化呈现段位

这个段位的培训师已经有了一定的课程研发积累，懂得用结构化的呈现方式为课程穿上漂亮的外衣。这个时期的课程主要有三个特点：

**结构清晰**：课程脉络清晰，一、二、三级目录明了，会采用常用的"要素型结构顺序""流程型结构顺序""Why/What/How 型结构顺序"搭建课程框架。

**呈现简洁**：课程开始有选择性删减内容，会在重点内容中提取关键要素，利用英文首字母缩写、数字标语、口诀、绕口令等呈现课程内容。

**排版美观**：课程慢慢开始关注课件的美观程度，注重颜色搭配、字体大小选择、排版规整、善用图形化呈现等。

能做到这个段位的培训师已经算是铂金段位选手，勉强可以达到行业平均水平。课程拿出去交差也能得到大部分领导的认可，但要变得更有价值，还需要向上跳一跳。

## 段位三：教学方法研磨段位

这个段位的培训师已经向专业化转型，因为他们会以学员为中心，以业务为导向，不断思考如何帮助学员更好地转化知识，让培训产生绩效。这个段位的培训师研发出来的课程主要有以下两个特点：

**结果导向**：课程会根据知识、技能、态度等内容的差别选择不同的教学方法，关注对业务和绩效的帮助程度。

**互动有趣**：这个段位的课程会设计出更多的互动教学、行动学习环节，让学员在做中学、玩中学。

能做到这个段位的培训师可以算是钻石级的行业高手，是行业前30分位的人才，研发出的课程能够得到领导和业务较大的认可。如果你还想继续晋级，可以读完剩下的两个段位。

## 段位四：场景化营造段位

这个段位的培训师已经上升到了促动师的境界，对课程不再满足于现阶段知识的传递，他会花更多时间在问题的解决和探索未知的可能上。这个段位的培训师研发出来的课程主要有以下两个特点：

**营造场域**：这个段位的课程研发会更注重给学员营造轻松、愉悦的场域，有利于学员在课程中的交流与互动。

**探索未知**：基础知识在课前已经让学员提前学习，课程中较长的时间段用于探索某个主题内容，在灵感迸发的过程中达到思想的碰撞与汇聚。

如果你已经在这个段位，星耀级别实至名归。这个段位的培训师拥有前沿的行动学习技术和促动技术，并能将这些技术融入课程研发工作中。行动学习与促动技术的应用，可以培养学员群策群力、相互学习的习惯，并为形成学习型组织和绩效提升埋下种子。

## 段位五：系统化研发段位

如果前面的段位是一颗颗闪烁的珍珠，那么第五段位就是一串串名贵的珍珠项链。这个段位的培训师已经不再考虑单门课程的研发工作，而是站在更宏观的视角审视课程研发的系统性工作。这个段位的培训师将会关注以下四个方面的工作内容：

**能力需求**：基于岗位胜任力、绩效差距、企业战略等，识别不同岗位不同学员的能力需求，通过能力需求规划课程开发计划与策略。

**知识体系**：不同的知识分门别类，选择不同的知识载体、不同的传递方式，以及不同的更新管理方式，形成知识体系管理流程。

**转化策略**：考虑知识的特性、学员的特性、培训师的特性、场地设备的特性等，设计符合企业实际情况又能有效转化的课程体系，并提前规划好课程成果验收方式。

**评估方式**：形成固定、标准的课程评估方式，总结复盘课程实施效果，定期迭代课程知识体系，形成管理闭环。

培训工作者可以对照这五种段位进行自我评估，在相应的段位前打钩，之后继续阅读本章内容。希望本章内容能够提升你的课程开发段位。

## 课程有效的灵魂：教学设计

在教育学领域，关于学习理论的学派主要有行为主义学派、认知派、人本主义学派和建构主义学派。

行为主义学派认为学习过程需要受到外界的刺激，并通过反射后获得新的经验，其代表实验是爱德华·李·桑代克（Edward Lee Thorndike）、伊万·彼得罗维奇·巴甫洛夫（Ivan Petrovich Pavlov）、伯尔赫斯·弗雷德里克·斯金纳等人的动物行为实验。

认知派认为学习过程不是简单的行为主义研究的结论，它也可以是在没有外界刺激的情况下，通过个体积极的信息加工、思考，形成新的知识结构。其代表实验是心理学家沃尔夫冈·柯勒（Wolfgang Kohler）的黑猩猩搬箱子摘香蕉实验。

人本主义学派则恰恰与严格的行为主义相反，人本主义认为学习是人固有能量的自我实现过程，强调人的尊严和价值，强调无条件积极关注在个体成长过程中的重要作用。

建构主义学派认为学习是个体与环境在不断地相互作用中实现的，强调学习者的主动性，认为学习是学习者基于原有的知识经验生成意义、建构理解的过程，而这一过程常常是在社会文化互动中完成的。

教学设计是基于对学习理论的进一步研究和探索，是学习过程中信息加工的程序、方法或者规则，也可以看作一种学习方法。教学设计根据课程标准的要求和教学对象的特点，将教学诸要素有序安排，确定合适的教学方案的设想和计划。一般包括教学目标、教学重难点、教学方法、教学步骤与时间分配等环节。

学习金字塔清楚地告诉我们主动学习和被动学习对于知识留存率的影响。传统的学校教学是老师在台上讲，学员在台下听，很少运用不同的教学方法来搭配教学目的。这些教学方法与教学设计还是有很大区别的，教学方法是组成教学设计的一个部分，教学设计还要更宏观地考虑整个课程的教学编排与规划，从中找到一个既可以满足学员特性，又能达到学习效果的教学方法组合。

## 现代教育学之父

约翰·弗里德里希·赫尔巴特（Johann Friedrich Herbart）是19世纪德国哲学家、心理学家，近代教育科学的创始人。在世界教育学史上被公认为"现代教育学之父"和"科学教育学的奠基人"，对19世纪末20世纪初许多国家教育的发展，产生了广泛的影响。

约翰·弗里德里希·赫尔巴特是将心理学运用于教育的奠基人，他认为教学要以心理学为基础，是教育心理学化的开创者。他非常注重学习者本身的经验和兴趣在学习中的影响。他主张教学方法应灵活多样，具有开放性，提出应根据学科特点灵活选用教学方法，以符合学生的思维进程、个性与接受程度，使教学双方都感到满意。

约翰·弗里德里希·赫尔巴特强调教学应该是一个统一完整的过程，要有计划、有步骤地进行教学，并将教学过程分为明了、联合、系统和方法四个阶段。

**明了**：学习者在接受新知识时，教师可以通过教具或者讲授形式让学习者接受新的知识，使学习者能够清晰明确地接收到知识的表象，并为知识的联合奠定基础。

**联想**：学习者学习了新的知识之后会与旧的知识、观念结合。在这个阶段学习者还处于无序的状态，这时兴趣将会推动学习者继续学习。

**系统**：此时教师需要通过综合的教学方法，尽可能地使新、旧知识相互联系，并形成知识体系。

**方法**：为了巩固、强化新的知识，教师需要通过练习等方法让学习者真正掌握学习到的新知识。

后来，他的门生齐勒（T. Ziller）和赖因（W. Rein）把第一个阶段明了分解为预备、提示两个阶段，将教学过程发展为五个阶段，即预备、提示、联想、系统和应用，为广大教师提供了一个更容易理解、掌握和运用的教学模式。

苏联教育学家伊·安·凯洛夫（Ivan Andreevich Kairov）又将其演变为五步法教学法，即组织教学、复习旧课、讲解新课、巩固新课和布置作业。中国中小学曾广泛采用这一教学模式，其弊端在于忽视了学习知识的主体学生，缺乏智力开发和能力培养，不利于创新型人才的培养。

## 加涅的九个教学阶段

罗伯特·米尔斯·加涅（Robert Mills Gagne）是美国教育心理学家。他接受过严格的行为主义心理学训练，在其学术生涯的后期，他吸收了信息加工心理学的思想和建构主义认知学习心理学的思想，形成了有理论支持也有技术操作支持的学习理论。加涅非常关注教学过程中长时记忆对学习者的影响，十分重视设计促进和激发学习者内部心理过程的外部活动，他认为教学程序应当与学习活动中学习者的内部心理过程相吻合，并据此提出了著名的九段教学方法。

**引起注意**：是指在学习初期，通过课程的有趣设计与外部刺激，最大可能地引起学习者的注意，激发他们的学习兴趣。

**告知目标**：是指通过告知清晰的目标和课程收益，激发学习者的学习兴趣与学习期望。

**刺激回忆**：是指在学习新知识之前，需要先引导学习者回忆类似的知识是什么，类似的经验曾经是如何处理的。

**呈示刺激材料**：是指在学习新知识时，需要根据学习者特性提供有助于学习的材料或内容，或示证新知识的可靠性，让学习者了解新知识的表征信息。

**提供指导**：是指在新、旧知识融合的过程中，需要针对不明确、不理解的知识进行解释和指导,使新知识能够更顺利地被吸收与融合。

**引出行为**:是指学习者在理解、吸收知识之后,通过特殊的教学活动行动、实践起来,消除知识与行为之间的阻碍,让知识不仅仅是停留在大脑,而是能运用于实践。

**提供反馈**:是指通过反馈、辅导等形式强化知识。

**评价表现**:是指通过测试、考核等形式巩固、强化知识。

**促进保持与迁移**:是指通过系统学习、布置新任务来达成知识归类重组、转化迁移的效果。

罗伯特·米尔斯·加涅强调指出,学习者的整个学习过程一直受到外部条件的强烈影响。对于教师来说,了解和研究学习过程的目的就是为学习过程提供支持,使外部条件在学习者的学习过程中始终能与学习者的内部活动进行必要的、恰当的和正确的联系,从而给学习者以积极的影响,使学习者获得满意的学习成果。

## 梅里尔的五星教学法

五星教学法是当代国际著名教育技术理论家和教育心理学家M.戴维·梅里尔(M. David Merrill)研究了不同的教学设计理论与模式,汲取各种教学原理的共通之处,与时俱进,提出的教学原理,用以改进在线教学或者多媒体教学学习中只重视信息呈现、忽略有效教学特征的弊端。

五星教学法的内容是:

**聚焦解决问题**:课程要围绕解决现实世界实际问题展开设计与演绎,在教学的每个环节都应该有提出问题和解决问题的设计,并能通过课程提升学习者解决问题的实际能力。

**激活原有知识**:课程要能让学习者回忆、联系、描绘或者应用相关的已有知识、经验，使其成为学习新知识的基础，并能给学习者提供展示旧知识或旧技能的机会。

**展示论证新知**：课程要对新的知识进行呈现、论证，并用不同的教学方法让学习者更好地理解和接受新知识。

**尝试应用练习**：课程要给学习者提供将所学新知识进行实操、应用、练习的机会。

**融会贯通掌握**：课程要使所学知识不仅在课堂中有所实践，还能联系日常生活和工作，运用于更广阔的领域。

在实际的教学设计环节，五星教学法只是策略流程层面的指导，我们还需要将它转化为可操作的教学活动。不同的教学活动对学员的刺激效果不同，所以教学活动的匹配其实也是一种调动学员注意力的策略选择，如表6-1所示。

表6-1 教学策略与教学活动的匹配

| 教学策略（五星教学法） | 教学活动的匹配 | 达到的注意力调动效果 |
| --- | --- | --- |
| 聚焦解决问题 | 案例教学法 | 强 |
| 激活原有知识 | 提问法 | 中 |
| 展示论证新知 | 讲授法+视频教学法 | 中 |
| 尝试应用练习 | 角色扮演法 | 强 |
| 融会贯通掌握 | 课后任务（行动学习） | 强 |

以上教学设计理论其实也是根据大脑的记忆、学习规律研究提出的，同时它们又是现代各类教学设计的理论基础。对于纯讲授的知识，大脑的记忆效率很低，而根据不同教学目的编排的教学设计，使得知识的讲授循序渐进、引人入胜，更符合人脑的记忆原理，从而提高大脑的记忆效率。同时知识与知识运用之间有一条鸿沟，将知识付诸实

践，形成行为习惯，才能触类旁通，这是培训始终都在追寻的理想效果。

教学设计不仅包含了教学策略与教学活动的匹配，还需要研究不同的学习内容应该匹配什么样的教学活动才能达到更好的教学效果。比如知识、技能、态度型的学习内容就应该对应不同的教学活动。从大量的研究中，我们总结了一些有利于提高教学效果的教学活动，如表 6-2 所示。

表 6-2　教学效果较好的教学活动

| 学习内容 | 效果较好的教学活动 |
| --- | --- |
| 知识类 | 教授他人、释义、写概要、创造类比、用自己的话注释、解释、自问自答 |
| 技能类 | 讲解示范 + 练习 + 反馈 |
| 态度类 | 榜样学习、亲历体验、研讨、正负激励强化 |

## 搞定课程开发的高手思维

清楚大脑记忆的底层逻辑后，对于课程开发就能驾轻就熟吗？我想此时真的让你去设计一门课程，也许你还是会觉得困难重重，但千万不要放弃，课程打磨的过程也是磨炼心性的过程。

在课程设计中，与细节相比，我更看重整个课程的效能，也就是课程最终演绎出来能不能让学员在知识层面产生获得感，在技能层面产生习得感。

企业在招聘培训岗时,都非常注重课程开发能力。其实只要在课程的关键环节上加以设计,你就会具有极富竞争力的课程开发能力。

## 专业的课程开发流程

我们熟知的课程开发流程中 ADDIE 最具代表性,如图 6-1 所示。

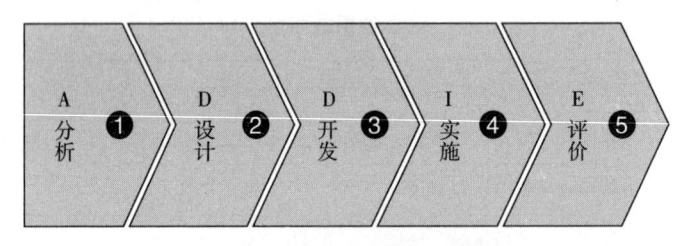

图 6-1　ADDIE 课程开发流程

Analysis(分析):在课程研发初期,课程研发人员需要做好需求和问题的分析。需求代表课程发起人发现了什么问题,想通过培训达到什么效果。而问题分析则是通过调研目标岗位人员的现状,发现他们能力与平均水平的差距,充分分析要提升的能力到底是什么。在分析环节需要做到多方调研与验证,力求准确,才能为后续的设计环节提供正确的方向。

Design(设计):此设计非彼设计,很多人会误解是不是在设计环节就直接开始制作课件了?其实并不是,你可以理解为在建一栋大楼之前我们还需要先打个草稿、画个图纸,设计环节也是一个打草稿、画图纸的环节。在设计环节,课程研发人员需要先界定清楚课程的各个要素,比如课程名称、培训对象、课程目的、课程时长、课程框架结构、课程内容、教学方法等,这些要素确定好之后才能进入开发阶段。

Development（开发）：开发阶段才是真正意义上的做 PPT 环节，但这么说也不够严谨，因为开发环节不仅要设计课件，还要将与教学相关的课件包开发出来。比如学员手册、讲师手册及其他辅助教学的一些教学材料。为了确保课程的专业性，在开发环节还需要完成试讲与打磨。课程只有符合交付标准，才能进入正式实施环节。

Implementation（实施）：实施阶段就是正式投入使用阶段，但课程研发人员还需要让授课培训师清楚了解课程设计的理念和教学方法的运用，前期对授课培训师的赋能讲解非常重要。授课培训师经过课程传承和演绎通关后，课程就可以进入正式实施环节。

Evaluation（评价）：在评价环节需要完成两项工作，一项是对课程设计的优缺点进行评价，一项是对课程培训的结果进行评价，这两项评价都有利于课程的迭代升级。

掌握了 ADDIE 流程就可以开发好一门课程了吗？答案是否定的，ADDIE 只是课程开发的入门流程，宏观地概括了课程开发的步骤，其中底层逻辑还需要通过多年的实践才能总结出来。

## 课程开发高手思维

本书强调的更多的是培训的底层思维，不会过多停留在"法"的层面，会向读者和盘托出课程开发背后的高手思维。做好课程开发需要聚焦三个基本原则。

### 1. 以问题任务为导向

培训要解决的问题，基本上分为三个层次。

基本要求：帮助员工胜任岗位工作。

拔高要求：提高员工的绩效表现。

更高维度要求：帮助业务部门解决某个问题，甚至是促进组织发展。

从这三个层次的需求来看，企业首先要求培训解决的问题一定是帮助员工胜任工作和提高绩效表现，因为做不到这两点，就谈不上解决更高维度的问题。

培训要想达到胜任工作和提高绩效表现的目标，最为重要的还是要从岗位出发，了解岗位的工作流程、方法、步骤，了解影响工作表现最为关键的因素是什么，现有员工存在哪些能力差距，哪些是培训能改变的，哪些是培训不能改变的，培训能改变的问题属于知识问题、技能问题还是态度问题。

通过岗位问题和任务的分析，我们可以识别出某个关键问题，这个问题就是课程开发的课题和出发点。我们必须有这样的认识：并不是所有岗位问题的任务都是培训的重点，课程开发也并不是要让学员知道得越多越好，而是要聚焦在最影响学员工作表现的问题，通过培训让学员付诸行动，改变行为，从而达到甚至超越岗位期望。

好的课程内容一定是以问题、任务为导向的，并能做到聚焦和简化。在辅导甲方企业培训师期间，我经常发现一些培训师缺少对岗位的基本了解，也不会进行岗位课题分析。他们的课程主题比较宽泛，课程内容非常多，然而在一堂90分钟的课中，学员如若能够掌握并运用一项技能，记住三个重要的知识点就已经很不错了。此外，他们的课程目标也非常多，并且课程目标基本上聚焦于解决知识层面的问题，很少聚焦于解决技能层面的问题，如将课程目标都描述为"通过学习学员能够了解、复述……某项知识"，缺少技能型目标的描述。

有具体的人物、场景、学习内容（痛点）描述的课题，是更聚焦的课题。比如"有效沟通"这个课题就过于宽泛，如果改为"程序员成功项目沟通的五个要素",它的场景感和针对性就会更强。

2. 以学员为中心

对以学员为中心的另一种理解就是培训师不要以自我为中心。以自我为中心的培训师经常表现为：认为学员都不懂，想让学员学习更多；认为学员都懂，于是轻描淡写，一笔带过；认为学员都很好学，自己滔滔不绝，一味灌输。

以学员为中心，不仅要在课程设计上从问题和任务出发，遵循成人学习的特点，深谙大脑记忆的规律，而且要在课堂上最大限度地调动学员的兴趣和积极性，让学员成为课堂的主角。

成人能够集中注意力的时长，既受自身因素的影响，也受到外界诸多因素的影响，因此，为了提高学员的课堂效率，课程设计要在学员注意力下降时，及时给予外部刺激，使学员再次集中注意力且兴奋起来。这些刺激需要通过教学活动来完成。没有教学活动刺激，学员的注意力是一条从高到低逐渐下滑的曲线，教学效果堪忧。而有教学活动刺激，学员的注意力就像心电图一样此起彼伏，在注意力下降的时候通过教学活动来刺激，从而提高注意力，如图6-2所示。

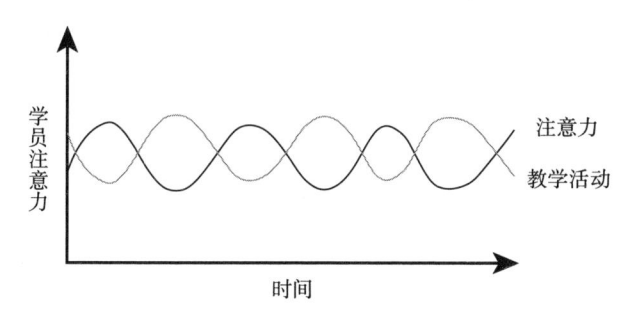

图6-2 学员注意力心电图

在整个教学过程中，培训师可以遵循"10、20、90 原则"，即每 10 分钟设计一个小互动，每 20 分钟设计一个大互动，每 90 分钟安排一次课间休息。

### 3. 以行动体验为主导

真正优秀的课程一定是以终为始、结果导向的。既然课程要以问题和任务为导向，那如何才能在课程结束后既能解决问题又能达成任务呢？这离不开学员在课程中掌握的技能和课后行动的意愿。

为什么体验式的教学活动能够产生更好的教学效果呢？美国社会心理学家、教育家、著名的体验式学习大师大卫·库伯（David Kolb）认为，经验学习过程是由具体经验、反思性观察、抽象概念化、主动实践四个阶段构成的循环。具体经验，就是让参加培训的学员完全投入一种新的经验，也就是体验中；反思性观察，是指学员对这种体验加以思考；抽象概念化，是指学员理解所学的内容，将其抽象为概念，并形成一个系统；到了主动实践阶段，学习者要验证这些概念并将它们运用到制定策略、解决问题中去。在这个过程中，学习者必然会遇到新的问题，获得新的经验，并不断地进行反思性观察、抽象概念化、主动实践，于是就构成了一个循环。库伯学习圈理论奠定了体验学习和行动学习流派的基础，也是迄今为止广受认同的学习模式。

学员在参加培训学习的过程中，通常会经历两个阶段，第一个阶段是领悟阶段，第二个阶段是改造阶段。课程中的行动体验是触发领悟的必要条件，有了领悟之后才会有总结、反思和重构的过程。回到岗位后，学员更容易将课堂中学到的经验运用于工作，只有行为发生改变，绩效的提升才会有希望。

沃尔玛在员工培训中经常采用体验式学习方式，比如一定会让新人到店体验学习,让员工体验不同岗位的工作内容,让拥有优秀实操经验的员工为学员做展示,课堂以生动活泼的游戏和演示为主。沃尔玛著名的"四英尺训练",就是培训师会带着学员以四英尺为一个单位,逛门店货架,每到一个货架前,培训师都会先问学员能从货架的陈列中学到什么,以及需要改进的是什么。通过这种体验学习的方式,学员也能迅速学到自己从未想过的创新方法。

对于技能型知识的学习,库伯学习圈理论无疑是适用的,但是对于态度的改变,我们能够通过课堂中的行动体验来实现吗?答案是可以的。

集体讨论、研讨也是一种行动体验的教学方法。1961年,传媒学者詹姆斯·斯托纳(James Stoner)在群体讨论时发现"群体极化"现象,即在一个组织群体中,因为受到群体的影响,个人容易做出比独自决策时更极端的决定。在培训中,如果大部分学员起初对一个话题持认同态度,那么经过集体讨论之后,他们会更加认同某个观点;如果大部分学员起初对一个话题持否定态度,那么经过集体讨论之后,他们会更加不认同某个观点。

集体讨论,不仅在培训中被广泛运用,而且在管理中也被广泛运用。在组织发展领域中,经常会以社会心理学的理论方法为基础来干预和影响员工的心智模式。

所以行动体验的教学方式不仅可以让学习者习得经验,还可以影响学习者的态度。在每堂课中,如果能至少安排一场不少于30分钟的行动体验教学,就能大大提高教学成果的转化率。

# 用翻转课堂思考课程开发

时至今日，培训深受互联网的影响，企业也相继建立了自己的互联网学习平台。互联网学习平台有很多优点，例如，学员可以不受时间和场所的限制，自己安排合适的时间学习。但是，线上学习的效果一直不甚理想。为了获得更好的线上学习效果，或许可以用翻转课堂的学习模式来解决这个问题。

## 什么是翻转课堂

翻转课堂教学模式，是指学生在课前先观看老师的视频讲解，自主学习，老师在课堂上不再讲授这些知识，但会答疑解惑，与学生合作探究、完成学业等，课堂成为老师与学生之间、学生与学生之间互动的场所，从而达到更好的教育效果。

在实践过程中，翻转课堂遭受了巨大的质疑，也获得了很大的反响，特别是对传统的校园教育来说，老师不能确定翻转课堂是否真的可以让学习效果变得更好。

对于企业培训而言，翻转课堂提倡线上线下相结合，偏理论知识的内容以线上自学为主，而对于实操性比较强的内容，则通过线下的交互来帮助学员掌握，这能大大提高企业培训的效率，增强企业培训的效果。

## 翻转课堂式的课程开发

如果企业想采用翻转课堂模式进行培训，不仅要有完善的线上学习平台，还要有资深的课程开发人员，他们需要熟悉翻转课堂的学习模式，对线上线下课程的重点有明确的认知。

翻转课堂式线上课程开发需要满足两个特点：一是知识内容清晰明了、重点突出，线上课程的内容切忌堆砌，一定要聚焦和简化；二是要短小精悍，因为学习者是用碎片化时间学习线上课程，因此一节课不要超过20分钟，15分钟以内最佳。线上课程学习完成之后，考核和检验必不可少。

翻转课堂式线下课程开发也需要满足两个特点：一是50%以上的时间用于互动教学，让学习者在交互中领悟和重构知识；二是聚焦于问题的解决、行为的影响、行动的达成。企业培训获得更好的效果，体现在学员能将学到的知识融会贯通，熟练运用于工作中。

此外，翻转课堂式的课程开发并不要求线上和线下的内容不能重叠，重要的内容可以先通过线上导入学习，到了线下再进行巩固和交互，这样一方面可以增强学习者对知识的记忆，另一方面也能使其更好地掌握知识。

## 翻转课堂的企业实践

在我服务过的企业中，有一家头部企业采用了翻转课堂的培训模式。这家企业的员工分布在全国各地，岗位也比较精简，不适合组织高频率的线下培训，因此这家企业采用了线上线下相结合的翻转课堂模式，同时采用OJT的培养方式。每个层级的员工都会经历线上自学、在岗训练、线下培训、综合认证环节。

### 1. 线上自学

这家企业将线上自学部分设计成一场通关游戏，每门课程的交互感非常强，并不是纯粹的视频课程。学员学习的每一个页面的知识点都会有动画和声音，要想学习下一页内容，学员需要手动点击下一页才能继续往下学；学员学习过程中偶尔还会有练习题弹出，做对了才能继续往下学，做不对系统将会跳转至前面重新开始学习。

每个模块学完后还有针对整个模块的考试环节，并且系统会自动提醒学员的教练需要完成线下的带教与实操考核。每个阶段通关后才能解锁下一个阶段的学习内容。

2. 在岗训练

学员的教练接收到系统提醒后，会进行岗位带教和实操考核。企业对岗位的带教顺序与学习时长也做了严格的规定，学员要在完成课程学习和实操后才能让教练帮其完成岗位考核。

3. 线下培训

经过线上自学和在岗训练后，学员还需要集中参加一次线下培训。线下培训的内容一部分是线上学习过的，但更多的内容是线上无法体验到的。

4. 综合认证

线下培训结束之后，如果学员还有没有学习完的内容，可以在岗位上继续学习。系统也会在学员完成所有该阶段的任务后提醒学员的教练对其进行综合认证。综合认证的标准是学员本人能够独立完成该岗位所有工作，并且由教练检查合格后在系统中确认通过。通过后的学员资质将会发生变化，同时系统还会推送一张电子证书，表示学员具备了某个岗位的技能。综合认证的资质是晋升加薪的重要依据，学员顺利晋升后就可以开始下一个阶段的学习。

这家企业翻转课堂式培训成功的原因，首先是对线上课程进行了精心打磨，将线上课程游戏化，短小精悍，学员能感受到强烈的趣味性，学习效果好；其次是学完线上理论知识后无缝衔接岗位训练，有助于学员将知识迅速转化为行动；再次是将线下课程作为交互的场所，对线上未尽之事进行补充与体验；最后是综合认证与资质、晋升挂钩，既能环环相扣又能不断推动学员向上攀升。

## 名企案例：沃尔玛/宝洁/京东的课程体系

在不同企业的课程体系中有很多共性的部分，比如都可以按照专业能力、通用能力、领导力三个维度来规划课程体系，或都可以从管理任务、管理自己、管理他人、管理组织等维度来规划课程体系。同时不同企业的课程体系也有其独特的一面，这与每家企业的发展阶段和企业文化息息相关。

### 沃尔玛的课程体系

沃尔玛作为多年稳坐世界500强头把交椅的企业，是各大企业学习的对象。就企业培训的课程体系而言，其主要特点是非常注重文化类课程和服务类课程的培训，如表6-3所示。

表 6-3 沃尔玛的课程体系

| 课程系列 | 课程名称 |
| --- | --- |
| 文化系列课程 | "入职培训""沃尔玛文化""跨文化的知识和技巧" |
| 自我管理系列 | "建立积极正面的态度""出色演讲技巧""如何与困难人物沟通""问题解决与决策""管理你的时间""谈判技巧""项目管理""会议管理""战略规划" |
| 人员管理系列 | "人员管理基础""绩效管理""出色招聘技巧""培训培训员""人员发展""员工敬业度""职位说明" |
| 服务系列 | "顾客服务入门""顾客服务基础""服务领导力""传奇服务" |
| 领导力发展系列 | "戴尔·卡耐基""高级领导艺术""沃尔顿学院""激励""如何成为一名教练""建立高效团队""基础领导艺术" |

# 宝洁的管理课程体系

宝洁之所以被称为快消品行业的"黄埔军校",缘于其对管理岗位领导力培养的重视,我们从宝洁的管理课程体系就可以发现这一事实,如表 6-4 所示。

表 6-4 宝洁的管理课程体系

| 管理层级 | 课程名称 |
| --- | --- |
| 一级主管 | "个人领导力提升""人际沟通技巧""二八原则""全面质量管理基础""MRP II/ERP""财务与会计 I" |
| 二级小部门经理 | "个人领导力提升""人员开发——基础技能""领导力——3E 模型""项目管理""最大程度发挥创造性和逻辑思维""团队建设""有效地授权""全面评估面授""财务与会计 II" |

（续表）

| 管理层级 | 课程名称 |
| --- | --- |
| 三级大部门经理 | "G.O.R.W" "组织能力开发" "团队建设——高级" "系统管理工作坊"<br>"OGSM/SDDS" "人员开发——高级技能" "情境领导"<br>"成功人士的7个习惯" "突破思维方法" "正面的权利和影响力" |
| 四级副总监及以上 | "组织技能" "跨文化工作坊" "危机管理" |

## 京东的课程体系

京东作为我国大型综合性企业，其业务范围涵盖了电商、物流、金融等领域。京东的课程体系中，关于员工关怀与成长主题的课程占比较多，如表6-5所示，这很好地诠释了其"以人为本"的企业文化。

表6-5 京东的课程体系

| 类别 | 课程名称 |
| --- | --- |
| 新员工 | "企业概述" "人事管理规章" "团队精神及忠诚度"<br>"企业文化" "实用商务礼仪" "信息安全与保密制度" |
| 员工自我管理 | "人生规划" "心态塑造" "个人知识管理"<br>"时间管理" "压力管理" "个人品牌管理" |
| 初级管理层 | "选择与决策" "如何解决问题" "高效会议秘诀"<br>"目标与计划" "执行力提升训练" "情绪管理技能" |
| 高级管理层 | "团队建设" "企业知识管理" "非财务的财务管理"<br>"沟通技能" "员工激励艺术" "非HR的HR管理" |
| 战略管理层 | "战略管理" "企业文化建设" "领导艺术"<br>"组织设计" "品牌管理实务" "人才选、用、育、留" |

有了有效的课程，接着就要让内训师来演绎课程，如果内训师的能力不足，无论课程研发得多好，培训效果都会大打折扣。本书将在

下一章中介绍高效管理内训师的重要内容。

## 主要结论

1. 在教育学领域，关于学习理论的学派主要有行为主义学派、认知派、人本主义学派和建构主义学派。

2. 对于纯讲授的知识，大脑的记忆效率很低，而根据不同教学目的编排的教学设计，使得知识的讲授循序渐进、引人入胜，更符合人脑的记忆原理，从而提高大脑的记忆效率。

3. 通过岗位问题和任务的分析，我们可以识别出某个关键的问题，这个问题就是课程开发的课题和出发点。

4. 并不是所有岗位问题和任务都是培训的重点，课程开发也并不是要让学员知道得越多越好，而是要聚焦学员最影响工作表现的问题，通过培训让学员付诸行动，改变行为，从而达到甚至超越岗位期望。

5. 在整个教学过程中，培训师可以遵循"10、20、90原则"，即每10分钟设计一个小互动，每20分钟设计一个大互动，每90分钟安排一次课间休息。

6. 集体讨论的形式不仅在培训中被广泛运用，而且在管理中也被广泛运用。在组织发展领域中，经常会以社会心理学的理论方法为基础来干预和影响员工的心智模式。

7. 行动体验的教学方式不仅可以让学习者习得经验，还可以影响学习者的态度。

8. 在不同企业的课程体系中有很多共性的部分，比如都可以按照专业能力、通用能力、领导力三个维度来规划课程体系，或都可以从管理任务、管理自己、管理他人、管理组织等维度来规划课程体系。同时不同企业的课程体系也有其独特的一面，这与每家企业的发展阶段和企业文化息息相关。

## 学习感悟

1. 本章让你印象最深刻的内容是什么?
2. 本章对你的培训工作有什么启发?

# 第七章

# 内训师管理

内训师的一举一动都影响着学员对知识技能的掌握程度和对培训的第一印象，内训师的水准是影响培训效果非常重要的因素。企业在内训师体系搭建工作中往往面临三大问题：

内训师选拔难。企业无法调动员工积极性，不知道怎么选，选什么样的内训师。

内训师培养难。内训师上了TTT（Training the Trainer to Train，培训师培训）课程，但是演绎能力还是很差，学员反馈差；要求内训师开发课程，课程内容惨不忍睹。

内训师激励难。不知道如何激励内训师，增加他们的积极性和荣誉感。

我曾在一家甲方头部房地产公司管理过超百人的内训师团队。该团队从初创期的30名内训师增加到100多人，我帮助企业完善了内训师的管理制度，从选、用、育、留的角度大大激活了整个内训师团队的活力。我从中得出了一条非常重要的经验：要想做好内训师管理，就要把整个内训师团队当作一家公司来管理。内训师团队是由一群志同道合的人组成的，凡是由人组成的团队，我们都要从经营管理的视角去思考他们的未来。同时，每一名内训师都是一个岗位上的员工，你需要思考他们的选、用、育、留。本章将结合我过往的经验来谈谈如何让内训师管理更有效。

# 选什么人比选多少人更重要

如果让你选拔内训师，你会更看重他们的哪些特质？心中有答案之后再思考下面的问题：哪种特质对内训师而言是最重要的，为什么？

那些能成为优秀内训师的人一定都有某些特别突出的特质，接下来我们引用 AACTP 中国首席顾问、绩效派行动学习创始人、众行集团董事长刘永中的文章《商院关注：浅析 AACTP 培训师四力模型》，来了解培训师到底应该具备哪些特质。

## 培训师四力模型

众行自 2004 年开始引入 AACTP 国际认证培训师项目后，见证了中国培训师这个职业从无到有的发展。在众行这个平台上，目前已培训了 3 万多名培训师，他们有的在企业中担任专职讲师，有的则成为职业经理人，并且成为职业经理人后大部分还继续担任企业内部兼职讲师。此外，还有的人成长为行业著名的职业讲师，比如：曾是电视台主持人的崔冰老师，现在是服务领域的顶尖讲师，并被中央电视台邀请主讲职业生涯规划，其课程被制作为国内第一套服务培训音像制品；杜继南老师，原是某 500 强企业的销售冠军，现在是思维领域数一数二的优秀讲师；谢伟山老师，在参加 AACTP 培训师认证之前只讲过很少几次半天的小型讲座，通过 AACTP 系统训练后迅速掌握了培训的规律，现在是战略定位领域最优秀的讲师之一，学生几乎都是大企业的总经理或董事长。

于是，很多有培训师梦的人问我"什么样的人能成为优秀的培训师"，这句话用科学术语来说就是"培训师的基因是什么"，用人力资源专业术语来说就是"培训师的能力素质模型是什么"。

我研究过很多机构关于培训师的能力素质模型，总觉得太复杂，后来见到了 AACTP 的培训师能力素质模型，觉得它抓住了这件事的本质，简单实用，特在此跟大家分享、探讨。

AACTP 的培训师能力素质模型根据从感性到理性及从后台到前台两个维度，将能力分为四个象限：内驱力、逻辑力、洞察力和亲和力，如图 7-1 所示。

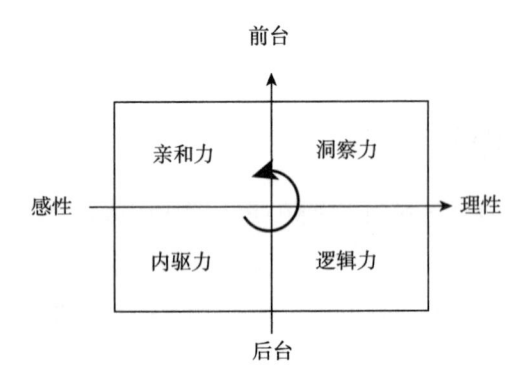

图 7-1　培训师四力模型

### 1. 两个维度

讲过课的人都知道，所有好的课程都是感性与理性的结合，这是一个好课程最基本的要素。而"台上一分钟，台下十年功"的俗语毫不含糊地表明了前台和后台之间的紧密关系及这两个要素对于培训师工作的重要性。所以，我认为选这两个维度作为能力素质模型的坐标系抓住了事物的本质。

## 2. 内驱力

再讲四个象限。第一个力，内驱力。很多企业家都讲过自己的创业动机，通常可以用四个字概括：无知无畏。所谓无知无畏，其实就是接受内心的驱使。创业是一件风险极大的事情，想清楚了就不敢做了，唯有无知无畏，来自内心强大的原始动力才能支持创业者坚持走下去。而成为培训师虽没有创业风险这么大，却也是挑战很大的一件事情，曾经有人做过一个调查，上台演讲在最难的事情中名列第一。而且，大部分想成为培训师的人一开始只是把这份工作作为兼职，碰到困难很容易就放弃。因此，内驱力在成为培训师的道路上是最重要的力量。

AACTP进入中国近20年，我们发现最后成为专职培训师或企业内训师的往往是两类人，一类是当时班上表现最好的，另一类是当时表现比较差的，居中的人数最多，但成才比例却很低。为什么呢？跟内驱力有关。基础好的能马上感受到授课的乐趣，有内驱力；基础差的能感受到挑战，同时能感受到专业训练后提高的喜悦，也有内驱力；而中间水平的学员，往往对于乐趣与压力的感受较前两者而言都弱一些，因而内驱力也会弱一些。这些年，我们见到了很多当时觉得完全不具备成为培训师条件的人因为有一股韧劲，最后成了挺不错的讲师。

在给一些集团企业成批培养和认证培训师时，第一期招募候选内训师时往往报名的不多，与此同时，我们决定宁缺毋滥，在培养过程中坚持淘汰机制，发现成才的比例比无淘汰机制时高很多，这说明人在压力下会激发出更强的内驱力。由此带来的积极影响是到了第二期时，报名的人多了很多。

从经验数据来看，我们认为内驱力的权重为50%，选择培训师时请高度关注这一点。

### 3. 逻辑力

中国有句歇后语,"茶壶里煮饺子——肚里有货倒不出",很多专家、高管,甚至口才很好的销售冠军刚上台时就是这种状态。你能感觉到台上的这个人很有料,但越听越糊涂,原因就是他的逻辑力出了问题。乔治·阿米蒂奇·米勒在《心理学评论》上发表了《神奇的数字7±2:人类信息加工能力的某些局限》,这篇文章对很多领域都有巨大的影响。在市场营销和战略领域,催生了杰克·特劳特(Jack Trout)的定位理论;在咨询和培训领域,催生了芭芭拉·明托的金字塔原理。这个理论的原理很简单:7±2是人短时记忆的极限,就是说我们在接触到一个新信息时,通常只能记住7个知识点,加减2是表示人与人有差异,记忆力差的人可能只能记住5个,记忆力好的人也许能记住9个。

越有料的人脑袋里的知识越多,一上台就想把所有的知识点倒给大家,而听课是一个典型的短时记忆行为,超过7个知识点就把很多人搞晕了,如果这些知识点之间的逻辑关系和层次关系又不清晰,听课的人就只有打瞌睡了。

逻辑力的提升关键在于课程的研发,唯一的标准就是你的课程是否符合金字塔原理,大部分人需要专业的训练才能快速提升这方面的能力,而这个能力的提升对于学习者未来讲课、演讲、撰写文字报告都有极大的帮助,可以说是一生的投资,愿意自学的人建议去看《金字塔原理》。

逻辑力在选拔培训师时的权重一般为20%。如果课程需培训师自己开发,则权重会更高一些,而选用版权课程,权重可低一些。

### 4. 洞察力

逻辑力可以说是后台的功夫，而洞察力则完全是前台的功夫，在培训师的成长过程中，洞察力的挑战表现最为明显。很多培训师讲的是自己感兴趣的知识点，而完全不知道学员的兴奋点在哪里，甚至越是资深的培训师和专家越容易犯这个错误，因为培训师重复地讲一些内容，自己也烦，总想讲一些新东西。

我们认为，培训师不断更新知识当然很重要，但关键是更新的标准是什么？以学员是否最需要为标准，还是以自己是不是讲烦了为标准？能时刻牢牢地抓住学员的兴奋点，有这个意识，有这个能力，这就是洞察力！

洞察力的培养关键就一个词：Why。AACTP认为每一张PPT都有Why，每一个知识点都有Why。AACTP在培养职业培训师时，最经典的做法就是导师跟受训培训师一张一张PPT地过，对每一张PPT都问"为什么要有这张PPT，这张PPT跟我（学员）有什么关系"，要讲清楚才能过关。在受训过程中，很多培训师可能会被这个问题问疯，但只有这种训练才能培养培训师时刻以学员为中心的意识和能力，只有具备这种能力才具备真正的洞察力。

洞察力在选拔培训师时的权重一般为20%。

### 5. 亲和力

亲和力是培训师最原始的武器，也是最高级的武器。

我们见过很多培训师因为有亲切感、会讲笑话、会带动气氛等，迅速迈过了培训师成长的初级门槛，这都是因为亲和力。

我们也听到有人说：培训师不应该叫老师，应该像工程师叫张工、李工一样，就叫张培、李培，因为为人师表是一件高尚的事情，而有些培训师就会讲讲笑话、搞搞游戏，混个满意度高，不配叫老师。

亲和力的权重一般为 10%，我们认为它很重要，但最难把握。AACTP 希望每一个培训师都有很好的亲和力，原始的亲和力当然很重要，但更希望培训师通过长期授课后能焕发人格魅力。

培训师的事业可以用一句话来形容：因成就他人而成就自己。这是 AACTP 培训师的口头禅，也希望能成为所有培训师的自我承诺。

## 内驱力的根源是天然的热爱

20 世纪 80 年代，美国心理学家爱德华·德西（Edward L. Deci）和理查德·瑞安（Richard M. Ryan）在他们的自我决定论中提出了内在动机和外在动机的概念。

内在动机指人们的动力来源于对事情价值本身的认可，如感到新奇、挑战、喜欢、能锻炼自我等，是自己愿意做出这种行为，而不是为了获得奖励，或是为了避免惩罚。它与内部因素如兴趣与满足感等密切相关。

外在动机指人们的动力来源于外部刺激，比如为了获得某种奖励或者避免某种惩罚，而并不是对事情本身感兴趣。

内训师选拔首先要看的就是内训师的内驱力——对培训工作的天然热爱，这也是具有内在动机的表现。这些具有较强内在动机的内训师不仅在刚开始选拔的时候就表现出认真的态度和对培训工作的热情，而且在往后的授课过程中也表现出超出其他人的高配合度和高意愿度，成长的速度也会更快。这份天然的热爱使我们不需要考虑给他们太多资源或支持，他们就可以做得很好。

美国心理学家米哈里·契克森米哈赖（Mihaly Csikszentmihalyi）在 20 世纪 70 年代提出了心流的概念。他定义心流为一种完全投入、沉浸和享受当前活动的经验，具有挑战性但又不至于超过个体能力的状态。在这种状态下，人们往往会感到时间飞逝、自我消失，以及对所从事的活动产生强烈的满足感。对培训感兴趣的内训师就是一群具有内在动机，在培训的过程中能够产生心流状态，最终获得满足感的人。

在过往的内训师管理经验中我深有体会，我们常常担心选不到好的内训师，选拔出来的内训师不愿意配合课程安排，三天两头掉链子。后来我找到了选拔内训师的重要规律：那些热爱培训、愿意成就他人的人是内训师团队最宝贵的财富，哪怕他们在其他方面稍微有所欠缺。因为后者可以通过学习来完善，而前者往往难以培养。

这个结论印证了冰山模型中"冰山以下靠选拔，冰山以上靠培养"的结论。我培养的内训师当中，那些热爱培训的人更愿意钻研和学习，更愿意配合培训部的工作，讲课也很积极主动，成长为优秀培训师的概率更高。一个企业的内训师不在多，而在让一群热爱培训的人相遇。

## 内训师应该是稀缺的

内训师管理工作中往往存在两个非常大的误区。

第一个误区：只要能上台讲课的都推上去讲课，一点门槛都没有。

第二个误区：内训师越多越好，甚至想把所有人都培养为内训师。

在市场经济中，当某种商品变得不再稀缺，它也将变得不再值钱。美国心理学家罗伯特·西奥迪尼（Robert Cialdini）在他的畅销书《影响力》中提出提升影响力的关键因素之一就是稀缺，因为人们天然地认为稀缺的东西是好东西，更愿意抢那些稀缺的东西。内训师的管理应该体现稀缺性，这种稀缺性首先要体现在选拔的门槛上。

## 内训师选拔的三道关

我曾发表过一篇文章叫《搞定新晋内训师能力提升的三道关》，详细地介绍了新晋内训师需要经历的三道重要的关卡。设置内训师选拔的三道关，目的不仅是选拔出更符合四力模型的内训师，更重要的是通过选拔的流程给内训师一种仪式感，让他们感受到内训师的身份来之不易，他们才会珍惜和产生敬畏之心。

### 1. 第一道：选拔关

我们可以参照人才招聘的标准来设计内训师的选拔流程，整个过程包括但不限于报名、资格审查、面试或试讲、选拔结果公示、正式任命等。我们需要对整个流程有较清晰的认知，知道每个环节背后的目的和意义。

▶ 报名

在报名环节，我们首先需要清楚地知道哪些课程需要多少名内训师——名额是有明确限定的，不能发一个模糊的报名通知。其次，报名通知需要通过不同的渠道发布，除了邮件之外还可以通过内部网站、刊物、公众号、会议进行发布。除了正规的书面通知之外，内训师的招募还需要不断强调内训师团队的文化和特殊福利，以提高内训师招募的吸引力。可以让优秀的内训师代表或意见领袖作为内训师团队的代言人，为内训师的招募代言。最后，不要忘记撬动管理层的力量。

一是管理层要发挥带头作用，成人达己，责无旁贷；二是要让管理层发动自己的团队，鼓励他们进行报名。

宝洁的内训师管理是我们学习的榜样。宝洁的绩效考核里非常看重员工对组织的贡献度，其中成为内训师就是对组织贡献的体现。宝洁的管理层非常乐意培养自己的下属成为内训师，因为这属于管理层对组织的贡献。宝洁将培训与个人绩效、发展挂钩的方式，可以真正意义上让所有人都重视内训师的培养和选拔，用制度推着人走，减少了很多管理的阻力。

### ▶ 资质审查

在资质审查环节，我们必须对报名资格做出规定，因为并不是所有人都能成为内训师，它一定是有门槛的。对于入围条件，我们必须有明确的要求，比如有一定入职年限、有一定业绩基础、有一定专业水平、无严重处罚、与企业的价值观契合等，都可以列入入围的基本条件。在企业内部选拔内训师，不仅要让专家培养专家，而且内训师还是企业形象代言人、文化传承者，因此在选拔方面不能马虎。此外，内训师选拔的条件和门槛也激励着那些还没有达到入围条件但又很想成为内训师的人加速奔跑，努力成为更优秀的自己。

### ▶ 面试与试讲

在面试与试讲环节，我们更看重的能力应在评价标准上占比较大。我过往使用的内训师选拔评分表，如表7-1所示，也可以作为一项参考。但无论是内训师体系搭建初期还是中后期，一定要把内驱力放在第一位，特别是初创期的团队基因会较大地影响后来的团队气质。与此同时，我们在选择面试官与专家评委时，要从内训师队伍中挑选价值观与内驱力都符合要求的人，并向他们讲清楚内训师选拔的标准和我们看重的能力维度。在面试与试讲环节的最后，我们除了会统计每位评委的分数之外,还会让所有面试官和评委举行圆桌会议,对每一位候选人再次给出合适或不合适的判断。

表7-1 内训师选拔评分表

| 试讲讲师 | | 课程名称 | |
|---|---|---|---|
| 评分项目 | 评分标准(分) | 得分 | 分数说明 |
| 准确性<br>(20) | 对课件熟悉度高,能灵活应用不同授课方式,重点、难点讲解准确到位(18~20) | | |
| | 对课件熟悉,能准确无误地传递课程信息(15~17) | | |
| | 对课件比较依赖,但能基本无误地传递课程信息(10~14) | | |
| | 对课件不熟悉,课程讲解有明显错误(5~9) | | |
| | 课程讲解错误过多且影响学员认知,或授课内容只是个人发挥,脱离培训需求(0~4) | | |
| 互动<br>(5) | 双向互动自然流畅,如提问、眼神、走动等(4~5) | | |
| | 有互动,但不流畅(2~3) | | |
| | 无互动(0~1) | | |
| 现场控制<br>(5) | 能非常好地控制场面,并通过合理引导保证培训效果(4~5) | | |
| | 基本能控制场面,有引导但效果一般(2~3) | | |
| | 场面失控,引导无效,或一味灌输无视学员感受(0~1) | | |
| 语言表达<br>(5) | 声音洪亮、普通话标准,语言抑扬顿挫、有感染力(4~5) | | |
| | 音量一般,有方言、口音,但措辞准确(2~3) | | |
| | 声音小,口音重或口齿不清(0~1) | | |

（续表）

| 评分项目 | 评分标准（分） | 得分 | 分数说明 |
| --- | --- | --- | --- |
| 课堂整体<br>（5） | 有良好的开头、结尾、提示、小结，内容过渡流畅自然（4~5） | | |
| | 开头、结尾平淡，整堂课程较流畅（2~3） | | |
| | 开头、结尾仓促，整堂课程授课不流畅，无过渡（0~1） | | |
| 时间控制<br>（10） | 准确把握授课时间，且能在规定时间内将课程要点讲解完毕（8~10） | | |
| | 稍有超时或提前结束的现象，但课程要点基本没有遗漏（4~7） | | |
| | 超时或提前结束现象严重，或课程要点遗漏过多（0~3） | | |
| 合计（总分50分，33分合格） | | | |
| 整体评价： | | | |

▶ **公示与任命**

在公示与任命阶段，任何人对选拔结果有疑问，都可以在公示期内联系选拔负责人。正式任命是最有仪式感的一个环节，让内训师在全公司员工面前宣誓、授勋、接受聘书，这会让内训师有责任感，并产生承诺一致的效果。

需要注意的是，我们不能忽视那些没有被选上的员工，必须对他们说清楚没有通过的原因，希望他们还能继续支持培训部的工作，再接再厉。但在大部分企业，内训师的选拔往往面临报名人数少的现状，对此我们不能简单归因于没人想报名，或者没有做好激励等。人们恐惧的事情排名第一的是公众演讲。我负责内训师管理的亲身经历也说明了这一点，有很多明明有条件报名也很想报名的员工，都因为害怕上台讲话选择了沉默。作为内训师管理者，我们不应把内训师描绘得高不可攀，更应该向员工解释清楚，打消他们的顾虑，鼓励更多有意愿的人勇敢报名。

内训师的选拔工作需要用到销售与市场营销的专业知识，扩大宣传渠道，想方设法吸引员工，方便的报名方式等都需要考虑在内。我们可以参考福格行为模型（行动＝动机 × 能力 × 提示），如图7-2所示，通过提高报名动机、降低报名难度、高频信息提示来增加报名人数。

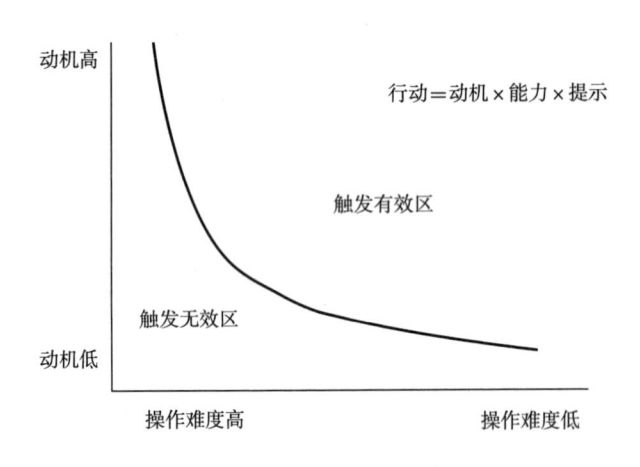

图 7-2 福格行为模型

内训师招募的业务漏斗从报名渠道的喇叭口开始，点击阅读、报名转化、有效报名、面试试讲、公示与任命，是一个人数逐级递减的过程。内训师管理者还要思考，如何才能提高每一步的转化率。关于各个环节的要点，如图7-3所示。

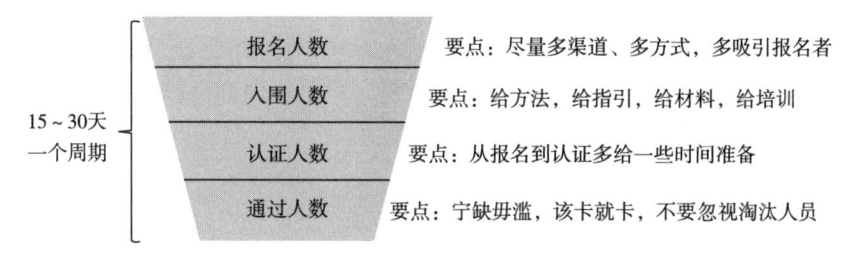

```
                报名人数    要点：尽量多渠道、多方式，多吸引报名者
15～30天        入围人数    要点：给方法，给指引，给材料，给培训
一个周期        认证人数    要点：从报名到认证多给一些时间准备
                通过人数    要点：宁缺毋滥，该卡就卡，不要忽视淘汰人员
```

图 7-3　内训师选拔各环节关键要点

### 2. 第二道：师承关

为了确保新晋内训师能够在较短的时间内登台授课，他们还需要经过师承关的锤炼。在这一关中，新晋内训师需要匹配一名资深内训师，现场学习导师的课程演绎。在学习过程中，新晋内训师需要带上听课表，将资深内训师的授课亮点记录下来。新晋内训师的旁听次数可以根据企业情况而定，有条件旁听三场的尽量不要低于三场。

师承环节有两个注意事项。

▶ 师承要短平快

新晋内训师名单公示之后就要立刻匹配导师和安排现场旁听，以帮助新晋内训师在短时间内系统提升演绎能力。除此之外，企业还需要以制度作为支撑，取消逾期未完成旁听的新晋内训师资格，并要求其间隔一段时间后才能再次参与认证。

▶ 师承要有记录和反馈

在师承阶段，新晋内训师需要记录导师授课亮点，并记录有疑问的地方。导师授课结束后需要检查新晋内训师的记录结果，并解答疑惑。培训部需要做好协调和记录，新晋内训师通过师承关后，则需要尽快安排其首秀。

### 3. 第三道：首秀关

新晋内训师的首秀环节也非常重要，需要培训部全程旁听并做好以下三项工作。

▎**首秀准备**

无论是新晋内训师还是正式内训师，在授课前都需要完成备课准备。培训部可以统一印发备课本，方便内训师做教学计划，培训部还需要在内训师上课前做好备课本的检查和签字。

▎**旁听记录**

培训部可以设计统一的"旁听表"，对于新晋内训师的首秀，培训部需要全程旁听记录。旁听是对新晋内训师再一次的考核，记录的维度也不少于第一次认证。

▎**旁听反馈**

首秀结束后，培训部需要反馈新晋内训师的授课机会点，并让其在听课表上签字确认，随后留档保存。

如果新晋内训师首秀表现良好，课程反馈在及格线以上，那么第二次授课培训部可以视情况旁听。如果新晋内训师首秀表现没有达到预期，课程反馈在及格线以下，那么需要继续旁听和监督。但为了确保内训师的质量和管理效率，首秀之后，对于在规定时间和次数内无法达到预期要求的新晋内训师，应取消其资格。

通过三关考验的新晋内训师可以正式受聘为内训师，企业可以定期举办内训师授勋仪式。之后，培训部只要定期分析内训师的授课反馈，做日常的监督和管理即可。以上三关不仅可以体现内训师的稀缺性，还可以让内训师从一开始就感受到企业对内训师的高标准、严要求。"严进"的人才观在人才选拔、招聘环节屡试不爽，能够较好地把控团队人员的质量。

## 内训师数量应该要有多少

内训师的选拔不仅要体现稀缺性，还需要将内训师的数量维持在一个健康值上。内训师不是越少越好，也不是越多越好。试想，企业的内训师人数大大超过培训组织的频次所需，会造成什么后果？很多内训师可能间隔很长时间才能讲一次课，这对于内训师的培养是不利的。如果内训师人数太少，内训师就需要频繁地讲课，这会影响他们的日常工作，也会给他们带来较大的压力。那么究竟多少数量的内训师才是合适的呢？虽然不同的企业需要的内训师数量不同，但是我们可以从合理的授课频次反推需要储备的内训师人数。内训师负荷是指内训师参与授课占用本职工作时间的程度。

用公式可以表示为：

$$内训师负荷 = （讲课时间 \div 工作时间） \times 100\%$$

比如内训师一个月工作24天，参加授课5天，那么内训师负荷为$(5 \div 24) \times 100\% \approx 21\%$。一般情况下内训师负荷$\leq 10\%$比较合理，也就是每个月讲课不超过2天是一个健康值。内训师授课负荷太重会影响本职工作的开展，也会对内训师本人造成较大的负担，产生负面影响。

内训师负荷可以用于盘点负荷较大的内训师或课程，及时储备负荷较大课程的内训师或调整负荷较大内训师的课程安排。内训师负荷可以帮我们合理评估企业到底需要储备多少内训师，这个数量是动态的，需要内训师负责人定期评估并做出调整。

但是，对于培训较少的企业，这种计算方式并不适用。对于这种情况，我个人建议一门课至少要储备2名内训师，3名是最好的。当遇到内训师临时有事不能讲课，或离任，其他内训师也可以及时顶上。

内训师管理者需要定期盘点内训师人数，并预估新课的需求，提前做好内训师的储备工作，不要等到人员预警之后才开始着急救火。内训师的管理也是人力资源规划的一部分，合理预测，及时补充，才能保证正常培训工作的开展。

# 内训师培养的五种形式

内训师的能力提升是企业关注重点中的重点，但你会发现，就算对内训师进行了TTT培训，能力提升也许还是收效甚微。难道还要进行第二次、第三次TTT培训吗？

回归本章开头提到的，我们可以把内训师团队当作一家公司来管理，内训师则是公司设置的岗位。既然是一个岗位，是否也可以用721培养方式呢？既然是培养，是否也需要遵循第六章中提到的有效的教学方法呢？事实上的确如此，内训师不练还真不行，不多多练习，能力的提升还真的缓慢。内训师培养的五种形式，可以帮助企业快速提升内训师的业务能力。

## 训战结合的 TTT 培养形式

TTT 是大部分企业都会使用的内训师培养方式。内训师对培训的基础认知非常关键，有了基础认知之后还需要现场实操，登台演绎，之后再通过导师的现场点评，在短期内可以帮助内训师建立基本的培训方法认知。

TTT 的内容多种多样，有教授课程设计的，有教授课程演绎的，也有两种同时进行的培养方式。如果企业要选择外部的培训公司进行 TTT 培训，那么一定要看其在培训行业中的影响力，以及是否研究过前沿培训技术，比如对行动学习与翻转课堂的研究。培训技术对于培训师来说固然重要，但理解培训技术背后的大脑认知和学习原理同样重要，知其然也要知其所以然。

此外，只做知识传授的 TTT，效果一定没有实操演练好。想要看到更好的效果，一定要安排实操演练环节。教育心理学家很早就得出结论：对于程序性知识的学习，经过示范、练习、反馈后的教学效果更好。所以一个完整的 TTT 项目，时间可能会跨几周或者几个月，课程设计实操与辅导、课程演绎的演练与辅导才是真正提升内训师能力的环节。

但是，市面上大多数 TTT 培训还只停留在授课技巧的提升上，比如凤头、猪肚、豹尾的 TTT 课程，比如启、承、展、合的演绎流程。这些培养内容只是 TTT 的基础知识，对培训有效性的提升杯水车薪。真正有用的 TTT 课程应该聚焦在"学"与"教"的规律上，让内训师理解学员学习的规律和大脑记忆的规律后再反观教学设计，这对内训师能力的提升将是巨大的。

## 短平快的工作坊（沙龙）形式

工作坊形式比较适合内训师日常培养。工作坊的主题可以多种多样，时间半天或一天都可以，工作坊兼具理论与实操内容，是一种有趣的培养形式。

工作坊主题可以是某个小主题、小知识的分享，或者让优秀的内训师成为嘉宾，让他们分享自己讲课的技巧和心得，沙龙过程中还可以设置一些实操演练环节。这种培养方式比较灵活，适合大部分公司。

## 以赛代练的竞赛形式

以赛代练是一种很有趣的培养形式，看上去是举办比赛，其实是以赛代练。企业内部可以多举办一些小型比赛，比如案例大赛、微课大赛、讲师大赛等，通过比赛来培养企业的内训师。以赛代练活动具有游戏的特点，可以很好地调动内训师的参与热情，同时具有企业文化的属性，可以成为企业文化元素中的一部分。

## 外派学习形式

外派学习可以成为优秀内训师的专属福利。每年外派内训师向外学习，可以去学习培训公司的课程，也可以去参加行业展会，或者到其他企业学习其内部课程。但学完之后，内训师必须将所学转训到企业内部，或者将外部课程内化为企业内部课程。这种培养方式可以让企业内部培训与外部市场时刻保持同频，学习和借鉴好的方法和技术，不断迭代，提升企业内部的培训专业水平。

## 实战强化与及时反馈形式

实战强化与及时反馈应该被重点关注。在内训师的培养过程中，实践部分应占到70%，因为以教促学是转化率最高的学习方式，同时通过提高对大脑的刺激和重复频率，可以增强对知识的记忆。这也是内训师的数量要控制在合理范围内的原因。合理的内训师人数能让每位内训师上台讲课的次数得到保障。多练、多上台是对内训师最好的培养方式之一，但同时我们要避免机械的重复。

《刻意练习》告诉我们从新手到大师的套路——创建套路，走出舒适区反复练习，及时反馈。在实战的同时，及时给予内训师反馈，比如课程结束之后的当面反馈、学员调研结果的课后反馈等，可以帮助内训师更好地成长。

# 内训师激励是用钱还是用名

我曾经发布过一个《为什么讲师不建议用钱去激励？》的短视频，视频的文案如下：

内训师激励是用钱还是用名？我不建议企业单纯用钱去激励内训师，特别是在内训师体系搭建初期，但少量的补贴是可以的。

很多内训师是因为热爱传递知识和经验、认可内训师这个身份和工作才做内训师的，一旦用钱来衡量这些有内驱力的讲师的价值，他们的热情反而不能被更好地激发，甚至会适得其反。

从另外一个角度来讲，如果一开始就给予较高的物质激励，等到讲师团队壮大起来，这些物质激励取消也不是，降低也不是，将成为企业一笔较大的开支。

同时较高的激励还会让部分讲师有一种赚外快的心理，可能会影响本职工作，使其变得浮躁。

较高的物质激励看似能在短期内产生激励效果，但是也会吸引一批只是为了物质激励而来的人，这增加了我们识别出那些真正热爱的人的难度。只有识别出真正热爱的人，我们才能更精准地制定精神激励与政策激励条款。

后来因为这段视频，公司内部群里有了以下观点的碰撞：

A老师："你们赞成视频中的观点吗？"

B老师："哈哈，这个观点内训师管理课堂里也提到过，老师的原话是'谈钱伤感情'。内训师激励肯定以文化、晋升、绩效、外派等不同于普通员工的方式为主，让内训师觉得有荣誉感，营造内训师文化。同时对企业兼职内训师来说，钱是保健因子，同行竞争对手、合作伙伴都有，如果他没有肯定也会不舒服。"

A老师："现阶段，对中国大部分企业而言，钱是最简单有效的激励方法。我记得香港渣打银行的培训负责人曾在论坛分享经验说渣打银行的课酬是内外部基本一致，内部兼职讲师讲得好，可以拿到与外部讲师差不多的课酬，但上课那天不能算上班，算个人休假。结果渣打银行的培训在整个香港是做得最好的，超过汇丰银行。

"渣打银行的做法大部分公司学不了，但有可能的话，内部课酬尽量高一些，还是很有必要的！原因有二：一是内部讲师如果真的与外部讲师有同等竞争力的话，肯定与企业的实际结合得更好，具有不可替代性；二是这么牛的内部讲师，平时肯定也很忙，安排时间过来讲课很不容易，培训部值得下重金去请。"

B老师："课酬尺度和评级有很大关系，不过确实难以把握，这跟企业战略对人才的依赖程度有关。比如LZ公司内训师分了13级，评级跟基础技能、销售环比和排名、人员晋升比例、战略的推动等都有关。但大部分企业评级都很粗糙，所以课酬确实难以把握。"

C老师："过往的经历里，腾讯的内训师是付课酬的，他们也会把讲授课程小时、开发课程数量与职级晋升挂钩，同时给予很多荣誉方面的奖励，而沃尔玛是物质和精神奖励都没有的，基本就只有被安排和真热爱。"

A老师："没有统一标准，只有因势而动，因企而宜。"

内训师的激励一直是企业和培训工作者讨论的热点话题。精神激励我相信各位一定不会反对，只是对于物质激励如何具体落实可能会有所争议。

## 内训师物质激励的"三看两要"

我并不反对用物质激励内训师，而是要将物质激励放在天时、地利、人和的背景下，充分发挥物质激励的正向积极作用。

### 1. 物质激励看地利

地利，也就是企业本身的基础。如果企业不是特别有钱，那么在内训师的物质激励方面，企业自身也会考虑成本问题。如果企业很有钱，那就要看企业决策层对培训的重视程度，是决策层认为有没有必要给、给多少的问题。但无论企业有钱还是没钱，对内训师的物质激励,都会受到企业文化因素的制约,对"谈钱"持开放态度的企业会更愿意给内训师物质激励,而对"谈钱"持保守态度的企业会对给内训师物质激励持谨慎态度。

2. 物质激励看天时

天时,一方面是指内训师体系的不同发展阶段。大多数人在开始一项不确定工作的时候,往往持较保守的态度,并且厌恶风险。内训师体系搭建初期,一切都不确定,更不用说给什么物质激励,可能什么都没有就开始运作了,但在这一阶段往往能吸引那些不图回报、热爱培训的员工,这对内训师体系搭建初期是有益的。

当内训师体系处于稳步上升阶段,为了吸引更多的人来担任内训师,同时体系初见模样,这时候各种制度和激励会跟上脚步。但这个时期的物质激励可能就像大锅饭,每个人的水平都差不多,每个人的物质激励都差不多,激励也并不是非常多。

内训师体系发展到中后期,各方面制度、流程都趋于完善,同时为了激励部分优秀的内训师,以及激励其他内训师不断提高个人授课水平,此时物质激励开始与个人授课水平、评级紧密挂钩。如表7-2为某企业内训师课酬标准,体现的是阶梯式分化的政策,而且从金额上来看,课酬金额较大,已经与外部培训公司讲师的课酬别无二致。

表 7-2 内训师课酬标准

| 角色 | 级别 | 工作时间课酬 ||非工作时间课酬||
|---|---|---|---|---|---|
| | | 元/天 | 元/小时 | 元/天 | 元/小时 |
| 讲师 | 教授 | 8000 | 1000 | 16000 | 2000 |
| | 副教授 | 5000 | 625 | 10000 | 1250 |
| | 高级讲师 | 3000 | 375 | 6000 | 750 |
| | 讲师 | 2000 | 250 | 4000 | 500 |

（续表）

| 角色 | 级别 | 工作时间课酬 | | 非工作时间课酬 | |
|---|---|---|---|---|---|
| | | 元/天 | 元/小时 | 元/天 | 元/小时 |
| 引导员 | 高级引导员 | 4500 | 562.5 | 9000 | 1125 |
| | 引导员 | 3000 | 375 | 6000 | 750 |
| 班主任 | 班主任 | 2000 | 250 | 4000 | 500 |

另一方面，天时是指企业发展的生命周期。内训师的物质激励并不是绝对的、一成不变的，如果企业发展下行，进入收缩状态，那么培训预算一定也会缩减，内训师的物质激励也会受到较大的影响。

### 3. 物质激励看人和

人和，是指内训师自身的因素。我虽然不反对用物质激励内训师，但我建议使用物质激励时要谨慎决策。

如果企业内训师队伍在未来可预见地壮大，那么我建议前期不能定下太高的物质激励标准，因为一旦内训师队伍庞大起来，较高的物质激励标准会给企业带来较大的经济负担，这时候一旦降低激励标准，内训师一定会有情绪，从而伤害企业文化，影响团队氛围。

然而，仍然有不少企业给内训师制定了较高的物质激励标准，为什么呢？不仅因为这些企业有钱，还和这些企业的性质有很大的关系。劳动密集型企业，培训频次较高，所需要的内训师人数较多，物质激励给企业造成的经济压力较大。而知识密集型、技术密集型企业，不需要大量的内训师，给这些拥有较高专业水平的内训师较高的物质激励，不仅是对他们的肯定，而且也不会给企业带来较大的经济压力。同时，高水平的内部培训，有效地提升了企业员工的整体素质，从而增强了企业的竞争力。

### 4. 物质激励要感知

如果你的企业只能给予内训师较低的物质激励，那么我建议物质激励不要和工资一起发放，因为杯水车薪的物质激励与工资混在一起，感知度几乎为零。在我以往服务过的企业中，有些企业会把内训师的物质激励统一兑换成内部货币，让内训师在内部商城内购买自己想要的商品，这种感知度会比发工资时纯粹多发一些补助强一些。有的企业在不同时期还会给内训师发放实物礼品，不仅做足了仪式感，还能让他们强烈地感受到作为内训师的荣誉感。

### 5. 物质激励要公平

不患寡而患不均。物质激励虽不多，但要确保公平。如果部分内训师授课效果好，但给他们的物质激励与其他水平一般的内训师一样多，长此以往，不利于整个内训师队伍的健康成长。即使在企业物质激励不多的情况下，也可以给内训师做绩效，让授课效果与物质激励挂钩。在我服务过的企业中，有的企业虽然物质激励给得不多，但胜在能做好按授课水平分配。星级管理是企业内训师积分管理的好方法。

## 内训师精神激励抓五感

尊重的需要和自我实现的需要是马斯洛需求层次中的第四层和第五层，是更高层次的需求，内训师的精神激励也属于这一范畴。在精神激励的方法中，培训管理者抓住以下五感，有助于做好内训师的精神激励工作。

### 1. 抓价值感

内训师的组织形式更像是自组织，即组织中如果不存在外部指令，系统就会按照相互默契的某种规则，各尽其责而又协调地、自动地形成有序结构。自组织现象无论在自然界还是在人类社会中都普遍存在。一个系统自组织功能愈强，其产生和维持新功能的能力也愈强。例如，人类社会比动物界自组织能力强，人类社会比动物界的功能就复杂、高级多了。

我们为什么想要加入一个组织？一定是这个组织有很吸引我们的地方。我在搭建内训师队伍初期，也试着探索过要营造什么样的内训师团队氛围，于是我做了一些努力。比如确定了内训师团队的slogan（标语），在不同的场合宣传内训师团队的价值主张及其风貌，向外辐射积极阳光的文化。后来越来越多志同道合的员工愿意成为内训师，这也给我的工作带来了很大的帮助。

内训师群体往往是价值驱动的团队，价值和意义对他们来说就是一种很好的自我激励。同时内训师团队也可以有自己的使命、愿景、价值观，你想用什么去驱动内训师，在体系搭建之初就要想明白。此外，我认可"管理就是要激发员工善意"的说法，员工会因为美好的事物而行动起来。

你不妨用运作一家公司的思维来运作内训师团队，用战略思维来制定内训师团队的发展策略，我的实践证明，这些思维对内训师体系的建立效果显著。

2. 抓仪式感

我对仪式感的理解是正式且不随意。内训师的仪式感不在乎大张旗鼓，而是藏在每一个小细节中。对于内训师而言，最初的仪式感一定来源于他刚成为内训师的那段时间，此时企业不仅要给他们正式的聘用通知，还要组织集体宣誓和发证仪式。在教师节期间，特别的礼物、特殊的活动也是营造仪式感的上佳时机。每个季度、年度的优秀内训师颁奖仪式也是可以做足仪式感的上佳时机。

# [活动策划]

## 三种预算下的教师节活动方案

教师节活动不仅是对内训师的感谢，还是内训师文化的体现，更是对培训工作是否做到位的检验。那么，教师节活动作为每年的重点工作，如何才能做到年年不一样，年年有新意？

本案例根据内训师活动的预算，把教师节活动分为低预算区、中预算区和高预算区，介绍三种预算下的教师节活动方案。但无论哪种活动方案，培训部一定要先想明白：教师节活动的意义、价值是什么？想要给内训师什么样的体验感？

### 低预算区

低预算区的教师节活动是最简单的，但要营造出教师节氛围，让内训师感到温馨，绝对不是件容易的事。一般在低预算区我们可以设计两种类型的活动方案。

**教师节直接送礼**

教师节送礼一般是大部分企业都会做并且是预算较低的活动，但要让礼品"高端"又"稀缺"，就要走定制路线。一般在选择教师节礼物时可以从四个方向考虑。

**生活必需品**：比如定制版的保温杯，刻有特殊字样和姓名的礼物会让礼物显得独特。并且保温杯内训师每天都会使用，可以增强内训师的身份认同和荣誉感。

**工作必需品：** 比如定制版的笔记本、笔、工作必备工具等，这些礼物一样可以彰显内训师的独特性，让内训师有身份认同感。

**学习成长品：** 内训师本身就是学习和成长的代言人，所以购买相关书籍、工具，开通有关课程、会员等也是一种不错的选择。

**内训师周边：** 除此以外，精美的内训师周边可以给你的教师节活动加分不少。比如徽章、纪念币、内训师文化衫等。

最后的点睛之笔——由总经理或 CEO 签字的感谢信，必不可少。让内训师感受到公司和高层对他们的重视尤为重要。

## 教师节内部活动

预算不够，仪式来凑。低预算的另一种方式是可以在企业内部举办答谢宴、茶话会等小型活动。这种类型的活动要取得好的效果，需要注意三点。

**高层支持：** 活动的开场可以请高层发言，肯定内训师的价值，并联系企业战略，展望未来，鼓舞士气。

**营造氛围：** 整场活动流程设计都要以高参与度为目标，设计更多的互动游戏、团队共创环节，让所有内训师参与其中。现场的场地布置、音乐使用、零食茶歇也是营造氛围必不可少的内容。

**价值认可：** 走心的数据回顾、视频播放、表彰认可是活动的高潮部分。可以设置不同维度的奖项，表彰有突出贡献的内训师。

低预算区的活动时间短、易操作，但因为内容上比较简单，所以为了获得更好的效果，培训部需要在流程和细节上用点小心思。

## 中预算区

中预算区涉及外部资源的协调，操作难度加大，但它有一个优点：

外来的和尚好念经。如果企业内训师是一群见多识广的老员工，那么一般的教师节活动对他们来说应该是无感的，想要博君一笑，预算就得跳一跳。在中预算区我们可以设计三种类型的活动方案。

## 教师节内训

教师节内训虽然缺少一些乐趣，却是实打实的福利项目。这时候一定要请外部培训师讲课，内训师的感受会大不一样。教师节内训可以考虑两个方向。

**管理类课程**：如果内训师大部分是管理层，那么采购外部管理类的课程是一个不错的选择。需要注意的是，管理类课程需要与目前企业管理的痛点挂钩，是内训师急需提升的能力。管理类内训不仅可以成为教师节的福利，还可以帮助企业提升管理水平，一举两得。

**培训类课程**：如果内训师团队比较年轻，经验比较少，那么采购外部培训类课程是一个不错的选择。比如TTT培训、促动师培训等都是不错的培训类课程，还可以与低预算区的方案相结合，学习与节日氛围一个都不落下。

## 教师节外部拓展

中预算区还有一种活动方案是采购外部拓展活动，但是这种拓展活动一定要注重三个要点。

**不拼体力拼脑力**：内训师一般都是有一定工作经验的老员工，如果组织体力活动大的拓展活动一定激发不了他们的兴趣。所以拓展活动可以选择70%拼脑力、30%拼体力的项目，比如"沙漠掘金"类型的项目就很适合。另外，不同城市因为气温与环境因素的影响，需要考虑室内与室外活动的范围与比例。

**意义要大于形式**：拓展项目要赋予一定的价值和意义，让内训师有所感悟和启发。比如"沙漠掘金"项目可以与企业内部"探店""打卡""找碴"相结合，贴近一线，帮企业做管理提升。也可以将"沙漠掘金"获得的奖励捐助公益事业，让内训师感受到自己努力的价值。

**关注难度与参与度**：拓展活动的难度和参与度是保证内训师是否玩得开心的重要因素。未来学家简·麦戈尼格尔在《游戏改变世界》中指出，好的"游戏"要满足四个基本原则，分别是目标要有吸引力、规则要简单清晰、要有反馈系统、要确保自愿参与。

### 教师节公益之行

教师节公益之行不仅有温度，还可以帮助企业建立品牌形象。教师节公益之行可以有两种方向。

**捐书活动**：企业可以鼓励内训师收集闲置书籍（适合中小学生的），在教师节前后送给联系好的山区学校。

**走进山区**：企业可以组织内训师到山区慰问乡村教师和学生，为他们带去温暖。

## 高预算区

最后我们来看看活动经费充足的企业是如何做高预算区的教师节活动的。

### 教师节旅游

相信教师节旅游是很多内训师梦寐以求的活动形式，当然这种形式也可以根据目的地的远近和人数的多少做不同的预算，并非所有的旅游都要花费高预算。企业可以根据实际情况选择短途、中途、长途的旅游活动。培训部则需要关注预算控制、路线选择、食宿体验和安全保障等问题。

**教师节游学**

教师节游学活动是将旅游与学习相结合的一种形式，企业可以到大型企业内部游学，也可以到特殊旅游景点游学。培训部在这个过程中也需要关注预算、食宿和安全等问题。

3. 抓稀缺感

并不是所有人都能成为内训师，这种天然的稀缺感，会让每个内训师更珍惜来之不易的机会，也会因为自己的特别而感到光荣和骄傲。

4. 抓成长感

成长感不仅是个体内在的感受，也受到外部环境的影响。

内训师会因为自己课程讲得越来越好而感受到成长，但长期讲一门课程也会有疲乏感。这个时候挑战更多的课程或者是难度更大的课程会让内训师有成长感。同时让内训师带徒弟，将自己的经验传授给新晋内训师，也能给其带来成长感。

给优秀内训师外出学习的机会，或在内部组织不同的培训，也能让其感受到成长。

让内训师成为某门课程的研发设计师，也是成长的一种体现。

在很多企业，成为内训师是与绩效、晋升挂钩的。内训师通过努力提高自己的授课水平，使绩效得到提升、职位获得晋升，这些都可以让内训师产生更强烈的成长感。

5. 抓荣誉感

荣誉不仅是一种尊重，更是自我价值实现的标志。

我曾每月选择一位当月最特别的内训师作为标杆案例进行采访、

宣传，这对内训师来说是一种荣誉。对每个季度或者年度表现突出的内训师进行表彰，更有跟团旅游的奖励。让优秀的内训师出现在重要的场合，对他们来说也是一种荣誉。

## 三种驱动模式

在我看来，内训师的激励源于对人性的基本假设，也是对动机的察觉与运用。如果企业文化已经认定了经济人假设，那么企业对内训师倾向使用物质激励也在情理之中。如果企业文化认定了社会人、自我实现人、复杂人假设，那么企业对内训师倾向使用精神激励或者综合激励也在意料之中。

但无论何种激励方式，都是为了解决动机这一问题。对内训师的驱动，大体上可以分为三种模式。

### 1. 物质精神驱动模式

企业用简单的物质精神激励组合来激励内训师，这种激励模式在形成初期表现为：漫无目的，效果参差不齐，往往抓不住最为关键的方法，激励措施分散，不系统。可以说这种驱动模式是内训师激励体系的探索模式。

### 2. 制度驱动模式

企业开始将内训师的激励与制度挂钩，成为人力资源管理体系中的一部分。比如内训师激励与职位晋升、绩效考核挂钩，用制度的力量推着人往前走。这个时期的内训师激励模式比较聚焦，有关键抓手，懂得借力，有系统性和整体性思维。

### 3. 文化驱动模式

企业在这种模式下懂得打造企业的内训师文化，用文化影响员工心智，让员工以成为内训师为荣为傲。这个时期的内训师体系特点是将内训师文化品牌化，将内训师体系当作一个品牌、一种文化来经营。

需要注意的是，三种模式并不是水火不容的状态。第一种模式可以作为整个体系的基础，是内训师文化的物质层，是外在表现；第三种模式是内训师文化的最高境界，可以认为是内训师文化的精神层；而第二种模式是联结其他两种模式的纽带，是内训师文化的制度层。

## 内训师积分与星级管理

大部分企业做不好内训师管理的一个重要原因是没有将内训师管理制度化。制度是联结内训师激励精神层与物质层的纽带，如果没有对内训师管理做清晰的制度界定，那么无论在内训师的选、用、育、留的哪一个环节，都将缺少抓手和可靠的打法，也就做不好整个内训师体系的过程和结果管理。

任何管理都离不开对数据源的抓取与分析，内训师的管理也一样。比如要对内训师进行物质和精神激励，那么激励的依据是什么？如何计算与区分激励的程度？以什么为标准区分优秀的内训师和一般的内训师？这些都离不开培训管理者日常工作中对原始数据的有效统计和分析。

我在过往的内训师管理中，已经形成了一套卓有成效的内训师积分与星级管理办法，它的管理逻辑是先有原始数据统计，原始数据会换算为内训师的积分，内训师的积分与内训师课酬挂钩，并与定期的评优、评级挂钩。可以说形成了一整套内训师管理数据链条。

## 内训师积分管理

你可以把内训师积分理解为内训师的绩效考核方法，我们将从内训师积分的计算、积分计算案例和积分制运用场景三个方面介绍。

1. 内训师积分的计算

内训师积分计算的前提条件是企业要有科学、合理的内训师定量评估机制，因为这些定量评估数据是积分制实施的前提条件。企业一般会采用柯氏四级评估对培训效果进行评价，前两级中的学员满意度、考试成绩非常适合用于对内训师积分的计算。一般内训师积分计算方式可以表示为：

内训师积分 = 课程积分 + 课时积分 + 满意度积分 + 成绩积分

看似简单的连加等式，但每一项都蕴含着重要的信息。

▶ 课程积分

课程积分代表一门课的难易程度，培训管理者需要为每一门课程赋予不同的难易度系数。难易度系数可以根据课程的知识类型确定，比如知识类、技能类、态度类，或可以以岗位类型分类，比如基层类、中层类、高层类等。较简单的课程赋予系数 1，中等难度的课程赋予系数 1.5，高难度的课程可以赋予系数 2。企业可以自己决定难易度系数的多少和离散程度，但赋分一定是想要达到某种目的，而不是盲目地赋分。比如有些课程较难讲授，报名认证人数较少，那么这个时候可以适当提高相应课程的难易度系数，从而吸引更多的内训师挑战该课程。

▶ 课时积分

课时积分代表内训师授课时长的多少，往往单门课程时间越长可以获得的积分越多，内训师讲课越多，积分自然也越高。那么如何才能将课时转变为积分呢？这里就需要使用课时系数的概念，通常课时积分计算公式表示为：

$$课时积分 = 授课时长 \times 课时系数$$

比如一门课程的固定时长为 90 分钟，固定课时系数为 0.05，那么这门课的课时积分为 90×0.05=4.5 分。如果企业内课程的时长比较固定，例如都是 90 分钟、120 分钟、150 分钟等，也可以赋予固定的积分，例如 2 分、3 分、4 分等。当然，课时积分赋予多少，背后也是有目的的，如果企业现阶段想提高内训师授课的积极性，让内训师多上课，那么可以赋予较高的课时积分分值和较大的课时积分。

▶ 满意度积分

满意度积分是指学员满意度所对应的积分，学员满意度越高则内训师的积分越高。通常满意度的数值不固定，而且容易出现不同内训师之间满意度数值的差距小，即比较集中。这就要求在做积分设计时想办法拉开差距，此时如果采用乘以普通系数的方法较难拉开差距，应采用区间系数或一对一的赋分来拉开差距。比如 4.8 ≤ 满意度 < 4.9 的情况下赋予 5 分，4.9 ≤ 满意度 < 5.0 的情况下赋予 7 分，这就明显拉开了差距。同时为了让内训师有底线意识，可以将低于 4.5 分的满意度赋予 0 分，这样可以使内训师维持最基本的危机感。

同样，满意度积分赋分也有其目的。比如内训师团队组建完善，授课积极性也能够得到保障，但授课效果不佳，这时候可以通过提高满意度积分分值或拉开满意度分值差距来刺激内训师提高授课质量。

### ▶ 成绩积分

成绩积分是指学员考试平均分对应的积分，学员考试平均分越高则内训师积分越高。成绩积分计算方式也有多种。一种是直接乘以固定系数，比如平均分 80 分，固定成绩系数 0.1，那么成绩积分为 80 × 0.1=8 分，但这种计分方式不容易拉开差距。另一种是区间系数，比如 80 ≤ 平均分 < 85 的情况下赋予 5 分，但这种方式也没办法做到面面俱到，比如有些课程考卷就是很难，导致那门课的内训师积分较低。还有一种方式既相对公平，又可以拉开一定的差距，其计分方式可以用公式表示为：

$$成绩积分 = 本次课程平均分 - 该课程上个月平均分$$

企业可以用以上差值作为本次课程的积分，也可以以此差值为基础再进行区间赋分。如果差值出现负数，企业可以考虑赋予 0 分，这也可以让内训师有危机意识。这种与上月平均分相减的积分计算方式，可以充分考虑到每门课程原本的知识难易度的差别，较为公平。

## 2. 积分计算案例

接下来我们通过一个案例练习计算内训师积分。

[案例]

### 积分计算

内训师小A在9月29日讲授了一门"精力管理"课程，请通过以下条件计算出小A这次可以获得多少内训师积分。

已知课程难易度系数（课程积分）为2；

已知课程标准时长180分钟，固定课时系数为0.05；

已知课程满意度平均分4.85分，4.8≤满意度<4.9的情况下积分为5分；

已知课后考试平均分为75分，上个月"精力管理"的课程平均分为71分，假设该公司成绩积分的计算方式为：成绩积分=本次课程平均分-该课程上个月平均分。

你可以先在自己的草稿纸上进行运算，再看本文的运算结果。

因为：内训师积分=课程积分+课时积分+满意度积分+成绩积分。

所以：小A内训师积分=2+（180×0.05）+5+（75-71）=2+9+5+4=20分。

从以上的计算可以得出，小A在9月29日讲授的"精力管理"课程获得了20积分。

当然，积分的计算方式和条件并不是固定不变的，企业可以设计符合自身情况的积分制度。比如，有加分也可以有减分，对于违反内训师行为规范的情况将扣除相应的积分，但要根据企业的文化和内训师的发展现状做出选择。

这里简单举个例子，如果小 A 在"精力管理"的课程中拖堂 20 分钟，根据公司规定，拖堂大于等于 20 分钟将会开始扣积分，20 ≤ 拖堂分钟 <30 的将扣 3 积分，这个时候小 A 的积分就会等于 20-3=17 分。相应的内训师积分的公式就会变为：

内训师积分 = 课程积分 + 课时积分 + 满意度积分 + 成绩积分 ± 行为积分

### 3. 积分制运用场景

绩效评估结果可以用于绩效奖金发放、人才盘点、人才发展和晋升等方面。同理，内训师的积分用处远比你想象的要大，积分可以作为内训师参与任何评选的重要依据。

▶ 积分与兑换

如果企业有运营商城或本身就有内部产品，那么积分可以直接兑换成奖品或者内部货币。也可以直接兑换成课酬发放到内训师的工资卡中，但如果内训师课酬不高，直接以工资形式发放，内训师的感知度比较低。

▶ 积分与评优

如果企业对内训师进行评优，那么内训师的积分可以作为评优的依据。可以给积分排名前三的内训师授予不同的荣誉称号，或者可以设置不同维度的奖项，比如授课多的奖项、满意度高的奖项等。

▶ 积分与星级评选

如果企业对内训师进行星级评价，那么积分也可以作为星级评价的一个维度。

内训师积分制的设置需要根据企业的情况，具体问题具体分析，并且每项积分背后都有它想要达到的目的，企业需要在不同时期调整积分形式。任何管理方法都要考虑环境与人的因素变化，培训管理者在实际应用中要适当调整，勇于创新。

## 内训师星级管理

在管理逻辑上一般是先有积分管理后有星级管理，因为内训师积分是星级评定的一个重要数据来源。同时星级评定条件可以大于积分计算范围，星级评定会把最重要的必要条件单独拿出来作为评定标准。二者相同的地方在于它们的管理思路是一样的，企业重视什么就考核什么，没有绝对的优劣。

我们可以先通过一张星级管理表来感受内训师星级管理的规则，如表7-3所示。

表7-3 内训师星级管理办法

| 讲师级别 | 降级/淘汰标准（满足其中一项） | 晋级标准（满足全部条件） |
| --- | --- | --- |
| 一星讲师 | 1. 6个月内0次授课<br>2. 半年平均积分同级排名后5% | 通过公司讲师认证，完成储备期任务，并完成首次授课 |
| 二星讲师 | 1. 6个月内授课少于2次<br>2. 半年平均积分同级排名后5% | 1. 任一星讲师级别3个月以上<br>2. 6个月内授课达到2次<br>3. 半年累计积分排名前20% |
| 三星讲师 | 1. 6个月内授课少于3次<br>2. 半年平均积分同级排名后5% | 1. 任二星讲师级别6个月以上<br>2. 6个月内授课达到3次<br>3. 半年累计积分排名前20% |

（续表）

| 讲师级别 | 降级/淘汰标准（满足其中一项） | 晋级标准（满足全部条件） |
| --- | --- | --- |
| 四星讲师 | 1. 12个月内授课少于4次<br>2. 半年平均积分同级排名后5% | 1. 任三星讲师级别12个月以上<br>2. 12个月内授课达到4次<br>3. 半年累计积分排名前10%<br>4. 任职三星讲师期间，自行研发一门课程并通过平台培训部门审核 |
| 五星讲师 | 1. 12个月内授课少于6次<br>2. 半年平均积分同级排名后5% | 1. 任四星讲师级别12个月以上<br>2. 12个月内授课达6次<br>3. 半年累计积分排名前10%<br>4. 任职四星讲师期间，自行研发一门课程并通过平台培训部门审核 |

内训师星级管理在实践的过程中需要非常注意其管理的科学性和给内训师带来的感受，因为制度用不好也会适得其反，比如降级制度，使用时就要谨慎考虑。

### 1. 建立星级管理的时机

内训师星级管理制度并不是越早实行越好，需要满足三个基本条件。

#### ▌内训师团队初具规模

内训师团队已经初具规模，并且内训师已经有一定的授课实践，想通过星级管理来激励内训师讲好课，多讲课。

#### ▌基础数据积累完善

内训师星级管理往往需要基础数据的积累才能更好地进行评定，如果企业已经积累了半年以上的原始数据，那么对星级管理的评价标准就有了较科学的数据依据，不至于凭空捏造标准。

### ▶ 培训体系相对稳定

如果在培训体系还未完全稳定的情况下进行星级管理,那么一旦培训体系发生较大的变化,原有的星级管理制度也会不适应变动后的培训体系,导致星级管理制度朝令夕改,造成较大的管理成本浪费。在一个较为稳定的培训体系中,星级管理制度也会较为稳定,企业只要每年定期检视星级管理的适用性,适当做出调整即可。

## 2. 内训师星级管理的适配性

内训师星级管理的适配性指的是当下的星级管理标准是否与实际情况高度拟合,也可以理解为<u>企业想要</u>的管理效果是否与实际情况很好地联结。一般情况下,不同星级的内训师的数量分布也像绩效考核中的正态分布一样,应该是两头少、中间多,那么企业所制定出来的星级评定标准,其评价结果就应该满足理想效果,而不应该是头重脚轻。太容易和太难晋级都是不理想的管理结果。在星级管理的适配性上,企业需要做到三点。

### ▶ 以最近数据为依据

企业在制定内训师星级管理办法时要以最近的数据为依据,如果最近的数据表明内训师的平均表现已经达到80分,那么评定标准就要围绕80分上下制定,而不是60分上下,还要适当考虑一定的挑战性,让内训师的升降级维持一定的挑战性,让内训师的压力保持在一定的水平。

### ▶ 定期检视与调整标准

由于培训体系的变化、内训师人数的增减、内训师的授课表现都会有周期性波动,这就要求企业对星级评价标准进行定期检视与调整,同时预见未来一段周期的变化。适合当下和未来一段时间的评价标准才是科学合理的标准。

▎保持管理体系相对稳定性

大起大落的内训师管理体系和培训体系对星级管理是不利的，比如突然之间储备了大量的新晋内训师，单个内训师授课的机会就会被稀释，如果不能达到规定的授课频次，内训师的星级就会下降，产生负面激励。这种因为不稳定的内训师管理体系造成的管理后果不容小觑。企业需要保持内训师需求量与供给量的相对稳定，才能做好内训师星级管理。

### 3. 内训师星级管理的激励性

企业制定内训师星级管理办法是为了产生激励效果，所以我们需要尤为关注那些有可能产生负面激励的因素。比如内训师有了升级条件是否要有降级条件，降级条件是严苛一些还是宽松一些，这些条款如果制定不合理，就会产生负激励效果。星级管理制度要确保内训师保级是相对容易的，降级的人少了，负激励自然减少。同时我们要确保升级是有一定挑战性的，特别是最高级别一定是少部分尤为突出的内训师才能达到的。这种橄榄球型的团队分布模型能够产生更大的激励效果。

同时内训师积分管理和绩效管理一样，真正发挥作用的并不是最后一步的评估，而是过程管理，这些过程包括制度的科学制定、制度公布与宣导、过程沟通与辅导、阶段评估、结果反馈、制度调整等。这种管理过程也适用于积分管理的各个环节。

# 名企案例：阿里巴巴的内训师管理

阿里巴巴非常重视培训，在2004年就创办了阿里学院，这是中国互联网第一家企业学院。阿里巴巴将培训视为公司文化的一部分，鼓励员工不断学习和创新，并提倡分享知识和经验。阿里巴巴内部有许多分享会和培训活动，员工可以互相学习和交流。在内训师管理上阿里巴巴也有很多值得借鉴的地方。

## 阿里巴巴的内训师选拔

阿里巴巴作为一家中国领先的互联网公司，深知内训师在企业发展中的重要性。为了确保内训师队伍的素质和专业水平，阿里巴巴对内训师的选拔非常严格，选拔标准非常高，要求他们具有出色的专业背景和丰富的实践经验。同时阿里巴巴优先考虑内部员工担任内训师，因为他们对企业文化和业务流程有更深刻的理解。阿里巴巴还注重内训师的多元化，尊重员工的不同特长和能力，选拔涵盖各个业务领域的内训师。

在阿里巴巴，想要成为内训师，一般要经历四个环节的选拔。

### 1. 候选人提名

一般由各个部门的领导或人力资源团队提名候选人。通常他们是根据候选人在相关领域的专业知识、工作经验和表现来确定候选人的。

### 2. 选拔评估

候选人需要经过一系列评估，包括面试、演讲展示、案例分析、团队合作等评估形式。评估的目的是考察候选人在知识、技能、沟通能力、教学能力等方面的综合素质。

3. 筛选与培训

评估合格的候选人将进入内训师培训阶段。在培训期间，候选人将接受培训师的辅导，学习教学方法、讲授技巧、课程设计等专业知识和技能。

4. 实践和评估

培训结束后，内训师需要实际上岗开展内训工作。他们会被分配到不同的部门或团队，负责开展内训课程。在实践过程中，培训管理部门还会对他们进行持续地评估和反馈，以不断提升他们的教学能力。

需要注意的是，阿里巴巴的选拔流程还会根据具体情况有所调整，以适应不同岗位和不同需求。此外，内训师选拔的标准和要求也可能因时间和业务变化有所调整。

## 阿里巴巴的内训师培养

为了保证内训师队伍的专业水平和能力提升，阿里巴巴采取了一系列培养措施。比如为内训师制订全面系统的培训计划，不仅包括专业知识的学习和教学技巧的培养，还会为每位内训师安排一位经验丰富的导师指导，帮助他们发展自己的教学风格和技巧，同时还会定期安排外部交流。阿里巴巴鼓励内训师与其他企业的培训专家进行交流，从中学习最佳实践经验。

阿里巴巴也会采用以赛代练的方式来培养内训师，比如举办"讲师大赛"。在讲师大赛中，阿里巴巴的员工有机会通过参赛展示自己作为讲师的能力，并与其他员工竞争。参赛者需要提交培训课程的计划和教材，并进行现场演讲。这个比赛不仅是一个选拔、培养内训师的机会，也是一个提高员工的培训能力和分享知识的机会。讲师大赛不仅为阿里巴巴培养了一批优秀的内训师，也提升了内训师的培训水平和能力。

## 阿里巴巴的内训师激励

阿里巴巴充分认识到内训师的价值，并采取了诸多措施激励内训师。

### 1. 多维度激励

在薪酬福利方面，内训师享有与其他专业职位相当的薪酬和福利待遇，以激发他们更澎湃的工作激情。在职业发展方面，阿里巴巴为内训师提供丰富的职业发展机会，包括晋升机会和参与重要项目的机会，鼓励他们在内训领域取得更高的成就。在资源支持方面，阿里巴巴为内训师提供必要的资源支持，包括培训设施、教学材料和技术支持，以获得更好的教学效果。

### 2. 授予讲师荣誉称号

阿里巴巴每年会评选出一批优秀的内训师，并授予他们讲师荣誉称号。这个称号不仅是对内训师个人能力和业绩的认可，也鼓励着他们继续努力提升自己的能力和影响力。

获得讲师荣誉称号的内训师将会获得一系列的特权和奖励。首先，他们将被视为阿里巴巴内部培训的权威人物，具有一定的话语权和影响力。其次，他们将获得额外的培训资源和支持，可以参与更高级别和更有挑战性的培训项目。最后，他们还有机会代表阿里巴巴参与外部培训和演讲活动，提升个人的公众形象和影响力。

讲师荣誉制度的引入，激励了阿里巴巴内训师的积极性和主动性。他们通过不断努力提升自己的培训能力和影响力，争取获得这个荣誉称号，进而获得更多的机会和资源。同时，这个制度也促进了内训师之间的交流和学习，鼓励他们相互借鉴和共同进步。通过这种激励机制，阿里巴巴内训师的整体水平和质量得到提升，为公司的人才发展和培训提供了强大的支持。

### 3.明确晋升路径

阿里巴巴内训师的级别主要分为三个层次：初级内训师、中级内训师和高级内训师。不同级别的内训师在培训能力、经验和影响力方面有不同的要求和标准。

初级内训师通常是新加入内训团队的成员，需要具备一定的培训基础和教学能力。他们在内部进行一些基础的培训工作，如员工入职培训、产品知识培训等。初级内训师需要参加公司提供的内训师培训课程，并且需要通过一定的考核和实践评估。

中级内训师是达到初级内训师的要求，并在此基础上有一定培训经验和较高培训能力的人员。他们能够独立设计和执行更复杂、更高级别的培训项目，如管理能力培训、领导力发展等。中级内训师需要参与公司内部的内训师评估和选拔，以展示他们的培训能力和业绩。同时，他们还需要持续不断地学习和提升自己的培训技能，参加相关的培训和学习活动。

高级内训师是阿里巴巴内训团队的核心力量，具备丰富的培训经验和高水平的培训能力。他们能够设计和执行复杂的、全员参与的培训项目，如战略性培训、领导力培训等。高级内训师需要在公司内部建立良好的声誉和影响力，也需要展示出在业界的影响力和知名度。他们通常会被授予讲师荣誉称号，并有机会代表公司进行外部培训和演讲。

阿里巴巴会根据内训师的培训能力、业绩、影响力和发展潜力等，定期进行综合评估和选拔。凡是符合高级内训师标准的中级内训师，都有机会通过评估获得晋升为高级内训师的机会。同时，阿里巴巴也鼓励内训师自己不断学习和提升，通过参加培训、教育和学习交流等方式来拓宽自己的知识和能力，为内训师晋升为高级内训师提供更多机会。

阿里巴巴通过严格的选拔、全面的培养和合理的激励，有效管理内训师队伍。这些策略的实施，为阿里巴巴的培训工作提供了坚实的保障，进一步推动了阿里巴巴的发展，也使得阿里巴巴的内训师在培训领域具有较高的声誉和较大的影响力。

## 主要结论

1.要做好内训师管理，就要把整个内训师团队当作一家公司来管理。内训师团队是由一群志同道合的人组成的，凡是由人组成的团队，我们都要从经营管理的视角去思考他们的未来。

2.内训师选拔首要看的就是内训师的内驱力——对培训工作的天然热爱，这也是具有内在动机的表现。这些具有较强内在动机的内训师不仅在刚开始选拔的时候就表现出认真的态度和对培训工作的热情，而且在往后的授课过程中也表现出超出其他人的高配合度和高意愿度，成长的速度也会更快。这份天然的热爱使我们不需要考虑给他们太多资源或支持，他们就可以做得很好。

3. 后来我找到了选拔内训师的重要规律：那些热爱培训、愿意成就他人的人是内训师团队最宝贵的财富，哪怕他们其他方面稍微有所欠缺。因为后者可以通过学习来完善，而前者往往难以培养。

4. 内训师的管理应该体现稀缺性，这种稀缺性首先要体现在选拔的门槛上。

5. 设置内训师选拔的三道关，目的不仅是选拔出更符合四力模型的内训师，更重要的是通过选拔的流程给内训师一种仪式感，让他们感受到内训师的身份来之不易，他们才会珍惜和产生敬畏之心。

6. 有很多明明有条件报名也很想报名的员工，都因为害怕上台讲话选择了沉默。作为内训师管理者，我们不应把内训师描绘得高不可攀，更应该向员工解释清楚，打消他们的顾虑，鼓励更多有意愿的人勇敢报名。

7. "严进"的人才观在人才选拔、招聘环节屡试不爽，能够较好地把控团队人员的质量。

8. 一般情况下内训师负荷 ≤10% 比较合理，也就是每个月讲课不超过2天是一个健康值。内训师授课负荷太重会影响本职工作的开展，也会对内训师本人造成较大的负担，产生负面影响。

9. 对于培训较少的企业，我个人建议一门课至少要储备2名内训师，3名是最好的。当遇到内训师临时有事不能讲课，或离任，其他内训师也可以及时顶上。

10. 内训师管理者需要定期盘点内训师人数，并预估新课的需求，提前做好内训师的储备工作，不要等到人员预警之后才开始着急救火。内训师的管理也是人力资源规划的一部分，合理预测，及时补充，才能保证正常培训工作的开展。

11. 只做知识传授的 TTT，效果一定没有实操演练好。想要看到更好的效果，一定要安排实操演练的环节。教育心理学家很早就得出结论：对于程序性知识的学习，经过示范、练习、反馈后的教学效果更好。

12. 真正有用的 TTT 课程应该聚焦在"学"与"教"的规律上，让内训师理解学员学习的规律和大脑记忆的规律后再反观教学设计，这对内训师能力的提升将是巨大的。

13. 内训师的激励源于对人性的基本假设，也是对动机的察觉与运用。如果企业文化已经认定了经济人假设，那么企业对内训师倾向使用物质激励也在情理之中。如果企业文化认定了社会人、自我实现人、复杂人假设，那么企业对内训师倾向使用精神激励或者综合激励也在意料之中。

14. 对内训师的驱动，大体上可以分为三种模式。第一种驱动模式是物质精神驱动模式，第二种驱动模式是制度驱动模式，第三种驱动模式是文化驱动模式。

15. 内训师积分制的设置需要根据企业的情况，具体问题具体分析，并且每项积分背后都有它想要达到的目的，企业需要在不同时期调整积分形式。

16. 如果在培训体系还未完全稳定的情况下进行星级管理，那么一旦培训体系产生较大的变化，原有的星级管理制度也会不适应变动后的培训体系，导致星级管理制度朝令夕改，造成较大的管理成本浪费。在一个较为稳定的培训体系中，星级管理也会较为稳定，企业只要每年定期检视星级管理的适用性，适当做出调整即可。

17. 我们要确保内训师保级是相对容易的，降级的人少了，负激励自然减少。同时我们要确保升级是有一定挑战性的，特别是最高级别一定是少部分尤为突出的内训师才能达到的，这种橄榄球型的团队分布模型能够产生更大的激励效果。

18. 内训师积分管理和绩效管理一样，真正发挥作用的并不是最

# 第七章 内训师管理

后一步的评估，而是过程管理，这些过程包括制度的科学制定、制度公布与宣导、过程沟通与辅导、阶段评估、结果反馈、制度调整等。

## 学习感悟

1. 本章让你印象最深刻的内容是什么？
2. 本章对你的培训工作有什么启发？

# 第八章

## 培训落地与运营

有了前期"师"与"课"的准备，轰轰烈烈的培训落地与运营马上就要吹响号角。培训落地与运营要做好并非易事。培训落地的话题太大，怎么才算落地？要怎么落？落到哪里？怎么才能体现培训已经落地？我们姑且给培训落地下一个定义：培训落地是指将基于培训需求开发出来的学习内容与学习资源，通过有效的方法及流程转化为学习者的行为特征，从而改变其工作绩效的过程。基于这样的定义，我们可以清楚地看到培训落地的三个重要环节，如图8-1所示。

```
培训落地的基础    ▶    培训落地的主体    ▶    培训落地的终点

┌─────────────┐      ┌─────────────┐      ┌─────────────┐
│   培训需求   │      │  培训方法/流程 │      │   行为特征   │
│    开 ↓ 发   │      │    转 ↓ 化    │      │    达 ↓ 到   │
│ 培训内容/资源 │      │   行为特征    │      │   绩效改变   │
└─────────────┘      └─────────────┘      └─────────────┘
```

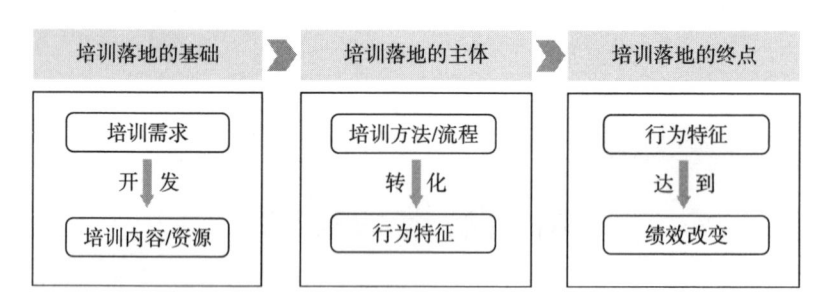

图8-1 培训落地的三个环节

**培训落地的基础**。培训落地的基础是基于培训需求开发出的学习内容与学习资源。这个环节就是本书前几章介绍过的胜任力与学习地图、培训需求与培训计划、课程开发等内容。培训落地的基础牢不牢固，将直接影响后续的落地效果。

**培训落地的主体**。培训落地的主体是通过有效的方法及流程将学习内容与学习资源转化为学习者的行为特征。这个环节主要是由培训项目设计、内训师管理、培训管理与培训制度及本章即将要介绍的内容来完成的。培训落地不是做几场培训就能完成的，更多地需要从转化的角度思考，如何通过有效的流程和方法，让学习者在岗位上运用所学内容，形成行为特征。

**培训落地的终点**。培训落地的终点是学习者的工作绩效改变。本书关于培训效果评估的内容就是讨论这一话题。所以培训落地的"修罗场"应该在岗位上，"试金石"应该是绩效改变。

很多培训管理者的注意力还停留在培训落地的基础环节或培训落地主体的方法流程上，将注意力放在培训落地终点上的培训管理者还不多。本章的重点放在培训落地主体这个环节，探讨什么样的培训方法及流程能更好地转化为学习者的行为特征。阅读本章内容时可以结合第四章第三节一起理解。

本章内容会超出传统培训管理的边界，因为我会希望你成为一名教育学家、游戏设计师、营销专家、项目管理专家。培训落地就是复合型人才的一场游戏，谁可以横跨四界，谁就是培训落地的赢家。

# 培训落地的三大学习策略

学习策略是指在学习过程中，学习者为了达到有效学习目的而采取的规则、方法、技巧及其调控方法的总和，它能够根据学习情境的各种变量、变量间的关系及其变化，对学习活动和学习方法的选择与使用进行调控。

学习策略的研究自20世纪50年代开始，但由于研究者对学习策略本质的看法存在差异，所以对于学习策略的定义和分类没有统一的标准。我们采用西南大学教授、发展与教育心理学专业博士生导师张大均的分类方式，将学习策略分为学习准备策略、课堂学习策略和课后巩固策略，如表8-1所示。在培训落地的过程中，培训管理者需要关注三大策略的设计与运用，让培训内容与资源更好地转化为学习者的行为特征。

表8-1　三大学习策略的方法概括

| 学习策略 | 方法 |
| --- | --- |
| 学习准备策略 | 制订学习计划策略：学习计划的制订与公示等<br>学习心理准备策略：培训通知、管理层助阵、小组破冰、团队组建、课堂公约、共识目标、课堂积分等<br>课前预习策略：预习任务、课前任务等 |
| 课堂学习策略 | 知识学习策略：讲授、复述、做笔记和思维导图、联想、谐音、首字连词、类比、分类等<br>技能学习策略：实操、练习、演练、理论学透彻、反馈精准、多次实践等<br>态度学习策略：群体活动、讨论、辩论、案例、影视、书籍、心得输出等<br>听课策略：研讨、游戏、视频、演练、教学道具、填空手册、"10、20、90原则"等 |
| 课后巩固策略 | 课后复习策略：摘抄、复述、发表观点、阶段考核与布置任务等<br>运用与反思策略：布置岗位任务，抓住学员的上级或导师，然后通过监督、强化、奖励、鼓励等驱动系统，定期辅导和反馈 |

## 学习准备策略

学习准备策略包括制订学习计划策略、学习心理准备策略、课前预习策略等。

1. 制订学习计划策略

制订学习计划策略最为重要的是要清楚地告知学员企业有哪些培训，学员需要参加哪些培训，以及参加培训之前自己需要提前做好工作安排，完成相应的课前任务。

2. 学习心理准备策略

学习心理准备策略是指在培训正式开始前，激发学员的学习意愿，告知学员学习规则，端正学习态度，给学员打好"预防针"。在过往的咨询服务中，就算是人才济济的企业，他们的员工在培训中的学习状态也是千差万别的。通常情况下，在发送培训通知时应该明确培训的流程、规则、考核方式等内容，让学员提前做好心理准备，端正学习态度。在课程开始前还可以通过课前管理层助阵、小组破冰、团队组建、课堂公约、共识目标、课堂积分等方式让学员与学员、学员与培训师、学员与学习内容有一个初步连接，同时激发学员的学习竞争热情，为后续学习营造氛围。

3. 课前预习策略

课前预习策略是指让学员完成课前预习任务、课前任务，以提升课堂学习效果。在这方面，翻转课堂就是在课前让学员提前学习线上课程，在课堂中更多的是体验和实操，以此提高学习效果和转化效果的。

**课堂学习策略**

课堂学习策略主要包括知识学习策略、技能学习策略、态度学习策略和听课策略。

### 1. 知识学习策略

知识学习策略指的是让学员更容易记住知识型内容的策略。在课堂上，培训师除了通过讲授的方式让学员掌握知识型的培训内容，还可以通过其他方式让学员更快地掌握复杂的知识，比如将学习的知识复述给别的学员，做笔记和思维导图，以及通过联想、谐音、首字连词、类比、分类等方法提升对知识型内容的记忆效率。这些策略在课程设计和教学设计的时候就应考虑在内，在培训落地中才能有的放矢。

### 2. 技能学习策略

技能学习策略指的是让学员更容易掌握技能型内容并形成肌肉记忆的策略。学习技能型内容，实践是最好的方法，比如课堂中常用的实操、练习、演练等方法。这些方法的使用效果还需要看前后两个环节的教学策略，其一是学员对技能型知识的理论学习是否理解透彻，其二是实践过后培训师是否给出精准的反馈意见，并安排第二次实践的机会。这些教学策略的设计都有助于技能型内容的掌握。

### 3. 态度学习策略

态度学习策略指的是让学员通过学习转变态度的策略。我们在前面的章节也提到过通过群体活动来影响个体心智的方法，比如集体讨论、辩论就有这样的效果。同时，通过案例、影视、书籍，配合学员的心得输出，也能强化态度的改变。

### 4. 听课策略

听课策略指的是管理好学员注意力的策略。让学员从头到尾集中注意力非常难，所以需要通过听课策略尽可能地使学员集中注意力。不同的教学方法对集中注意力的效果不同，一般参与性比较强的教学方法对学员集中注意力的效果更好,比如研讨、游戏、视频、演练等教学方法对于集中注意力效果明显。同时可以用"10、20、90原则"来设计听课策略,即每10分钟设计一次小互动,每20分钟设计一次大互动,每90分钟安排一次课间休息,也能有效提高学员的注意力。此外,有趣多样的教学道具、可以填空的学员手册也是很好的听课策略。

实验心理学家特瑞赤拉(Treichler)的研究结果表明,人们在信息获取中1%通过味觉,1.5%通过触觉,3.5%通过嗅觉,11%通过听觉,83%通过视觉。而且,人一般可记住自己阅读的10%,自己听到的20%,自己看到的30%,交谈时自己所说的70%。这说明多种感官的参与能有效增强记忆,对课堂学习策略有很大的启发。

## 课后巩固策略

课后巩固策略主要包括课后复习策略和运用与反思策略。

### 1. 课后复习策略

大部分培训师都会采用课程回顾的方式复习课程,虽然这样可以复习课程的主要内容,但对于知识的记忆帮助并不是特别大。以输出的方式倒逼学员记住知识更能让学员记住所学内容,比如让学员将重点内容摘抄、复述、发表自己的观点等都有助于复习。同时根据艾宾浩斯遗忘曲线,如果在课程结束后一天、一周、一个月设置不同阶段的测试或作业,对于加深对学习内容的记忆会有很大的帮助。

### 2. 运用与反思策略

运用与反思策略更聚焦于岗位的运用与实践。库伯经验学习圈理论告诉我们，我们大部分的经验都是从具体的实践和反思中得来的。培训内容在岗位中的运用恰恰是使培训产生效果的最佳途径，很多培训管理者要么忽视，要么无暇顾及，最终导致培训落地不了了之，培训最终无法产生实际效果。布置岗位任务，抓住学员的上级或导师，然后通过监督、强化、奖励、鼓励等驱动系统，定期辅导和反馈，让学员真正在行为上发生变化，绩效才有可能发生变化。

从教育的角度而言，学习策略的教学也是培训师的职责，却常常被忽略。有时候并不是学员不够聪明，而是他们没有掌握好的学习方法，如果培训师能教会学员如何学习才能记得更牢、做得更好，我想培训落地的效果也能得到更大的提升。

## 培训落地的四大游戏化策略

培训落地的三大学习策略已经帮助学员规划好了学习与转化路径，这条路径可以有效带领学员到达终点。但如何调动学员的积极性，让他们能在这段旅途中感受到快乐，让他们自动自发地沿着我们规划好的路径抵达终点，这就要求我们在理性的路径上增加感性的色彩，游戏化是不错的选择。游戏化是用有趣的方式做目标管理。

《自然》期刊上曾刊载了一篇名为《快乐的本质》的文章：脑神经学家们通过对小白鼠的一系列实验得出结论——动物，至少哺乳动物，天生拥有一套完成目标后的自我奖励机制。这也就解释了为什么我们在得偿所愿时会体会到快乐的感觉。

美国未来学家简·麦戈尼格尔在她的畅销书《游戏改变世界》中描述了一段关于游戏对人类有重大意义的故事——大约3000年前，小亚细亚的昌底亚出现了大饥荒，这种情况短期内无法改善，人们想出了一个补救方法：他们用一天专心致志地玩游戏，这样可以忘记吃饭，在接下来的一天他们吃饭。依靠这个做法，他们熬了18年。在那期间他们发明了骰子、抓子儿、球及其他各种游戏。作者强调游戏可以让我们的工作和生活更加美好，掌握未来的人应该是懂得如何设计和运用游戏的人。并且书中得出了游戏改变世界的四大特征：目标、规则、反馈系统、自愿参与。我们也可以运用这四个特征来设计培训落地的游戏化策略。

## 游戏化策略一：目标

游戏化的目标策略是指游戏设置的最终目标或奖励要具体并且足够吸引人。同时为了让目标更具可实现性，需要将大目标分解为循序渐进的小目标。游戏者会更清楚地知道自己的阶段性目标是什么，并会收到阶段性的反馈，这样才会有持续的动力将游戏继续进行下去。

在培训落地的过程中，设置一个具体且有吸引力的目标能让人兴奋不已。培训项目需要规划出清晰的阶段性目标和终极目标，比如完成线上学习的质量与速度、完成线下培训的积极度、完成岗位实践的质量与速度等。达成阶段性目标，获得阶段性的奖励。达成项目的终极目标，培训项目的优秀个人和小组可以获得高级别荣誉、奖品、奖金等，具体的如出国游、外部学习机会、晋升加薪机会等。我们经常用积分的方式来体现目标的达成情况。

## 游戏化策略二：规则

游戏化的规则策略是指游戏有清晰的规则作为限制条件，并且这种规则不能太简单，需要有一定的挑战性。太简单的游戏规则缺少趣味性，具有挑战性、讲求策略的游戏规则更受游戏者的追捧。

首先，在培训落地过程中，需要根据学员的水平设置游戏规则。太难的规则学员执行不了，会影响达成率，太简单的游戏规则则会让学员感到幼稚，影响参与意愿。并且游戏规则需要搭配明确的奖励规则，比如是用速度快、质量好、数量多、排名顺序来衡量培训得分，还是用创意、人气、领导评分来衡量培训得分，这些都要事先设计和清楚告知。

其次，建议在培训项目中允许有规则的弹性地带，允许有运气的成分，允许非常规操作，允许额外的惊喜和彩蛋，等等。规则只要说明清楚，对调动学员的积极性会有很大的帮助。比如常规的课堂积分，获得一张扑克牌代表获得一个积分，但如果允许有运气的成分出现会产生什么效果呢？学员可以随机抽一张扑克牌，扑克牌的数字代表可以获得积分的数量，每次代表小组抽牌的学员都会非常紧张，同时整个小组期盼的目光都会聚焦到那一张扑克牌上，当扑克牌翻面的时候，都会让人或是欢喜或是叹气，这对课堂氛围的调动和学员注意力的管理产生了很好的刺激作用。

最后，根据培训目标设置的规则要有区分度，要么在难度上有所提升，要么在奖励的占比上给予更多的权重。重视什么就考核什么，巧妙地用好规则的指向性。

## 游戏化策略三：反馈系统

游戏化的反馈系统策略是指当游戏者每完成一个小任务，游戏就会给予游戏者奖励或惩罚，会告诉游戏者离最终目标还有多远。比如系统告诉游戏者他已经超过了全球多少人，上升了多少级别，达到了什么级别等，这就是游戏的即时良性反馈，给游戏者继续玩下去的动力。

我们努力地工作、学习，但常常得不到想要的反馈，渐渐地我们会失去动力或者失去做一件事情的价值感。在培训中，积分的反馈、回答问题后的反馈、实践后的反馈、完成任务后的反馈都是反馈系统的一部分。

需要注意的是，反馈系统需要做到即时。在培训落地的过程中，即时反馈同样重要。游戏迷人之处就在于它建立了高频率的即时反馈系统，这对游戏者继续完成游戏有很大的帮助。在培训过程中，我们虽然不能做到那么高频率的反馈，但是至少可以在设计好反馈系统的基础上适当调整反馈频次和反馈力度，让学员不断被点燃。

除了正面反馈之外，适当的负面反馈也可以产生正向作用。负面反馈并不是要求学员停止学习，而是希望他们能通过另一种方式再度尝试。比如在学习线上课程过程中，系统会随时跳出几道测试题，如果学员没有答对，系统就会立刻回到刚才所学的知识点，让学员重新学习，这种负面反馈方式能够让学员更加投入地学习。从心理学的角度而言，强调努力就有好的结果可以很好地培养个体的成长型思维，可以让个体不断尝试和努力，最终取得成功。学习也是一样，要给予学员"再来一次"的机会和勇气。

### 游戏化策略四：自愿参与

游戏化的自愿参与策略是指没有人会逼着你玩游戏，你想退出，随时都可以。无论是目标、规则，还是反馈系统，都是在自愿参与的基础上设置的。

在培训落地过程中，我们当然不希望学员随随便便就退出学习，或者在目标面前摆烂，但我们允许这种情况出现。成人学习更希望被尊重，并且学员中卧虎藏龙，强制参与往往适得其反，会引起学员的反感，也不利于创造性思维的培养。所以作为培训管理者，我们需要更多地考虑如何把培训设计为人人都愿意参与的形式，这很考验培训管理者的能力和对学员的了解程度。

在培训过程中，如果学员参与度不高，该如何解决呢？常用的方法是做好班委的工作，并让意见领袖发挥带头作用，让意愿度较高的学员鼓励和带动其他学员，这对提高参与度有很大的帮助。如果还是无法达到较高的参与度，培训管理者就要考虑是我们的学习策略没有设计好，还是我们游戏化策略的哪个环节有问题，复盘反思后及时调整，让培训落地的效果一次比一次好。

# 培训落地的六大营销策略

培训就像一款产品，从设计开始就赋予了它产品的属性。给谁培训，培训什么，怎么培训，能解决什么痛点，再到培训落地与运营

# 第八章
## 培训落地与运营

环节，这些工作做得如何，会影响培训宣传的效果和学员的线下体验。宾夕法尼亚大学沃顿商学院市场营销学教授乔纳·伯杰（Jonah Berger）在他的畅销书《疯传：让你的产品、思想、行为像病毒一样入侵》中总结了让产品实现疯传的六大秘密，告诉我们流行的背后是什么在发挥作用。这六大秘密就是：社交货币、诱因、情绪、公共性、实用价值、故事。培训落地也可以通过这六大策略来提升落地效果。

## 策略一：社交货币

社交货币代表的是当人们谈论某种产品时不自觉地就会产生一种优越感和自豪感，也就是当某种产品能使一个人变成更好的自己，这时候人们就愿意积极地去讨论它，从而达到口口相传的效果。我们可以简单地将其理解为产品的定位好、口碑好，以至于人们愿意为它发声。

培训落地过程中，我们可以从三个方面铸造培训产品的社交货币。

第一个方面是找准培训产品的定位。你希望你的学员一想到培训的时候，脑海里第一个蹦出来的是什么词语？是高端、专业、受益匪浅，还是有趣？培训的主题或者slogan都可以传递出不同的价值主张，培训的视听设计、流程体验、培训内容都可以让学员感知培训是否经过精心打磨。

第二个方面是稀缺性和专属性。第七章中提到了内训师应该是稀缺的，这种稀缺感可以让内训师拥有自豪感和归属感。培训也一样，学员的筛选和淘汰都要经过严格的流程，并不是人人都能参加培训的。同时，培训落地过程中定制化的邀请函、学员手册、奖品、证书等物品也能够让学员有一种专属的稀缺感。

第三个方面是差异化的服务。在流程的各个环节做到与其他培训有一定的差异，让学员在惊喜中度过培训学习时光。

当学员体验过愉悦、欣喜、荣耀的一场培训之后，他们就会与同事、上级、下级谈论这次的培训体验，从而为培训打造良好的口碑。

## 策略二：诱因

"怕上火，喝王老吉""去屑实力派，当然海飞丝""送礼就送脑白金"，这些耳熟能详的广告语都在诠释产品的诱因。诱因可以理解为产品需要设计一种在特定环境下能够激活顾客内心，将产品与思想联系起来的"刺激物"，让人想到某个场景时就能够想到某款产品。

在培训落地过程中，要传递出这种场景感比较难，而且培训管理者也缺少足够的信心，很难保证学员参加完培训就一定能够解决什么问题，获得什么明确的收益。但我们可以从两个方向去思考诱因的问题。

第一个方向是与培训相关的标题文案的场景化。比如一个标题叫"门店经理熔炉训练"的培训项目，如果改成"百万业绩门店经理训练营"，是否会更有画面感？再比如一门标题叫"销售技巧"的培训课程，如果改成"搞定大客户销售的三板斧"，是否会更有画面感？从标题文案入手，可以提高诱因的影响力。

第二个方向是培训激励的诱惑性。培训的物质奖励、精神激励是学员喜闻乐见的形式，也可通过其他创新的激励方式激发学员产生想要参加培训的冲动。

## 策略三：情绪

触动情绪的事情容易激发人们的讨论。集体的情绪体验会传染，也能增强人们的社会关系。其中惊奇、兴奋、幽默、愤怒和焦虑这五种情绪具有极强的社会传播性。

在培训落地过程中，精心设计的活动可以引发学员不同的情绪体验。比如有趣的课堂小测试、会让学员感到惊奇、紧张激烈的小组竞赛，会让学员感到兴奋；幽默的游戏、案例、故事，会让学员开心一笑。

当然我们也可以运用马斯洛的需求层次来管理学员的情绪体验。比如充足的食物、饮用水、休息时间、温度等可以满足学员的生理需求；无后顾之忧的学习环境可以满足学员的安全感；学员之间的交流互动可以满足爱与归属的需要；老师对每位学员的正面反馈可以满足尊重的需要；提供给学员展示自我的机会，给予特殊荣誉，可以满足自我实现的需要。

诺贝尔经济学奖获得者、心理学家丹尼尔·卡尼曼（Daniel Kahneman）提出了峰终定律，它指的是用户体验一项事物之后，所能记住的就只是在峰（高峰）与终（结束）时的体验，而在过程中好与不好体验的比重、体验时间的长短，对记忆的影响不大。这也给培训落地很重要的启示，如果我们能够在培训的关键时刻和结束时刻给予学员超出期望的体验，那么他们对整场培训的体验就是良好的。

## 策略四：公共性

公共性是指产品要被更多的人看到，要获得更高的曝光率。再好的产品如果人们不知道，也一定不会受到追捧。产品要获得更高的曝光率，一方面可以通过不同的渠道来曝光产品，另一方面可以通过明星效应，提高产品的知名度和关注度。

在培训落地过程中，主要有两种培训宣传思维，一种是空间思维，一种是时间思维。空间思维是指要在不同的渠道、空间中做培训宣传营销，比如公司前台、会议室、OA办公系统、邮箱、公众号、视频号等渠道，同时非常重视培训场域的视觉效果打造。时间思维是指在培训前、中、后都需要做不同的宣传方案，比如培训前的培训预告，培训中转发朋友圈、微信群，培训结束后的培训总结与视频宣传等。

此外，邀请高管为培训坐镇，让明星员工为培训代言，也可以为培训带来很高的曝光度和关注度，会给培训带来不小的流量。

## 策略五：实用价值

实用价值指的是产品如果能在某方面实实在在地给客户带来价值，比如节省时间、金钱等，客户会更愿意为产品做宣传。

在培训落地过程中，培训最重要的价值就是能给学员带来工作上的收益。比如培训中学到的方法、工具对提高工作效率和质量很有帮助；通过学习之后绩效提升，获得了升职和加薪。这些都是培训实用价值的体现。作为培训管理者，此时我们千万不要谦虚，要尽量收集和分析培训带来的价值，尽情地在同事和上级面前展示这些价值，使培训的工作价值得到更多的肯定。

但是，培训要产生价值，或长或短都要经历一段时间。一般在培训结束后，我都会让学员及时总结在培训中获得的三点收益或感受，一方面学员自己总结出来的收获自己更认同，另一方面也可以对培训有一个即时反馈，让学员当下就能产生收益感。

## 策略六：故事

故事指的是讲一段与产品有关的传奇故事，可以达到很好的传播效果。比如张瑞敏砸冰箱的故事就是一段广为流传的品牌故事，它比任何一段广告都更具生命力。

在培训落地过程中，可以让培训师讲好自己的故事、与课程相关的故事，以及与企业文化相关的故事。精彩的故事会给学员留下深刻的印象，对培训的传播也会有很好的帮助。除此之外，将学员参与培训后一路成长的故事进行宣传，讲好学员的故事，也可以产生很好的传播效果。

培训管理者善用六大策略，认真思考，精心策划，就能给培训落地带来意想不到的宣传效果。

在人力物力有限的情况下，要想达到理想的传播效果还是比较困难的。不过，事在人为，资源不够，创意来凑，只要产品足够有创意，学员也会自愿为培训宣传。在《自传播：为产品注入自发传播的基因》一书中，作者分享了用新颖的文案、有趣的彩蛋、超预期体验、让用户参与、抓住社会热点等策略达到自传播效果的方法。营销鬼才杜蕾斯就是用新颖的文案与设计，低成本地达到了品牌的传播与营销效果。

# 培训落地四步管理策略

想要做好培训落地，还需要把培训当作一个项目来管理。所谓项目管理，就是项目管理者在有限的资源约束下，运用系统的观点、方法和理论，对项目涉及的全部工作进行有效的管理。即从项目的投资决策开始到项目结束的全过程，对项目进行计划、组织、指挥、协调、控制和评价,以实现项目目标。

六西格玛和精益管理都是有效的项目管理方法,此外,在培训管理中我们也经常会用到 PDCA 管理流程来管理培训落地的方方面面。

我刚开始接触培训模块时,最先接触的是培训实施,只要能确保培训顺利开班就可以。但随着能力的提升,我被赋予了更多的责任,在一次年度战略梳理的过程中,我接到了一个从 0 到 1 培训项目搭建的任务。当时的我没有单独设计和落地过培训项目的经验,对培训项目设计和落地一窍不通,后来通过自学,我了解到培训项目和体系搭建的流程和方法,终于把培训项目落地到 11 个大区,得到了领导的认可。

直到今天,我依然用当年学习和实践得出的方法论,成功地搭建了很多企业的培训项目和培训体系。我把这个方法论总结成了项目设计、项目落地、项目迭代、评估结项四个步骤,每个步骤包含若干个重要节点,如图 8-2 所示。

| 项目设计 | 项目落地 | 项目迭代 | 评估结项 |
| --- | --- | --- | --- |
| 培训需求分析 | 课程开发 | 项目复盘 | 项目总结 |
| 培训方案设计 | 内训师储备 | 项目改进 | 结项汇报 |
| 培训方案汇报 | 物资场地准备 | 培训实施 | |
| 培训方案调整 | 培训实施 | 培训评估 | |
| | 培训评估 | | |

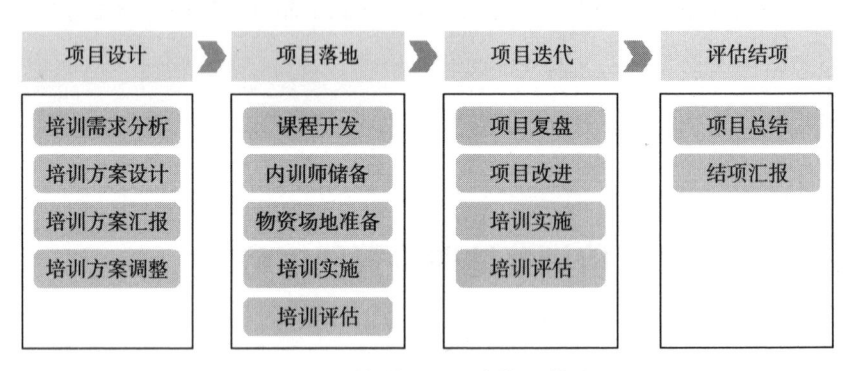

图 8-2 培训项目四步管理策略

## 第一步：项目设计

每一个培训项目开始前，都需要对项目做好规划和设计。在培训项目设计环节需要完成培训需求分析、培训方案设计、培训方案汇报和培训方案调整四个环节的工作。

### 1. 培训需求分析

培训需求分析的内容我们已经在第四章中有详细介绍，在此就不再赘述。做培训需求分析时，可以多找相关方了解他们的期望和想法，也可以采访曾经做过类似项目的同事，了解他们之前是怎么做的，有什么好的经验和需要规避的风险，这些对做好培训项目设计助益良多。

### 2. 培训方案设计

培训方案设计需要定好目标、对象、流程方法、时间、学习内容和形式、评估方法、运营与奖励机制、计划、预算等。定目标是指确定培训想要解决的问题和想要达到的目标。定对象不仅仅是定学习对象，也需要定好内训师人选、项目发起人、项目支持者等角色。定流程方法指的是确定项目的前、中、后整体流程，以及每一个关键流程下的小流程和方法。定时间是指确定培训项目的时间周期怎么安排，频次如何，时长多少等。定学习内容和形式指的是确定要达成培训目标需要学习哪些知识、技能和态度，这些内容是课程学习还是岗位学习，是线上学习还是线下学习等。定评估方法指的是确定项目结束后要用什么评估方式、评估周期，以及用什么数据来评价培训的目标是否达成。定运营与奖励机制是指确定通过什么运营机制、落地机制、奖励机制能够更好地达成培训目标。定计划是指确定完成项目落地需要先做什么，后做什么，最后做什么，以及这些计划的完成时间点。

定预算是指确定完成以上所有的工作要花多少钱。

此外,培训方案设计还包括其他与项目相关的需要说明的内容,比如项目可能会出现的风险和可能面临的困难。通常一个培训方案能把"5W2H"都说清楚,就算是一个完整的培训方案。培训方案需要将培训项目涉及的所有细节事无巨细地考虑清楚,才能为项目落地打好基础。

### 3. 培训方案汇报

通常完成培训方案设计之后,需要在上级和同事面前汇报培训方案,上级和同事会对方案进行提问,培训项目设计者需要一一解答这些问题。最后上级还需要对培训方案的可行性、预算、流程方法等内容进行评估,给出修改和调整意见。有时一个大型项目可能还需要过五关斩六将,逐层向上汇报,最终才能落地实施。方案汇报的目的在于集思广益、群策群力,避免一个人闭门造车,这对后续方案的顺利推动和获得领导的支持都会有很大的帮助。

### 4. 培训方案调整

经过汇报与意见反馈,项目设计者就可以对培训方案进行调整。方案调整的程度和次数与个人水平和领导的期望关系密切,所以还是建议培训管理者在设计培训方案之前做好充足的需求调研和分析,对关键决策人的想法进行充分了解。

## 第二步:项目落地

培训项目落地是耗时最长也是最具挑战性的步骤。在这一步骤中,培训管理者需要完成课程开发、内训师储备、物资场地准备、培训实施、培训评估五个环节的工作。

1. 课程开发

课程开发的内容在本书第六章中有详细介绍，在此我们就不再赘述。课程开发要基于培训需求，用科学合理的方法帮助学员学习到岗位中需要掌握的知识、技能和态度，帮助学员达成行为改变，最终获得绩效改善，达到培训目标。

在课程开发环节还会涉及由谁开发和怎么开发的问题。

培训课程由谁开发？培训课程通常可分为自主开发课程和非自主开发课程。非自主开发的课程需要评估培训内容是否与培训需求匹配，是否可以达到培训目标。自主开发也有两种形式，一种是培训部自己开发，一种是请相关的专家集中开发。第一种方式需要耗费很长的时间，第二种方式虽然高效，但对课程开发的质量要有所把控。

培训课程怎么开发？通常课程开发的方法有拿来主义、标杆学习、自主开发等多种形式。此外，除了开发培训课程本体以外，还需要开发与课程匹配的工具包，比如课程对应的手册、工具、道具、考题等。

2. 内训师储备

内训师储备在第七章中有详细介绍，在此不再赘述。通常，在内训师队伍比较庞大的情况下，可以在现有队伍中选拔符合要求的内训师作为新项目的储备内训师，如果内训师数量不足，则需要储备新的内训师队伍。

一般情况下，不同的培训对象所要求的内训师水平也是不一样的，高阶课程对内训师的要求比较严格，而普通课程对内训师的要求就没有那么高。培训管理者可以根据课程难易度采用"新老结合"的内训师储备方案。与课程开发一样，内训师储备和培养的效率也会影响项目落地的推进，培训管理者需要把握好节奏。

### 3. 物资场地准备

课程开发和内训师储备完成之后就需要准备培训所需要的物资和场地。通常，可以用物资清单来管理这部分工作。

▶ 物资准备

物资一般可以分为打印物资、印刷物资、采购物资。打印物资一般为一些表单；印刷物资一般为需要提前设计的海报、展架、横幅、学员手册、台卡、姓名牌、姓名贴、结业证书等；采购物资一般需要上网采购或者从行政部领取物资，比如签字笔、教学道具、便利贴、大白纸、美纹胶、矿泉水、茶歇、奖品等物资。每场培训都要核对物料的用量，培训结束后还要清点剩余的物料，为下一次培训做好准备。

▶ 场地准备

场地准备一般包括场地预约、设备检查、场地布置。场地预约需要根据培训人数和培训形式确定，也要考虑学员的居住地点。学员居住地点较分散的，可以选择距学员居住地相对居中的培训场地；学员居住地点较集中的，可以在学员集中居住区域选择培训场地。在实际工作中，有可能培训场地不是现成的，需要培训管理者完成选址、装修、设备进场等工作。设备检查一般需要确保投影、音响、实操设备、翻页笔、转接线等能够正常使用，支持培训正常开展，对于特殊设备和设备数量的要求，培训管理者需要提前了解清楚。

场地布置也是一项精细的工作，通常需要关注四个方面：首先，最重要的是，学员课桌上的物资要确保能支持正常教学；其次，每个小组旁边的空间物料，比如白板、白板笔、画布等需要确保能支持正常教学，也要确保留足够空间给学员完成教学活动；再次，培训师讲台的布置，确保培训师的积分卡、翻页笔、白板笔、白板、计时器、饮用水、教学道具等准备齐全，让培训能正常顺畅开展；最后，内外场的指引、宣传物料、茶歇等也是场地布置的重点，不要有遗漏。

对于较为复杂、丰富的物资道具，可以用物资清单进行管理，并且可以备注好哪些物资在哪个环节需要用，确保正式培训时只要有物资清单就可以顺利地辅助教学实施。

### 4. 培训实施

培训实施就是我们通常理解的开班培训。在这个环节需要完成培训通知、场地布置、开营、教学教务管理、结营等相关工作。对于较复杂的培训项目，可以整理培训运营操作流程、场地布置示意图、物资清单和工作任务清单来做好培训实施管理。助教就算第一次组织培训，也可以根据这些标准化文件做好培训实施。

### 5. 培训评估

培训评估将在第九章中详细介绍，在此不再赘述。培训评估除了要看培训效果是否达到最初制定的培训目标，还要评估结果，作为下一次培训改进的依据。

完成首次培训之后，可以立即开展一级反应评估和二级学习评估，三个月之后可以增加三级行为评估，半年以后可以增加四级结果评估。但无论在培训结束后的哪个时期，都可以做当下培训实施问题的收集与分析，为下一步的改进提供依据。

## 第三步：项目迭代

培训项目迭代需要循序渐进地完成项目复盘、项目改进、培训实施和培训评估工作，它不是一个一次性工程，只要培训项目还存在，项目迭代工作就有可能一直循环。

项目复盘的基础是上一次培训评估的结果。通常，复盘上一次培训做得好的方面、不好的方面，好的方面可以继续做，不好的方面就要寻求改进的方法。项目改进以项目复盘的结果为依据，不同项目时期的改进工作会有所区别。项目落地初期，一般改进的是一级反应评估和二级学习评估对应的问题，比如培训项目的流程安排、时间安排、物资设备、课程设计、教学方法和考核方法等问题。到了项目落地的中后期，主要改进的是三级行为评估和四级结果评估对应的问题，比如岗位实践、导师带训、追踪机制、转化机制等。

## 第四步：评估结项

评估结项是培训落地的最后环节，主要完成项目总结和结项汇报两项工作。评估结项后，有些项目可能会告一段落，有些项目可能还会持续。之所以要进行评估结项，一方面是要对上级和同事做最终汇报，以示培训项目已经相对稳定，持续的关注与迭代暂告一段落；另一方面，这也是展示自己的工作能力和成果的好机会。关于结项报告如何写，在本书的第九章中会有详细介绍。

培训项目管理四步骤里有非常多细节，这些细节也是培训管理工作日常需要处理的内容，它庞大而琐碎。同时培训项目管理的步骤和环节在任何一家企业也都大同小异。图8-3是华为的培训项目管理流程图，供大家参考。

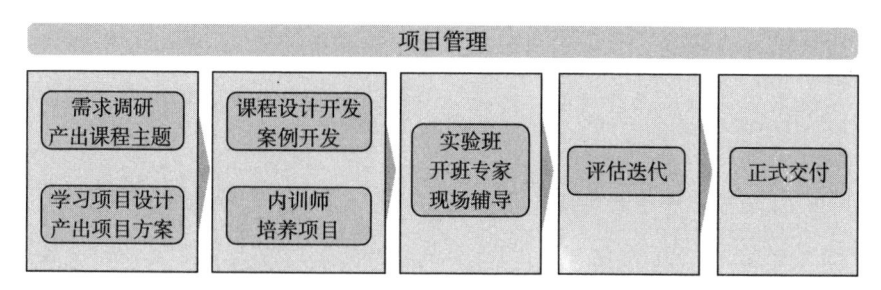

```
┌─────────────────────────────────────────────────────────┐
│                       项目管理                            │
├──────────┬──────────┬──────────┬──────────┬──────────────┤
│ 需求调研  │ 课程设计开发 │          │          │              │
│ 产出课程主题│ 案例开发    │ 实验班    │          │              │
├──────────┤          │ 开班专家  │ 评估迭代  │ 正式交付      │
│ 学习项目设计│ 内训师     │ 现场辅导  │          │              │
│ 产出项目方案│ 培养项目    │          │          │              │
└──────────┴──────────┴──────────┴──────────┴──────────────┘
```

图8-3　华为培训项目管理流程图

## 主要结论

1.培训落地是指将基于培训需求开发出来的学习内容与学习资源，通过有效的方法及流程转化为学习者的行为特征，从而改变其工作绩效的过程。

2.培训落地的"修罗场"应该在岗位上，"试金石"应该是绩效改变。

3.西南大学教授、发展与教育心理学专业博士生导师张大均将学习策略分为学习准备策略、课堂学习策略和课后巩固策略三类。在培训落地的过程中，培训管理者需要关注三大策略的设计与运用，让培训内容与资源更好地转化为学习者的行为特征。

4.将学习的知识复述给别的学员，做笔记和思维导图，以及通过联想、谐音、首字连词、类比、分类等方法可以提升对知识型内容的记忆效率。

5.课堂中常用的实操、练习、演练等方法的使用效果还需要看前后两个环节的教学策略，其一是学员对技能型知识的理论学习是否理解透彻，其二是实践过后培训师是否给出精准的反馈意见，并安排第二次实践的机会。这些教学策略的设计都有助于技能型内容的掌握。

6. 通过群体活动来影响个体心智，比如集体讨论、辩论就有这样的效果。同时，通过案例、影视、书籍，配合学员的心得输出，也能强化态度的改变。

7. 实验心理学家特瑞赤拉的研究结果表明，人们在信息获取中1%通过味觉，1.5%通过触觉，3.5%通过嗅觉，11%通过听觉，83%通过视觉。而且，人一般可记住自己阅读的10%，自己听到的20%，自己看到的30%，交谈时自己所说的70%。这说明多种感官的参与能有效增强记忆，对课堂学习策略有很大的启发。

8. 培训内容在岗位中的运用恰恰是使培训产生效果的最佳途径。布置岗位任务，抓住学员的上级或导师，然后通过监督、强化、奖励、鼓励等驱动系统，定期辅导和反馈，让学员真正在行为上发生变化，绩效才有可能发生变化。

9. 有时候并不是学员不够聪明，而是他们没有掌握好的学习方法，如果培训师能教会学员如何学习才能记得更牢、做得更好，我想培训落地的效果也能得到更大的提升。

10. 脑神经学家们通过对小白鼠的一系列实验得出结论：动物，至少哺乳动物，天生拥有一套完成目标后的自我奖励机制。这也就解释了为什么我们在得偿所愿时会体会到快乐的感觉。

11. 美国未来学家简·麦戈尼格尔在她的畅销书《游戏改变世界》中强调游戏可以让我们的工作和生活更加美好，掌握未来的人应该是懂得如何设计和运用游戏的人。并且书中得出了游戏改变世界的四大特征：目标、规则、反馈系统、自愿参与。

12. 根据培训目标设置的规则要有区分度，要么在难度上有所提升，要么在奖励的占比上给予更多的权重，重视什么就考核什么，巧妙地用好规则的指向性。

13.从心理学的角度而言，强调努力就有好的结果可以很好地培养个体的成长型思维，可以让个体不断尝试和努力，最终取得成功。学习也是一样，要给予学员"再来一次"的机会和勇气。

14.宾夕法尼亚大学沃顿商学院市场营销学教授乔纳·伯杰在他的畅销书《疯传：让你的产品、思想、行为像病毒一样入侵》中总结了让产品实现疯传的六大秘密，告诉我们流行的背后是什么在发挥作用。这六大秘密就是：社交货币、诱因、情绪、公共性、实用价值、故事。培训落地也可以通过这六大策略来提升落地效果。

15.如果我们能够在培训的关键时刻和结束时刻给予学员超出期望的体验，那么他们对整场培训的体验就是良好的。

## 学习感悟

1. 本章让你印象最深刻的内容是什么？
2. 本章对你的培训工作有什么启发？

# 第九章

# 培训效果评估与总结

培训效果评估与总结是培训体系搭建六大步骤的最后一步。本书开篇已经介绍了柯氏四级评估四个层级的关系：一级、二级正相关，三级、四级正相关，二级、三级无明显相关性。要想达成培训效果，关键是要做好三级行为层面的改变，才能带来四级结果层面的改变。

　　本章从柯氏四级评估说起，但更多的是对柯氏四级评估的评估方法与时机做出说明，同时还会介绍培训管理的八项健康指标，以及如何用复盘逻辑搞定培训总结。在开始阅读本章之前希望你能带着以下问题学习：

　　柯氏四级评估的方法有哪些，在什么时机评估更合适？

　　除了柯氏四级评估，还可以用哪些指标来衡量培训工作？

　　培训总结怎么写既能体现工作到位，又能不断提升工作质量？

## 柯氏四级评估的方法与时机

　　柯氏四级培训评估模式是世界上应用最广泛的培训评估工具，在培训评估领域具有难以撼动的地位。

　　柯氏四级评估分为反应评估、学习评估、行为评估、结果评估四个层级，并且评估难度逐级提升。本节将会详细介绍柯氏四级评估的评估方法和评估时机，如表9-1所示。

表 9-1 柯氏四级评估的方法与时机

| 评估层级 | 评估内容 | 评估方法 | 评估时机 | 评估人 |
|---|---|---|---|---|
| 反应评估 | 衡量学员对具体培训课程、培训师与培训组织的满意度 | 问卷调查、电话调查、访谈法、观察法、综合座谈 | 课程结束时 | 培训部 |
| 学习评估 | 衡量学员对于培训知识、技能、态度的吸收与掌握程度 | 提问法、角色扮演、笔试法、口试法、演讲、模拟练习与演示、心得报告与文章发表 | 课程进行时课程结束时 | 培训部 |
| 行为评估 | 衡量学员在培训后行为是否朝着理想状态发生改变 | 问卷调查、行为观察、访谈法、绩效评估、管理能力评鉴、任务项目法、360度评估 | 3个月或半年以后 | 受训者的直接主管 |
| 结果评估 | 衡量培训给企业的业绩带来的影响 | 个人与组织绩效指标、生产率、报废率、故障率、成本效益分析、组织气氛分析、客户满意度、360度满意度调研 | 半年或一两年后 | 受训者的部门主管 |

## 第一级：反应评估

反应评估是最简单的评估方式，通常用于衡量学员参加培训之后的满意程度。这种满意程度并不仅仅是笼统的感受，而是对课程、培训师、组织方，甚至是物料设备、饮食起居等的评价。反应评估的目的在于了解培训课程是否对学员的工作有帮助，培训师的教学能力是否有助于学员的学习，组织方在培训实施方面是否能很好地帮助学员消除后顾之忧，提供学习支持。

不仅学员可以对培训进行反应评估，培训组织方也可以对学员的参与情况进行反应评估。培训组织方通过观察培训现场的学员反应来评价自己组织的培训,可以更真切地反映出培训的问题。反应评估看上去是要服务好学员让他们满意,其实真正的目的是了解学员对培训有用性的认可程度,但这种有用性只是主观感受,还没到产生实际效果的程度。

### 1. 反应评估的方法

反应评估最常用的方法是问卷调查法,即将定性的问题定量化,让学习反应变得可以衡量。表9-2为反应评估的模板,仅供参考。除了问卷调查法外,还可以用电话调查法、访谈法、观察法、综合座谈法等方法。

为了确保评估能收集到真实的反馈,需要在评估前说明希望评估者能够给出如实的评价,为培训的改进提供宝贵意见,同时还需要留足够多的时间给学员进行评估。采用匿名评估的方式可以提高评估的真实性。

整体而言,问卷调查法最为高效,但容易出现反馈不真实的现象,其他方法虽然效率较低,但容易收集并挖掘到学员真实的反馈。

表9-2 反应评估表模板

| 课程名称: | | | 学员: | | |
|---|---|---|---|---|---|
| 讲师姓名: | | | 部门: | | |
| 培训日期: | | | 岗位: | | |
| 请在对应的分数格内画"√" | 非常赞同 | 很赞同 | 一般 | 不赞同 | 很不赞同 |
| | 5 | 4 | 3 | 2 | 1 |

（续表）

| 请在对应的分数格内画"√" | | | 非常赞同 | 很赞同 | 一般 | 不赞同 | 很不赞同 |
|---|---|---|---|---|---|---|---|
| | | | 5 | 4 | 3 | 2 | 1 |
| 培训组织实施评估 | 1 | 培训时间安排合理 | | | | | |
| | 2 | 培训器材准备齐全 | | | | | |
| | 3 | 培训空间及场地适宜 | | | | | |
| | 4 | 课程顺序安排合理，课堂气氛活跃 | | | | | |
| | 5 | 班主任认真负责，很好地支持我的学习 | | | | | |
| 培训讲师评估 | 6 | 讲师仪容仪表得体，亲和力强 | | | | | |
| | 7 | 讲师语音适中，根据课程内容变化音调 | | | | | |
| | 8 | 讲师语速适中，语言表述准确、得体 | | | | | |
| | 9 | 讲师逻辑能力强，讲课思路清晰 | | | | | |
| | 10 | 讲师讲授知识与实战结合紧密，案例丰富 | | | | | |
| | 11 | 讲师授课重点突出 | | | | | |
| | 12 | 讲师授课能调动学员情绪，鼓励学员参与 | | | | | |
| | 13 | 讲师应变能力强，可以灵活处理突发问题 | | | | | |
| 培训内容评估 | 14 | 课程内容和课程目标一致 | | | | | |
| | 15 | 培训课件设计精美，内容正确无误 | | | | | |
| | 16 | 培训内容结构清晰，主次分明 | | | | | |
| | 17 | 培训内容难度适中，便于理解 | | | | | |
| | 18 | 培训内容切合实际，便于应用 | | | | | |
| | 19 | 培训案例贴切，富有深度 | | | | | |
| 培训收获 | 20 | 我愿意再次参加此类培训 | | | | | |
| | 21 | 通过培训获取的知识对我有所帮助 | | | | | |
| 开放题 | 22 | 你认为课程对你帮助最大的两个内容是什么 | | | | | |
| | 23 | 你最喜欢、印象最深刻的部分是什么 | | | | | |
| | 24 | 你认为本次培训还需要改进的部分是什么 | | | | | |
| | 25 | 你的其他意见 | | | | | |

## 2. 反应评估的时机

反应评估一般在课程结束时进行，比如培训结束现场评估或培训结束学员返程时评估。

培训组织方也可以在培训过程中观察学员的反应、培训师的授课情况、课程的设计情况等来给自己的培训工作进行评价。这种反应评估方式能更具体、清晰地记录过程中可以提升的地方，以及发现有潜力的学员。

# 第二级：学习评估

学习评估衡量学员对于培训知识、技能、态度的吸收与掌握程度，它受到第一级反应层的影响。一般情况下，学员在学习层面体验越深入，对内容理解越透彻，学习评估的结果就会越好。

## 1. 学习评估的方法

学习评估最常用的方法是笔试，通过考试来检验学员的学习成果。但不同的学习内容用到的评估方法应该有所区分，表9-3为学习评估的模板，仅供参考。

表9-3 学习评估表模板

| 日期 | 姓名 | 考核人 | 考核方式（请将成绩写在对应表格内） | | | | 备注 |
|---|---|---|---|---|---|---|---|
| | | | 理论考核 | | 实操考核 | | |
| | | | 笔试 | 口测 | 操作 | 演习 | |
| | | | | | | | |
| | | | | | | | |
| | | | | | | | |

针对知识型的培训内容，采用提问、笔试、口试等方法最为适合，可以快速检验学员记忆、理解程度。

针对技能型的培训内容，采用角色扮演、模拟练习与演示等方法最为适合，可以快速检验学员对技能的掌握程度。

针对态度型的培训内容，采用演讲、心得报告与文章发表等方法最为适合，可以进一步深化态度型知识对学员心智的影响。

2.学习评估的时机

学习评估的时机一般选择在培训进行时和培训结束时。对于重要的评估内容，课堂中可以随时进行一个小测验，比如提问、回顾、现场演练等都可以在培训过程中进行。在课程结束后还可以对整体的内容或者关键的技能再进行一次总结性的检验，比如课后考试、通关、心得、论文等都是常用的方式。

当然，在课前与课中还有一种学前测试方式，在学员还没有学到某个知识点的时候先对这些知识点进行一次测试，可以了解学员的整体水平，引发学员的好奇与重视，也可以用于与培训后的测试结果进行对比。

## 第三级：行为评估

行为是产生绩效的关键一环。行为评估衡量学员在培训后行为是否朝着理想状态发生改变。并不是所有行为都能产生绩效，这就考验培训管理者在培训需求分析与胜任力分析时，是否总结出关键行为，再基于关键行为设计出培训项目与课程，培训结束后再检验学员是否做到关键行为，绩效是否发生改变。

与此同时，行为的改变除了要靠个人的自驱力之外，外部刺激也很关键。用行为主义的理论作为指引，同时让学员接受更多外部刺激，鼓励、监督、奖励、强化，这些岗位中的驱动系统一定要建立起来，行为才可能发生改变。

### 1. 行为评估的方法

行为评估的方法以问卷调查法最为常见，它可以高效地完成评估工作。但问卷调查法难点在于问题的设计，问题只有落到具体的行为表现上，评估出来的结果才可信、有效。表 9-4 为行为评估的模板，仅供参考。

表 9-4　行为评估表模板

| 工作模块 | 任务/行为 | 基本不会 | 了解基本知识 | 会基本操作 | 可以熟练操作 | 精通并运用自如 |
|---|---|---|---|---|---|---|
| | | 1 | 2 | 3 | 4 | 5 |
| | | | | | | |
| | | | | | | |
| | | | | | | |

除了问卷调查法之外，行为观察、访谈法、绩效评估、管理能力评鉴、任务项目法、360 度评估等方法也是行为评估的重要方法。

### 2. 行为评估的时机

行为的改变和养成需要一定的时间周期，因此行为评估的时机一般在培训结束三个月或半年以后。在这一时期，岗位中的驱动系统就会发挥作用，驱动系统越完善，行为改变与养成的结果越明显，驱动系统越薄弱，行为改变与养成的结果越模糊。

## 第四级：结果评估

结果评估用于衡量培训对企业业绩的影响程度，它是四级评估中难度最大的。影响业绩的因素错综复杂，培训如果没有形成自己的证据链，就算业绩有提升也无法说服别人这是培训带来的变化。为此培训管理者要懂得从培训体系搭建之初就形成一条证据链，同时懂得用同比、环比、对照实验、相关性分析等数据分析方法对培训效果加以佐证。

### 1.结果评估的方法

结果评估其实只要看绩效相关指标就可以，但需要对这些绩效结果进行数据分析与对比，才能证明是否为培训带来的结果。表9-5为结果评估的模板，仅供参考。

表9-5　结果评估表模板

| 考核指标 | 计算方式 | 公司目标值 | 培训前水平 | 培训后水平 | 期望值达成率 |
|---|---|---|---|---|---|
|  |  |  |  |  |  |
|  |  |  |  |  |  |
|  |  |  |  |  |  |

结果评估不仅可以看结果类指标，也可以看过程类指标。比如个人与组织绩效指标、生产率、报废率、故障率、成本效益分析、组织气氛分析、客户满意度、360度满意度调研等指标，都可以成为结果评估的评估对象。

### 2.结果评估的时机

培训产生行为的改变需要时间，而行为带来结果的改变需要更长的时间，因此结果评估的时机大概在培训结束后的半年或一两年后。在较长的时间里，环境的变化、人员的变动都会给结果评估带来很大的不确定因素，这也是结果评估的难度所在。

无论结果评估有多难，我们依然要保持探究到底的精神，因为在探究的过程中我们一定会有新的发现和收获。比如关键行为都抓准了，行为也改变了，但为什么结果没改变？到底是关键行为分析错了，还是其他原因影响了结果？这些都是让人头疼的问题。

事实上，柯氏四级评估可以说是从胜任力开始的，整个培训体系都需要围绕核心的培训需求展开，而最后对培训进行的柯氏四级评估只是检验前面的所有工作是否都做到位而已。作为培训管理者，我们应该认识到柯氏四级评估并不是培训的终点，而是下一次培训的起点。

## 培训管理的八项健康指标

京东创始人刘强东在一次内部管理培训会上痛批部分高管，称"拿PPT和假大空词汇忽悠自己的人就是骗子"，他表示部分高管醉心于PPT和奇妙的词汇，或吹得天花乱坠但是执行一塌糊涂。他还指出管理层回归商业本质的五个要素，即产品、价格、服务、成本、效率。而后互联网"黑话"也被群嘲，拉通、对齐、赋能、抓手等词语统统躺枪。

在培训管理中免不了要做大量的总结。总结汇报是培训管理者为数不多可以展现自身价值的时刻，不过大部分培训总结都有以下套路：

本年度共培训了 2000 人次，其中新员工 300 人次，管理层 100 人次；

本年度培训平均满意度 4.7，其中新员工培训平均满意度 4.8，管理层培训平均满意度 4.7；

本年度培训考试平均分 85 分，其中新员工培训平均分 89 分，管理层培训平均分 83 分；

……

这些看似很正常的培训数据其实是缺乏系统与经营思维得出的结果，老板一定不会满意。如何避免年度培训总结显得"假大空"，不受领导待见呢？本节将抛开柯氏四级评估方法，纯粹从经营的角度，试着从刘强东所说的商业本质的五个要素出发，总结出八项培训指标（如表 9-6 所示），帮助你做好、做实培训总结。同时，这一总结也可以作为 KPI 参考。

表 9-6 培训管理的八项健康指标

| 指标 | 计算方式 |
| --- | --- |
| 人均培训小时 | 人均培训小时 = 培训小时 ÷ 员工数 |
| 需求完成率 | 需求完成率 =（已完成的需求人次 ÷ 总需求人次）× 100% |
| 培训普及率 | 培训普及率 =（员工中参加过培训的人数 ÷ 总员工数）× 100% |
| 培训成才率 | 培训成才率 =（规定时间内成才人数 ÷ 参加培训的人数）× 100% |
| 直接成本 | 参加培训员工工资以外的费用 |
| 间接成本 | 员工参加培训小时数折算的工资、机会成本 |
| 讲师负荷 | 讲师负荷 =（讲课时间 ÷ 工作时间）× 100% |
| 投资回报率 | 投资回报率 =（项目净收益 ÷ 项目成本）× 100% |

## 人均培训小时

人均培训小时数代表的是平均每人接受了多少个小时的培训，可用公式表示为：

$$人均培训小时 = 培训小时 \div 员工数$$

培训小时是单人次培训小时数的总和，而员工数一般为月平均人数或以年底的员工数，员工无论有没有参加过培训，都被纳入员工数范畴。人均培训小时数可在一定程度上体现培训的工作体量。

## 需求完成率

需求完成率代表的是全年的需求或计划在本年度完成的比率，可用公式表示为：

$$需求完成率 = （已完成的需求人次 \div 总需求人次）\times 100\%$$

通常，需要在年前先做好培训需求调研、培训规划，才能在年底统计出需求完成率。比如年前调研发现销售岗位有很大的技能缺口、业绩差；某层次的管理人员管理能力差、保留率低；由于新业务线布局，新招聘员工对企业文化不适应；某管理岗位来年需要内部培养的人数；等等。根据这些调研结果估计出需要培训的人次，规划出全年的培训计划，才能在年底核算出需求的完成率。需求完成率可以体现培训的规划性、针对性和执行情况，是人力资源规划前瞻性和落地性的综合表现指标。

## 培训普及率

培训普及率代表的是有多少人在这一年度中参加过培训，可用公式表示为：

培训普及率 =（员工中参加过培训的人数 ÷ 总员工数）× 100%

员工中参加过培训的人数通常指年底还在职的员工中参加过培训的人数，离职的需要刨除。总员工人数通常指年底在职的员工总数。培训普及率可以体现培训工作的广度（覆盖率），是全员学习、打造学习型组织的衡量指标。

## 培训成才率

培训成才率代表的是接受过培训的员工输送到目标岗位的成功率，可用公式表示为：

培训成才率 =（规定时间内成才人数 ÷ 参加培训的人数）× 100%

成才人数是一个有时间限制的指标，比如新员工参加培训后三个月内的转正人数或保留人数，人才发展项目中参加培训的员工六个月后顺利晋升的人数等。培训成才率要与胜任力高度结合，要抓准员工目标岗位的胜任力，通过培训、实践、辅导等培养手段让员工迅速胜任目标岗位要求。培训成才率体现了培训工作在人才输送上的效率与质量。

## 直接成本

直接成本一般指公司支付给参加培训员工工资以外的费用。比如讲师的费用、员工差旅费，以及场地、食宿、教材、教具等。

一般培训都需要考虑每场培训成本和人均培训成本。人数太少，人均成本可能会增高；人数太多，虽然人均成本可能会降低，但是效果可能也会降低。所以建议企业规定参训人数的上下限和最高人均培训成本标准。通过最高人均成本标准，企业还可以估算一年的培训预算。

通过对比培训预算与实际花费的直接成本，还可以计算出预算达成率一类的财务指标。直接成本体现了培训工作的成本意识，也可以间接体现财务预算规划控制能力。

## 间接成本

间接成本一般为公司支付给参加培训员工的工资成本。有时，间接成本还包括机会成本，比如员工因为参加培训而损失业绩的成本。所以，企业在做培训计划时一般需要避开业务高峰期，让员工能正常参与劳动生产。也有企业会把培训放在下班后或周末，这样员工的间接成本几乎为零。

培训工作者主动统计因培训而产生的间接成本，可以体现培训工作者的成本意识和业务导向。

## 讲师负荷

讲师负荷代表的是兼职讲师参与授课占用本职工作时间的程度，

可用公式表示为：

$$讲师负荷 = (讲课时间 \div 工作时间) \times 100\%$$

比如兼职讲师一个月工作 24 天，参加授课 5 天，那么讲师负荷为（5÷24）×100% ≈ 21%，一般情况下兼职讲师负荷 ≤ 10% 比较合理，也就是每个月讲课不超过 2 天比较健康。兼职讲师授课负荷太重会影响本职工作的开展，也会对讲师本人造成较大的负担，产生负面影响。

讲师负荷可以用于盘点负荷较大的讲师或课程，及时储备负荷较大课程的讲师或调整负荷较大讲师的课程安排。讲师负荷体现了培训工作的细腻度和平衡感。

## 投资回报率

投资回报率代表的是培训对业绩的影响程度，可用公式表示为：

$$投资回报率 = (项目净收益 \div 项目成本) \times 100\%$$

可以把投资回报率看作柯氏四级评估中结果评估的升级评估，是培训价值最有说服力的表现。但要做到这一点非常不容易，因为影响业绩的因素错综复杂，评估的时间周期又比较长，会给数据统计带来很大的不确定性。

# 用复盘思维搞定培训总结

柯氏四级评估并不是培训的终点，而是下一次培训的起点。做一个负责任的培训管理者，具备闭环思维很重要。但是，闭环思维如果缺少成长型思维也不够完美，毕竟每一次闭环都是为了下一次更好的表现而服务的。

培训也是一款产品，它也有很长的生产线和生产周期，在阶段总结和结项总结时应该遵循PDCA思考逻辑，即对过去的培训工作做一次完整、全面的复盘。本节将以柯氏四级评估为内容，以PDCA作为思考逻辑，以复盘思维为呈现结构，分享如何做培训总结。

好的总结一定会遵循某种呈现结构，金字塔结构就是一个不错的呈现结构。我将培训总结结构分为四大模块：目标及策略回顾、现状及规律分析、最佳实践分享、下阶段目标及计划澄清。

## 模块一：目标及策略回顾

目标及策略回顾是总领模块，是对上个阶段的培训工作进行整体回顾的页面。该模块需要对三个内容做整体概述，才能让听汇报的领导和同事快速了解你的工作。

### 1. 目标回顾

该模块需要呈现总目标和阶段性目标的历史达成情况，让听众可以看到达成情况的走势和差距。他们不仅对最近一次目标达成情况有所了解，还对目标历史达成情况的走势有一个整体认知。

## 2. 策略回顾

该模块需要呈现为了达成目标，汇报人都做过哪些关键行动，这些行动有哪些好的与不足的地方。这可以让听众了解你做过的努力和这些努力对目标的影响情况。

## 3. 行动调整

虽然模块一更多的是回顾过去，但是让听众在开头就知道汇报人的行动调整策略，也可以体现汇报人对工作的认真态度，提前铺垫好对工作改进的想法。表9-7为目标及策略回顾举例，仅供参考。

# 模块二：现状及规律分析

一个工作项下面会有很多子工作任务，在模块二现状及规律分析部分更多的是对子工作任务的分析，这些子工作任务就是模块一中的关键策略。所以模块二的页面是模块一的分支，是模块一的分论点和论据，也是整个培训总结的主体部分。

每一页子工作任务的现状及规律分析都要由结论、论据、陈述语构成。

## 1. 结论

结论是指用一句话概括和陈述一项任务的最终结果，让听众知道这一页的核心结论。比如："8月讲师认证参与50人，通过30人，通过率60%，环比7月报名人数上涨15人，通过率上涨10%。"一般结论不仅要描述现状事实，也要增加数据对比或整体现状的语言描述。再比如："8月讲师认证参与50人，通过30人，通过率60%，目前讲师队伍已从3月的30人壮大到目前的80人。"像这样有具体时间和数据的陈述方式能够达到较好的信息呈现与说服效果。

表 9-7 目标及策略回顾

| 工作项 | 衡量指标 | 目标与实际值 | 关键策略 | 效果评价 | 行动调整 |
|---|---|---|---|---|---|
| 雏鹰计划 | 满意度 | 4.89/4.85 | 1. 4月、5月2次初级班培训,1次中级培训<br>2. 还是采用区域合并开班 | 1. 好的:第二季度满意度比第一季度高0.03;培训671人次,课时3362小时<br>2. 不好:5月组织架构调整,加上新任HRBP组织,满意度较低4.75 | 1. 赋能新任HRBP<br>2. 雏鹰计划标准化统一 |
| 讲师管理 | 满意度 | 4.80/4.86 | 1. 4月组织2次、6月组织1次认证<br>2. 6月组织所有管理层报名认证<br>3. 4月24日组织灯塔培训<br>4. 讲师宣传和包装 | 1. 好的:累计认证通过39人次,及时补充讲师缺口<br>2. 不好:目前新讲师较多 | 1. 新讲师TTT培训<br>2. 安排新讲师旁听,并监控首次授课质量 |
| 新人流失率 | 流失率 | 6%/11.12% | 1. 实施助燃计划<br>2. 实施摘星计划 | 1. 好的:流失率环比第一季度降低2.47%,同比降低2.12%<br>2. 不好:流失率还是没有达到6% | 继续实施摘星计划,给予新人3个月关注期 |

## 2. 论据

为了支撑结论，让听众完全信服，在结论下方还需要呈现相关的论据，可以是原始的数据、加工分析后的图表，或是工作现场的照片。在过往的数据分析中，我们也借鉴过六西格玛的数据分析方法，通过数据分析发现培训过程中的问题，为培训提升找到切入点。

## 3. 陈述语

陈述语是对以上论据做的文字说明，主要是陈述好的地方、不足的地方和下一步的计划，而规律就藏在这些陈述的细节里。这一陈述语的格式也可以用于其他模块。图 9-1 为现状及规律分析举例，仅供参考。

## 模块三：最佳实践分享

经验萃取是培训中经常用到的方法，其实它也可以在工作总结中运用。最佳实践分享就相当于对自己做得好的工作进行一次复盘总结，便于在公司内部学习复制，同时有助于提升自己的工作能力。

最佳实践分享的格式不一，只要能还原工作的经过和总结出有效的经验即可。我通常喜欢用"5W2H"的要素来陈述一件事情的来龙去脉。表 9-8 为最佳实践分享案例，仅供参考。

# 培训管理一本通
## 培训体系搭建与管理

第二季度共认证39人，比第一季度多认证28人，第二季度平均通过率57.55%，比第一季度高出5.5%。

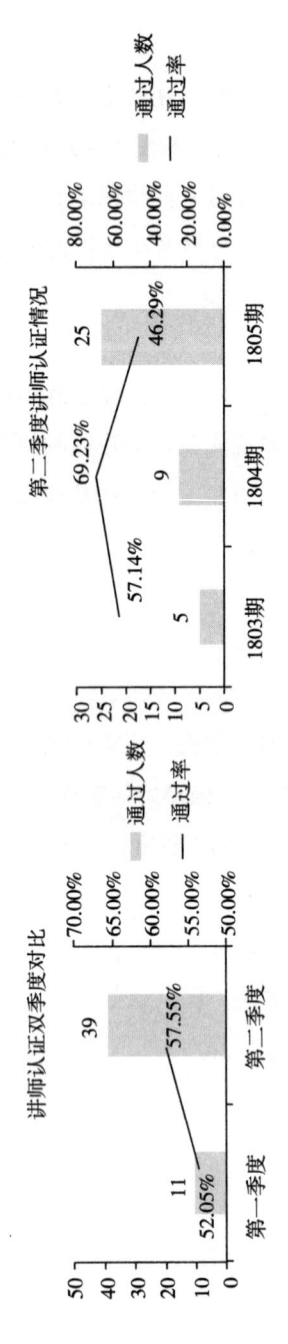

讲师认证双季度对比

第二季度讲师认证情况

1. 好的：1803期和1804期基本为主动报名人员，态度较端正，通过率较高。
2. 不足：1805期要求管理层参加认证，虽然人数上去了，但意愿和质量参差不齐，过程中呈现的问题也较多，请假的也较多，通过率仅46.29%。
3. 计划：第三季度需要关注新晋讲师的培养和广、深两地讲师的储备。

**图 9-1 现状及规律分析**

| 278

表 9-8 最佳实践分享

| 解决的问题是什么 | 讲师人数缺口 30 人 |
|---|---|
| 为什么做这个重点工作 | 现状：组织架构调整，公司讲师异动 57%，讲师缺口超 30 人，如果不能在短时间内补齐会严重影响培训工作的开展 |
| 衡量指标是什么，目标是多少 | 1. 衡量指标：讲师认证通过人数<br>2. 目标：30 人，实际完成 25 人 |
| 开展重点工作的核心思路是什么，解决哪些关键问题 | 1. 讲师缺口较大，如果按普通自愿报名方式不能及时补充讲师缺口。于是动员总经理、总监号召所有管理层报名讲师认证<br>2. 通过三天的认证，总计通过 25 人，能够较大程度补充讲师空缺 |
| 下一步计划 | 1. 讲师团队较新，需要加强培养和关注<br>2. 7 月分别进行广、深讲师认证，补充讲师缺口 |

## 模块四：下阶段目标及计划澄清

下阶段目标及计划澄清是下一阶段的起始。很多人只是将下一阶段的工作按照行事历的格式呈现出来就结束了，但这样并不能很好地让听众了解你的工作重点和关键策略，所以建议呈现重点工作目标和详细计划，并做出详细说明，做到策略有效，计划有明确的动作和完成时间，以终为始。表 9-9 为下阶段目标及计划澄清举例，仅供参考。

表9-9 下阶段目标及计划澄清

| 重点工作 | 衡量指标 | 目标值 | 关键策略 | 行动计划 |
|---|---|---|---|---|
| 新人流失率 | 流失率 | 6% | 1. 关注流失率最高的前5名大区<br>2. 提升招聘面试体验感<br>3. 开放大区自主招聘<br>4. 摘星计划关注新人成长和体验 | 1. 7月10日前统计出前两个季度流失率最高的5大区<br>2. 7月20日前邀请流失率最低的大区经理与流失率最高的5个大区经理分享经验<br>3. 7月30日前完成大区面试官培训及认证<br>4. 8月起，开放大区自主招聘权限，经理每周集中邀约一次，需要完成每周的电话邀约量<br>5. 每周一次新人见面会，一月一次茶话会<br>6. 对2个月还没出业绩的新人实施助燃计划、专人帮扶政策，降低因业绩不达标而被淘汰的人数 |

通过对以上四个模块的总结，我们可以展现培训工作的亮点，这样的思考方式对个人能力的提升也会有很大的帮助。

## 主要结论

1. 柯氏四级评估分为反应评估、学习评估、行为评估、结果评估四个层级，并且评估难度逐级提升。

2. 反应评估是最简单的评估方式，通常用于衡量学员参加培训之后的满意程度，这种满意程度并不仅仅是笼统的感受，而是对课程、培训师、组织方，甚至是物料设备、饮食起居等的评价。

3. 学习评估衡量学员对于培训知识、技能、态度的吸收与掌握程度，它受到第一级反应层的影响。

4. 行为评估衡量学员在培训后行为是否朝着理想状态发生改变。

5. 结果评估用于衡量培训对企业业绩的影响程度，它是四级评估中难度最大的。

6. 外部刺激也很关键。用行为主义的理论作为指引，同时让学员接受更多外部的刺激，鼓励、监督、奖励、强化，这些岗位中的驱动系统一定要建立起来，行为才可能发生改变。

7. 事实上，柯氏四级评估可以说是从胜任力开始的，整个培训体系都需要围绕核心的培训需求展开，而最后对培训进行的柯氏四级评估只是检验前面的所有工作是否都做到位而已。同时，作为培训管理者，我们应该认识到柯氏四级评估并不是培训的终点，而是下一次培训的起点。

8. 做一个负责任的培训管理者，具备闭环思维很重要。但是，闭环思维如果缺少了成长型思维也不够完美，毕竟每一次闭环都是为了下一次更好的表现而服务的。

9.培训也是一款产品,它也有很长的生产线和生产周期,在阶段总结和结项总结时应该遵循PDCA思考逻辑,即对过去的培训工作做一次完整、全面的复盘。

## 学习感悟

1. 本章让你印象最深刻的内容是什么?
2. 本章对你的培训工作有什么启发?

# 第十章

# 培训管理与培训制度

控制系统最早出现在工业和机械领域，它是指由控制主体、控制客体与控制媒体组成的具有自身目标和功能的管理系统，它是为了使被控制对象达到预定的理想状态或趋于某种需要的稳定状态而实施的。

以开车为例，要想使车辆行驶安全稳定，按照既定的方向到达目的地，那么车辆的控制系统就非常重要，方向盘、刹车甚至是后视镜都是车辆控制系统的组成部分。这个时候控制主体是开车的人，控制客体是车辆，控制媒体就是方向盘、刹车和后视镜等。

后来控制系统的概念被运用于管理方面，它通过对管理行为的计划、策略及奖惩等来实现管理的稳定状态。它们都是通过专门的管理部门来实现系统控制的，比如生产线要有生产管理部门，财务线要有财务管理部门，供应线要有供应管理部门等，这些管理部门实际上就是控制系统的控制主体，通过控制媒体——各种管理手段来实现对生产、财务、供应等控制客体的管理与控制，让企业的运作稳定且高效。

在培训领域也有控制系统，企业培训的控制主体是培训管理部门，控制客体是培训体系，控制媒体是培训体系搭建与落地过程中使用的计划、策略及奖惩等。控制系统可以让培训体系在搭建与落地的过程中朝着有效且稳定的方向发展，如果没有控制系统，培训翻车事故应该会接连不断。

如何才能做好培训管理体系？良好的培训控制系统离不开控制主体，也就是专业的培训管理部门；离不开控制客体，也就是科学完善的培训体系；离不开控制媒体，也就是行之有效的计划、策略及奖惩。但是，归根结底，无论是控制主体、控制客体，还是控制媒体，都离不开培训部门中的人。培训管理者的思维天花板决定了其做事的天花板。本章内容将打开并拓展你的思维，让你成为能够不断提高天花板高度的培训管理者。

# 培训部门管理必做的五件事

在多年的培训管理工作中，让我印象深刻的一个矛盾点是：到底培训管理者是纯业务背景出身的好还是纯专业培训出身的好？当然两者兼具是最好的，但现实中这样的人可遇不可求，两者往往不可兼得。很多时候高层更青睐业务背景出身的人，因为他们懂业务，但从做事的角度来讲，能让培训有效落地，掌握一定方法、技巧的专业人才也很重要。这就要求培训管理者要有学习借鉴的意识和行为，无论你是业务出身还是专业出身，在培训管理工作中一定要做好以下五件事，才能让自己的职业之路走得更长远，天花板拔得更高。

## 业务导向

无论是业务出身还是专业出身，无论从思维上还是行为上，培训管理者都应该一直保持业务导向。

### 1. 思维角度

从思维角度看，当遇到新的任务和新的体系项目时，培训管理者是否能第一时间想到要先了解业务部门是如何做的？业务部门是怎看待这件事的？业务部门的实际情况是什么样的？这样做是否可以帮助业务部门，不额外增加他们的负担？而不是我想怎么做，这件事我怎么认为。此外，从培训评估的方法中也可以看出一家公司的培训管理者到底有没有业务思维，比如以一级、二级评估为主导的培训管理者，一般专业思维较强，以三级、四级评估为主导的培训管理者，一般都是业务思维较强。

## 2. 行为角度

从行为角度看，想要具备业务导向，就应该时刻深入一线，从业务中来，到业务中去。培训部门新人到岗，要先到业务一线历练考核才能回到部门工作，并且要设立有目的、定期地到业务一线的工作机制。除此之外，在很多场景下也都要有业务导向，比如培训需求调研时，要深入一线访谈，了解业务在培训上的真实需求；在做课程开发时，要深入一线萃取优秀的业务流程和方法；培训落地后，要深入一线检验培训教授的方法和工具在一线的运用情况；等等。

贴近一线，培训才不会浮在半空中。我也是业务导向的受益者。我曾为一家头部茶饮品牌策划过一场全国性的技能大赛，大赛要想成功举办，我一定要先成为业务专家中的专家，对业务细节的把控要求不亚于任何一个培训项目，这对我的挑战极大，何况我当时还是一个外行，没有太多业务经验。在这样的挑战下，我用一个月的时间深入一线，与他们一起工作，向他们请教，不断检验、评估赛制的合理性与风险性，小到每种物料要用多少克，要准备多少货，要用到多少什么规格的器具，都要了解得一清二楚。在我的方案和工具的指导下，他们在全国各地轰轰烈烈地开展技能大赛。过程中我跑遍全国八个赛区，亲身参与每个赛区的半决赛，及时发现问题和调整策略。总决赛由我全权负责，我不仅要在一群业务专家、领导面前不出纰漏，还要能接得住他们的质疑，最后比赛取得了圆满的成功。

业务导向已经成为我的工作习惯，每当我遇到问题，第一时间想到的就是去一线。这种习惯给我带来的是业务部门对我个人的认可，而后才是对培训部的认可。

## 统合借力

"培训孤岛"现象指的是培训部陷于专业工作，不对外借力，不统合资源，干起来费劲，又看不见效果。多年以后我才理解这种现象，造成这种现象的原因在于培训部就像老黄牛每天埋头犁地，不问朝夕，光有一身蛮力。要想打破这种局面，培训部一定要学会统合借力。

### 1. 统合角度

从统合角度看，培训管理要借助系统的力量达到培训管理的目的。比如员工对培训不够重视，如果将培训与员工的晋升、加薪挂钩，那么员工自己就会重视培训；管理层与业务骨干不愿意成为内训师，如果将成为内训师作为晋升、加薪考核的一部分，管理层与业务骨干自己就会更想成为内训师；公司的学习氛围不够浓厚，如果将培训与IDP捆绑在一起，参加培训与学习就会成为员工日常关注的一部分。制度与机制的统合，可以减小培训部的工作阻力，用更小的力气就可以调动员工的学习积极性。

### 2. 借力角度

从借力角度看，借助制度的力我们已经探讨过，这里重点说说借助人力和科技的力量。培训常常会产生工学矛盾，如果员工不支持培训，培训部门的工作也会变得吃力不讨好。在培训初期，培训部门可以借高层的力，让高层为培训助阵，以得到整个公司的重视；在培训时，培训部可以借助管理层的力，让管理层对参与培训的学员有所要求，学员会更重视；培训结束后，培训部可以借助导师的力，让培训成果在岗位上生根发芽。

培训借助科技的力量是培训部需要一直探索的工作。科技的力量可以大幅度提高学习效率和培训部工作效率，还能带来更多意想不到的效果。现在再说 E-Learning 已经有些过时，现在是属于 AI、VR、AR（增强现实）、MR（混合现实）的时代。

统合借力的目的就是让培训部门用有限的资源撬动更大的可能，让培训管理事半功倍。

## 树立标准

树立标准可以说是一项对培训部门内部管理而言一劳永逸的工作。这里的标准主要是指流程标准和制度标准。

### 1. 流程标准

从流程标准角度看，一场培训的落地往往会经历很长的工序。举办一次培训，如果没有留下标准流程，那么下次再做，吃力程度和第一次做没有太大区别。而且培训部门经常有人员变动和项目交叉情况，如果没有留下标准流程的项目，换一个人做就像做新项目一样。流程标准不仅包括方案流程标准，还包括一场培训每天从早到晚的流程标准、操作标准、物料标准等，要做到详细入微，这样才可能让下一个接手的人拿到流程标准之后马上就可以顺利开展工作。

2. 制度标准

从制度标准角度看，没有相应制度的约束，学员可以随意请假，课堂表现可以敷衍了事，培训考核可以马虎应对。如果培训没有制度标准约束，培训工作经常会面临救火问题，学员挑战培训部，培训部却拿不出制度条款来约束他们，导致培训部烦事缠身。此外，与培训有关的奖励、晋升、加薪机制没有建立起来，培训很难产生激励作用。但制度标准建立之后并非可以高枕无忧，培训部还要随着情况的变化不断修订制度条款，让制度更符合实际情况。

## 内外兼修

打铁还需自身硬，一家企业培训管理者的天花板决定了企业培训的天花板。没有够硬的专业，培训经常会出现瓶颈，无法发挥更大的价值。这就要求培训管理者必须不断拓展自己的边界，不断突破自我。

1. 内部学习

从内部学习角度看，培训部不仅要贴近一线，也要了解横向部门的工作。培训部经常会遇到各个部门、各种专业的培训需求，如果培训管理者未雨绸缪，在需求来临前就已经到各个部门去轮岗学习，那么无疑对培训体系搭建有很大的帮助。内部学习有助于培训部了解其他部门的工作之外，同时，培训部内部如果分不同的小组，也需要定期在部门内部轮岗学习，这样不仅可以让内部员工加速成长，还可以拓宽部门员工的边界，让其了解不同部门和岗位的工作内容，以及不同培训体系的运作模式。

## 2. 外部学习

从外部学习角度看，市场无时无刻不在创新，好的培训及其方法、工具就在市面上，只是培训管理者没有机会接触而已。比如课程研发时间长、难度大，研发出来的效果又不好，也许外采课程效率和效果会更好；领导力培养难度大，培养效果也不好，也许外采一期领导力项目，之后依葫芦画瓢，自己内化一个版本提升更快；某些高端课程，内部师资无能力讲授，也许外采的讲师培训效果会更好。我们不得不看清一个事实，培训部并不是万能的，超出能力边界的事情可以交给专业的人来做。作为培训管理者，我们应该以学习的态度拥抱外部学习资源，然后再以实践者的角度将学习到的内容内化为企业自身的能力。

培训部本身就是一个学习部门，自身学习与提升的意识一定要比其他部门更强。如果培训部的能力提升跑不过公司发展的速度，那么培训部存在的意义和价值就会受到质疑。

## 迭代复盘

变化是事物发展的底色，培训管理也是如此。迭代复盘是对过去的反思与重构，也是培训部与时俱进、循环提升的重点工作任务之一。

### 1. 迭代角度

从迭代角度看，培训管理的相关工作就像技术开发团队一样，随时都有修复漏洞的需要。大到整个培训体系有迭代的需要，小到一门课程，一个表单、工具都有迭代的需要。培训师"一招鲜，吃遍天"的时代已经过去，陈旧的案例与工具经常会被学员嫌弃，这在培训现场并不少见。

2. 复盘角度

从复盘角度看，多种形式的复盘方式有利于培训工作质量的持续提升。比如在培训结束当天有一个当天的复盘，项目结束后有一个整体复盘，此外每星期、每月度、每季度、每年度的工作复盘都是复盘的形式。复盘最终的结果要落在下一步的行动计划上，持续跟进与改善培训工作质量。本书第九章介绍了复盘的方法，可以结合第九章的内容做好培训复盘。

以上五个必做项是我在多年的培训管理经验中总结而来的，是我认为一定要在培训部管理中经常做、持续做的事情，对于个人能力的提升和培训体系的专业化有很大的帮助。

# 企业培训制度参考模板

作为培训工作有效的控制系统，培训制度对培训有着重要的支撑作用，本节将以一项培训制度为例，展示培训制度的构成要素。

# B公司新人培训管理办法

| 编　　号 | | 版本编号 | |
|---|---|---|---|
| 生效时间 | | 密　　级 | |
| 呈　　报 | | | |
| 类　　型 | □通知　□决议　□管理规定　□指南、表单类发文　□其他 |||
| 经办部门： | | 起草人： | 联系电话： |
| 一、发布目的<br>通过有效的培训，帮助品牌方人力资源部尽早融入B公司，实现新人提效，使工作效能达到最优化，为未来发展提供战略性的高层次人才储备。<br>二、主要内容<br>B公司新人培训管理工作的适用范围、管理职责、培训前期准备的要求、培训的组织与实施、培训考核与评估等相关内容。<br>三、传达对象<br>应知应会：B公司及品牌方。<br>四、优化说明：无。<br>　　　　　　　　　　　　　　　　　　　　　　　　培训部特此制定 ||||
| 发布途径 | ||||

## 第一章　总　则

### 第1条　编制目的

通过有效的培训，规范学员行为，提升培训质量，帮助品牌方快速融入B公司，实现新人提效，使工作效能达到最大，为未来发展提供战略性的高层次人才储备。特制定本规定。

### 第2条　适用范围

本办法适用于B公司和品牌方。

## 第二章　管理职责

### 第3条　B公司培训部职责

（一）B公司培训部负责安排培训课程，对接内训师，下发课程安排表及课件。

（二）B 公司培训部负责根据课件拟定试题，并制作电子试卷。

（三）B 公司培训部负责课件的修订。

（四）B 公司培训部班主任负责具体实施与培训评估。

**第 4 条　品牌方人力资源部职责**

（一）品牌方人力资源部负责按时提供培训报名名单及缴纳培训费用。

（二）品牌方人力资源部负责下发培训通知单，督促学员准时参加培训。

**第 5 条　品牌方新人职责**

（一）品牌方新人需按时参加新人培训所有课程及项目，并完成规定考试。

（二）品牌方新人在培训期间需遵守新人培训管理制度。

## 第三章　培训流程

**第 6 条　培训流程**

主要分为：报名—缴费—集合—培训—淘汰与检核—结训—开系统—复训。

**第 7 条　报名规则**

（一）每周五 12：00 前 B 公司培训部会对接品牌方报名新人培训事宜，品牌方报名需按照"新人培训签到表模板"格式提供学员信息，最晚提交时间为培训前一天下午 16：00，超过 16：00 则无法按时为学员购买保险和大巴车票，逾期者顺延到下一期培训。培训时间一般安排在次周周二到周四。

（二）为保证拓展培训质量，每期培训报名最少人数为 30 人，若报名人数少于 30 人则需要和其他品牌一起参训，否则将延期培训。

（三）关于调转、复职人员参加新人培训的规定。

1. D 品牌方在职新人参加过新人培训，调转不需要参加新人培训。

2. 在职业务拓展岗转营销岗不需要参加新人培训。

3. K品牌在职新人参加过新人培训的调转无须参加新人培训。

4. L品牌在职新人调转不需要参加新人培训。

5. B公司平台所有人员离职6个月内复职且之前参加过新人培训的不需要参加新人培训。

6. 平台所有人员离职6个月内复职且之前没有参加过新人培训的需要参加新人培训。

7. 平台所有人员离职6个月后复职需要重新参加新人培训。

8. 参加过平台内入职培训但没有入职的，1个月内重新入职平台内品牌公司的，不需要参加新人培训，超过1个月未入职的需要重新参加新人培训。

（四）关于延期与免训规定。

可申请延期和免参训的人群及条件：

1. 延期参训：处于孕期、哺乳期（必须持有二甲以上级别医院证明，申请模板见附件）

2. 免参训：有以下重疾（手术）及其他重疾，必须持有三甲以上级别医院的证明，证明不能参加封闭培训。

| 重大疾病（手术）列表 ||||
|---|---|---|---|
| 序号 | 疾病（手术）名称 | 序号 | 疾病（手术）名称 |
| 1 | 恶性肿瘤 | 13 | 严重脑损伤 |
| 2 | 胰腺移植 | 14 | 严重原发性肺动脉高压 |
| 3 | 脑卒中后遗症 | 15 | 严重运动神经元病 |
| 4 | 重大器官移植术或造血干细胞移植术 | 16 | 重型再生障碍性贫血 |
| 5 | 冠状动脉搭桥术 | 17 | 主动脉手术 |

（续表）

| 重大疾病（手术）列表 ||||
|---|---|---|---|
| 序号 | 疾病（手术）名称 | 序号 | 疾病（手术）名称 |
| 6 | 终末期肾病（或称慢性肾功能衰竭尿毒症期） | 18 | 严重多发性硬化 |
| 7 | 多个肢体缺失 | 19 | 脊髓灰质炎 |
| 8 | 急性或亚急性重症肝炎 | 20 | Ⅱ级重症急性胰腺炎 |
| 9 | 良性脑肿瘤、心肌炎，严重心肌病 | 21 | 系统性红斑狼疮-Ⅲ型或以上狼疮性肾炎、急慢性肾炎 |
| 10 | 慢性肝功能衰竭失代偿期 | 22 | 严重类风湿性关节炎 |
| 11 | 脑炎后遗症或脑膜炎后遗症 | 23 | 严重溃疡性结肠炎 |
| 12 | 心脏瓣膜手术 | 24 | 其他 |

3. 其他特殊情况：必须由B公司城市总经理签批同意。

4. 延期参训、免参训申请流程：

（1）填写"新人培训延期参训申请"/"新人培训免参训申请"，本人及上级签字；"新人培训特殊情况免参训申请"，需本人、上级及B公司城市总经理签字并明确写明"同意不参训"后方可生效。

（2）申请人将申请表提交给品牌方培训对接负责人，品牌方负责人再提交给新人培训负责人。

**第8条 培训流程**

| 新人培训课程表 ||||||
|---|---|---|---|---|---|
| 第一天 || 第二天 || 第三天 ||
| 时间 | 课程 | 时间 | 课程 | 时间 | 课程 |
|  |  |  |  |  |  |
|  |  |  |  |  |  |
|  |  |  |  |  |  |

### 第 9 条　淘汰与检核

培训期间，参训学员每人会有 3 个豁免权，豁免权为零时将终止培训，列入退回名单。退回形式分为：违纪退回、考试退回、主动退出。

（一）违纪退回。

1. 累计违纪退回。

以下内容每违反一次将扣减一个豁免权并扣除团队 5 分。

（1）宿舍纪律。

应按时回宿舍，熄灯后至次日 7：00 之前禁止出现干扰他人休息的行为（如：说话、洗漱、吃东西、在走廊大声喧哗等），其中熄灯后至 23：40 前禁止出宿舍，特殊情况报备。

出宿舍着装应整齐，例如男生不可光背或穿短裤，女生不可穿吊带。

宿舍内务不可应付整理或者不整理。

（2）课堂纪律。

上课期间不可随意出入教室、迟到和早退。

听课坐姿应标准：标准坐姿为双手放于桌面、大腿。上课犯困的学员请自动起立到教室后面站着听课，站姿要保持挺直，不倚不靠，清醒后回到原位。

着装需合格：不可挽袖子、挽裤管，应佩戴学员牌，衬衫应扎进裤子里。

物品摆放应合格：上课期间水杯放置在教室指定位置，手机不允许放置在桌面及窗台等公共区域，也不允许以任何理由使用。

（3）食堂纪律。

吃饭时间为 15 分钟，其间禁止说话、使用手机、坐姿不端正及着装不整等。

（4）队列纪律。

由教官组织集中出行时，上下楼梯、在楼道里、去食堂或宿舍道路上，队列应整齐。否则，判个人违纪（违反两次划掉一个豁免权）且扣除班级/小组分数。

由教官组织集中出行时，学员在队列中，使用手机或无故大声喧哗，无须累计两次，直接计违纪一次，划掉一个豁免权。

（5）职业行为。

随地吐痰、说脏话、做有损职业形象的行为（如：说黄色笑话等）、不服从班主任与教官教导、严重缺乏集体意识等行为。

2. 黄线退回。

以下内容每违反一次将扣减2~3个豁免权，并扣除团队20分，且平台会扣除个人信用分6分。

（1）影响公司办公秩序：在工作关系内（工作时间、工作地点、作业过程等）发生的扰乱工作秩序的行为。

（2）平台内合作伙伴间肢体冲突：在职期间无论是否发生在工作时间、地点的肢体冲突，未造成人身伤害（以公安机关鉴定为准）。

（3）恐吓、威胁、骚扰平台内外合作伙伴：用不正当手段对待平台内外合作伙伴，包含恐吓、威胁、骚扰、诬陷、诋毁、诽谤。

触犯黄线，上报平台，扣除相应信用分，且退出本次培训，已缴培训费用不退，下期重新缴费参加。

3. 红线淘汰。

以下内容每违反一次，将扣减全部豁免权。

（1）违反社会道德、公序良俗，影响正常工作秩序。

（2）赌博被公安机关拘留。

（3）殴打员工（平台内）。

（4）平台内合作伙伴间肢体冲突：肢体冲突，给对方造成人身伤害（以公安机关鉴定为准）。

（5）恐吓、威胁、骚扰平台内外合作伙伴：用不正当手段对待平台内外合作伙伴，包含恐吓、威胁、骚扰、诬陷、诋毁、诽谤。

（6）提供虚假个人信息：向公司和加盟商提供虚假的身份信息、学历信息、工作经历、历史业绩等个人信息，以获得加入公司的机会，或者在公司获得更高的评级。

（7）侵占（员工所任职的）公司资产、资源。

（8）在公司级别重要的考试中作弊。

（9）内部行贿。

（10）恶意宣传：未经平台允许，私自以平台名义捏造、散播、造谣、传播虚假信息；严重损害平台形象、利益（涉及品牌的各品牌城市公司自定，平台提供指导意见及分值建议，且提供管理办法指导及系统记录）；违反国家法律法规，发布反社会、涉政、涉黄言论或内容。

（11）触犯国家法律法规，泄露平台内外商业机密、有保密性质的平台制度及数据等。

触犯红线上报平台做对应处罚，本次缴纳费用不退。

4. 黑线淘汰。

以下内容每违反一次，将扣减全部豁免权，且永不录用。

（1）通过暴力或暴力威胁手段对待客户、同业、员工，被国家执法机关判决涉黑。

（2）吸食或注射国家明确认定的毒品。

（3）因赌博行为被国家执法机关判刑、拘役。

（4）以营利为目的，聚众赌博或者以赌博为业的行为。人数：3人及3人以上。金额：参照刑法司法解释（聚众赌博罪）。

（二）考试退回。

学员参加全部考试。综合考卷共50题，满分100分，60分及格。

第一次考试为首考，第二次考试为补考。

（1）若首考未及格，则参加补考，并进入退回待定池。

（2）补考仍未通过，则本期退回。退回人员中首考加补考成绩总分后50%的人员下期重新缴费参加复训，复训若考试还未通过，则继续缴费参加复训，直至考试合格为止。

（三）主动退出。

学员从登上大巴起培训费用随即产生，认定为参加培训，若学员中途退出培训，费用不能退回，并且下次培训需要重新缴费。

（四）培训评价。

（1）培训结束后，全体学员根据讲师授课情况，为讲师评分。

（2）培训结束后，全体学员根据班主任带班情况，为班主任评分。

（3）整期培训结束后，学员根据全程感受，为B公司培训部组织的培训评分。

**第10条　培训激励**

（一）优秀团队。

优秀团队为班级中小组积分最高的团队，可获得证书和奖品（团队总分＝基础分＋日常项）。

1. 基础分：以团队为单位，每个团队有基础100分。

2. 日常项：

（1）成绩积分：每门考试60分及格，若团队中有一人不及格，扣5分/人。团队人员全部及格，加20分。

（2）课程表现积分：课程中出现违反课堂纪律行为，扣5分/人。

（3）项目训练积分：以团队项目训练成绩进行加减分（具体标准训练中讲解）。

（4）其他积分：除以上行为外的其他规则，如：自发的打扫卫生和做一些有意义的事，可向班主任报告进行加分，5分/人/次。

（二）状元学员。

状元学员为首考成绩分数最高的学员，如果总分相同则看谁的100分最多，100分相同则看谁的90分最多，依次类推。如果分数都相同则同时获得状元学员。违反纪律者将失去争夺状元学员机会。状元学员将获得证书和奖品。

**第11条　培训后期**

（一）针对已融合门店：新人入职并提交个人资料后三个工作日内，可提前开通系统权限；入职两个月内需顺利通过新人培训，否则将被关闭系统权限；三个月内未参训则直接注销系统账号。

（二）针对未融合门店：已提交个人资料的新人将在通过新人培训之后一个工作日内开通系统权限，未参加新人培训不能提前开通系统权限。

（三）B公司培训部在培训结束后三个工作日内与品牌公司核对培训人员和培训费用，并在月末最后一个工作日前将当月发票寄给品牌公司。

第四章　附　则

**第12条**　本办法由B公司培训部制定并负责解释

**第13条**　本办法自2023年12月1日起实施

制度范例只是一个引子，不同的培训项目，制度条款会有所不同。培训管理者可根据项目特点制定不同的培训制度。

# 内训师管理制度参考模板

内训师管理制度也是培训工作者非常关心的制度，它对内训师体系的搭建，内训师团队的管理、激励等都有指引作用。本节将以一项内训师管理制度为例，展示内训师管理制度的构成要素。

**B 公司内训师管理制度**

| 密级 | 公司机密级□ 商业机密级□ 内部使用级□ 限制分发级□ 完全公开级□ |
|---|---|
| 制度编号 | |
| 版本 | |
| 发布部门 | |
| 审批 | |
| 施行日期 | |

版本变更记录

| 序号 | 版本号 | 修改内容 | 发布日期 |
|---|---|---|---|
| 1 | V1.0 | 首次发布 | 2020 年 3 月 1 日 |
| 2 | V1.1 | 奖励、晋升、内训师违规 | 2021 年 1 月 1 日 |
| 3 | V1.2 | 考核、奖励、降级、违规管理 | 2023 年 11 月 1 日 |

目　录

第一章　总　则

第二章　职　责

第三章　管理内容与要求

第四章　内训师考核

第五章　内训师福利

第六章　内训师晋升与降级

第七章　内训师的培养

第八章　检查与考核

第九章　附　则

## 第一章　总　则

**第一条　编制目的**

为打造公司坚实的内训师队伍，实现内部讲师管理的规范化和科学化；有效开展全员培训，并帮助员工改善工作方式、方法，提高效率；让企业员工有效的传承知识、技能；为打造职业化、专业化的内训师队伍，特制定本制度。

**第二条　适用范围**

本制度适用于公司内部考核选拔的内训师。

**第三条　名词解释**

内训师：是指能够结合公司的发展要求，研究开发公司实际需要的培训项目，以及根据公司经营、管理的需求，掌握并运用现代培训理念和手段，制订、实施培训计划，并通过公司内部选拔、培训、考核等获得内训师资格证书的人员。

## 第二章　职　责

**第四条　学习与发展部职责**

（一）学习与发展部为内训师的归口管理部门，负责内训师甄选、聘用、培训、考核、等级评定、制订课程计划、培训安排、建档及日常管理工作。

（二）学习与发展部负责对内训师的授课技巧、方式方法、案例、内容提出改进意见。

（三）学习与发展部负责对内训师进行奖惩和总结工作。

（四）学习与发展部负责组织内训师的集体学习、提升活动。

（五）学习与发展部根据公司确定的课程框架，对不同的主题成立课程研发小组，各小组不定期召开讨论会，对课程的开发进行研讨。

（六）学习与发展部负责记录内训师每次授课后的各项指标数据，作为内训师年度考核基础数据。

第五条　内训师职责

（一）根据公司员工培训需求，编写或开发有关课程，如培训标准教材、案例、授课PPT文档、试卷及标准答案等，并定期改进；同时将课程研发的相关资料、教案、讲义、考试题目及答案等交到学习与发展部备案。

（二）根据培训计划，实施授课。如果是自身原因导致无法进行课程的讲授，需自行协调讲师更换，并提前两个工作日通知公司学习与发展部。

（三）参加相关外训后，须在两周内向内训师考核小组分享外训内容或提交员工培训报告；同时根据实际情况进行课程优化，并将其引入企业。

第三章　管理内容与要求

第一节　内训师选拔

第六条　内训师选拔分工

公司学习与发展部负责内训师选拔的组织实施工作，各部门负责组织本部门内训师竞聘报名及资料收集、上报工作。

第七条　内训师选拔考核小组

（一）组长：公司总经理。

（二）副组长：人力资源部中心总监。

（三）成员：培训经理及学习与发展部员工代表、运营总监。

### 第八条　内训师任职资格条件

（一）公司本着公开、公平、公正的原则对内训师进行选拔。

（二）凡在管理、业务、专业知识等方面具有较为丰富的经验或特长，工作业绩突出，同时有较强的语言表达能力和感染力的人员。

（三）运营部职级为 M3 级及以上销售人员，且必须为大区特聘讲师；职能部门入职 1 年以上员工（主管经理不限年限）。

（四）认同企业文化和管理理念，近 6 个月价值观无 C 级且无红黄线违规记录，专业考试成绩不低于最近一次考试平均分。

（五）具有认真负责的工作态度和高度的敬业精神，热爱培训工作，能在不影响本岗位工作的前提下，积极配合公司培训工作的开展。

（六）形象良好，具有较强的书面表达能力、语言表达能力、感染力、组织协调能力和一定的演讲能力。

### 第九条　内训师选拔流程

（一）各部门负责将内训师选拔的通知在本部门内落实，鼓励员工参与并做好内训师的报名、组织和初选工作，在规定时间内将初选后的内训师申请表搜集、整理并上传至学习与发展部；具体表格数量以学习与发展部收到的为准。

（二）学习与发展部对提交的内训师申请表初步审核后，将统一安排面试，面试结果在 OA 系统上进行公示。面试合格人员，直接进入大区特聘讲师储备库参加竞聘。

（三）参选者按照 OA 公告所指定时间、地点，带好所需资料参加评选试讲。评选试讲 15 分钟，不限题目。学习与发展部将安排 3~5 人的考核小组对参选者进行评分。

（四）试讲合格者将接受学习与发展部安排的相应培训及考核，

依据开发课程的试讲考核成绩择优聘用；考核通过后，上报总经理审核最终人员名单，并在OA系统中公示。

（五）试讲、考核不合格者和高层审批不合格者，进入大区特聘讲师储备库，次年内训师选聘时，对这部分人员直接给予面试资格。

**第十条　内训师聘用**

（一）内训师经过高层审批通过并公示后，由学习与发展部统一发文聘任，并颁发相应级别的内训师资格证书。

（二）内训师认证证书一年一审，通过者可根据等级要求晋级，未通过者，给予降级或者半年的考察，如果还不符合要求，将退回大区特聘讲师储备库。

（三）新晋内训师有三个课程试讲期。

（四）若试讲期三次，满意度有两次低于当月平均满意度，则该内训师需重新参加学习与发展部试讲认证，若此次认证未通过则退回大区特聘讲师储备库。

**第二节　内训师违规管理**

**第十一条　内训师违规管理**

（一）取消讲师资格且永不录用的行为。

1. 故意泄露公司课件、考题、知识点等保密资料给外部人员以谋取私利的。

2. 授课期间发布不实信息，利用微信、微博等公共平台恶意散播消极言论，诋毁公司或同业，严重违反公司价值观的。

（二）停止排课3个月的违规行为。

1. 个人着装不当：以"销售人员形象标准化"为依据，一年内累计2次着装不合格的。

2. 违反课堂纪律：出现一次上课期间私自接打电话、玩手机，或做其他与授课无关的事情的。

3. 个人言论不当：在培训基地或其他授课场所说脏话，使用违背企业价值观或经营理念的言论或案例，不恰当地进行宗教或政治评论及其他不当言论的。

4. 专业考试不合格：专业正考成绩低于平均分。

注：停课期间同样计入授课周期；停课期间如课程发生变化，需要重新认证。

（三）取消讲师资格，且3个月内不得报名认证的违规行为。

1. 迟到：实际授课中一次迟到30分钟（含）以上、一年内累计2次迟到10分钟（含）以上的。

2. 早退：实际授课中一次早退30分钟（含）以上、一年内累计2次早退15分钟（含）以上的。

（四）取消讲师资格，且6个月内不得报名认证的违规行为。

1. 授课出勤违规：连续90天（含）内无授课记录（换课）（90天内正常排课次数在1次及以下，不适用此条）。

2. 临时请假：上午的课程课前12小时（含）以内请假，下午课程课前6小时（含）以内请假（突发疾病等特殊情况，出示医院等相关证明，不视为请假）。

（五）取消讲师资格，且12个月内不得报名认证的违规行为。

讲师无故缺席造成重大教学事故。（行为定义：已确认接受排课安排但未出席授课，且授课开始前未提前通知排课负责人，导致培训出现空堂的行为。）

## 第四章　内训师考核

**第十二条　日常考核**

学习与发展部负责内训师的日常考核，课程结束后1个工作日内完成考核。日常考核以受训学员及班主任对课程、讲师的评价反馈为主。

## 第十三条　季度/半年度/年度考核

（一）学习与发展部于每年组织对内训师进行4次季度考核评定、2次半年度考核评定和1次年度考核评定，评分标准详见下表。

1. 学员满意度平均分：根据一年内所上课程的培训反馈表的平均分来统计。

2. 班主任满意度平均分：根据一年内学习与发展部在内训师授课中的抽检平均分来统计。

3. 课时数（1小时为1课时）：根据一年内内训师授课的具体课时数来统计，具体以学习与发展部统计数据为准。

注：若综合积分出现相同的情况，则以学员平均满意度高低进行排名，学员人数少于20人不参评。

| 项目 | 范围 | 分数 | 占比 |
| --- | --- | --- | --- |
| 学员平均满意度（初级） | 4.9（含）以上 | 100 | 60% |
| | 4.8（含）~4.9（不含） | 90 | |
| | 4.65（含）~4.8（不含） | 70 | |
| | 4.5（含）~4.65（不含） | 50 | |
| | 4.5（不含）以下 | 0 | |
| 学员平均满意度（中级） | 4.8（含）以上 | 100 | 60% |
| | 4.7（含）~4.8（不含） | 90 | |
| | 4.6（含）~4.7（不含） | 70 | |
| | 4.5（含）~4.6（不含） | 50 | |
| | 4.5（不含）以下 | 0 | |

（续表）

| 项目 | 范围 | 分数 | 占比 |
|---|---|---|---|
| 班主任平均满意度 | 4.5（含）以上 | 100 | 20% |
| | 4.25（含）~4.5（不含） | 90 | |
| | 3.75（含）~4.25（不含） | 70 | |
| | 3.5（含）~3.75（不含） | 50 | |
| | 3.5（不含）以下 | 0 | |
| 累计课时数 | 44（含）以上 | 100 | 20% |
| | 36（含）~44（不含） | 90 | |
| | 28（含）~36（不含） | 70 | |
| | 16（含）~28（不含） | 50 | |
| | 16（不含）以下 | 0 | |

（二）综合积分核算标准：满分100分，其中学员平均满意度占60%、班主任平均满意度占20%、累计课时数占20%。

注：目标以每年年初公布为准（根据实际情况而定）。

（三）考核结果由学习与发展部审核后上报公司总经理审批。

## 第五章　内训师福利

**第十四条　内训师授课系数**

（一）基地训人员系数：根据学员到场人数确定相应的系数。

| 人数 | 系数 |
|---|---|
| 1~50 | 0.8 |
| 51~100 | 1 |
| 101~150 | 1.2 |

（二）其他培训人员系数：根据学员到场的人数确定相应的系数

（20人以上才可开班并计算课时费）。

| 人数 | 系数 |
| --- | --- |
| 20~60 | 1 |
| 61~100 | 1.2 |
| 101~140 | 1.4 |

（三）综合反馈系数：根据学员反馈的平均分数和班主任满意度确定相应的系数。

（四）学员成绩系数：根据学员考试的平均成绩确定相应的系数。

（五）课时系数：根据授课时长确定相应系数。

### 第十五条 各职级对应基础分

| 职级 | 一星讲师 | 二星讲师 | 三星讲师 | 特级讲师 |
| --- | --- | --- | --- | --- |
| 基础分 | 20 | 40 | 60 | 80 |

注：顺利通过集团讲师认证的内训师直接晋升一级。

### 第十六条 授课积分计算方式

授课积分 = 基础分（课程基础分 + 职级基础分）× 人员系数 × 综合满意度系数（学员满意度 × 70% + 班主任满意度 × 30%）× 学员成绩系数 × 课时系数

例：

讲师职级：一星

职级基础分：20

课程基础分：150

授课课程："有效沟通"

参训人数：30人（假设对应系数1）

综合满意度为：4.8（假设对应系数1）

平均成绩：87分（假设对应系数1.2）

授课时长：120分钟（假设对应系数0.82）

授课积分=（150+20）×1×1×1.2×0.82=167.28

### 第十七条 讲师积分加减分情况

| 行为 | 行为定义 | 行为判定 | 分值 |
| --- | --- | --- | --- |
| 临时救场 | 排课人员确定后，临时出现讲师请假，在授课开始前24小时内接收到救场通知并按时完成授课的，视作临时救场 | 加分 | +50 |
| 课程认证 | 重复认证某一系列课程只加1次分数，不同系列培训课程可重复加分 | 加分 | +20 |
| 大区通关类培训 | 讲盘通关、签约通关等（30分/小时，一天最高100分） | 加分 | +30 |
| 案例提供 | 学习与发展部邀请讲师提供相关案例，一经采纳则予以加分 | 加分 | +20 |
| 课件纠正 | 及时纠错，真实存在（政策、数据信息等，10分/条） | 加分 | +10 |
| 参与课程研发 | 参与培训课件制作和研发，邀请人依据实际情况而定分数 | 加分 | +50~100 |
| 个人讲堂 | 讲师个人品牌课程（制课+讲课）培训管理部提供平台，讲师自制课程讲授分享 | 加分 | +300 |
| 路费补贴 | 到基地授课讲师 | 加分 | +100 |
| 迟到 | 讲师迟到，迟到时间10分钟（不含）以内 | 减分 | -20 |
| 迟到 | 讲师迟到，迟到时间10分钟（含）以上 | 减分 | -30 |
| 临时换课 | 讲师未提前24小时（含）要求换课 | 减分 | -100 |
| 备课 | 每门课至少备课3次以上（班主任检查备课本，少一门减10分） | 减分 | -10 |

注：当讲师出现迟到行为时，由班主任与讲师进行迟到时间确认，

并于"讲师迟到确认表"上签字确认。

**第十八条　其他奖励**

（一）享有SVP、总监竞聘资格。

（二）参加季度大会授励仪式。

（三）优秀讲师获得外出学习机会。

（四）一年内参与集团分享课程的内训师获得2000积分（按分享先后顺序，取前三名）。

（五）每季度评选优秀讲师，并获得授课积分奖励（根据综合积分计算，课时不少于4课时且综合排名前6名的讲师当选，第一名奖励300积分，第二至第六名奖励100积分）。

（六）每年举行教师节活动1次。

（七）每年获得2次提升培训机会。

（八）每年评选出最佳卓越贡献奖，并获得定制专属礼品及奖杯（根据年度累计课时数计算）。

（九）每年评选出最佳人气讲师奖，并获得定制专属礼品及奖杯（根据年度学员平均满意度计算，课时不少于16课时且学员平均满意度排名第一的讲师当选）。

（十）每年按课程评选出最佳育人奖，并获得定制专属礼品及证书（根据年度课程考试平均分计算，课时不少于16课时且考试平均分排名第一的讲师当选）。

（十一）每年评选优秀讲师，并获得国外游及奖杯（根据综合积分计算，课时不少于16课时且综合排名前三的讲师当选）。

（十二）特聘讲师（博学特聘讲师、BLP特聘讲师、职能特聘讲师、大区特聘讲师、季度个人业绩排名前十的特聘讲师）可计算课时费50元/小时（低于1小时不计算）；不享有公司级内训师其他福利。

## 第六章　内训师晋升与降级

**第十九条　内训师晋升**

（一）内训师职级一年只晋升1次。晋升时间为每年12月，在年度考核结束后，符合条件的可以晋升一级，由学习与发展部颁发新证，并进行发文通报。

（二）特级内训师的晋升不再有等级的区分，连续两年排名前三者，将内训师资格审核由一年一审，变为两年一审。

（三）所有讲师从一星讲师开始往上逐级晋升。

（四）年度考核评分排名晋升如下表所示。

| 职级 | 范围 |
| --- | --- |
| 一星升二星 | 20% |
| 二星升三星 | 20% |
| 三星升特级 | 20% |

注：综合排名前20%的讲师获得晋升机会。

**第二十条　内训师降级和退出**

（一）连续6个月不接受学习与发展部安排的任何课程，予以降级处理，并退回大区特聘讲师储备库。

（二）年度考核评分排名后10%，则等级下降一级；若等级已为最低一级，则取消内训师资格并退回大区特聘讲师储备库，半年以后方可重新认证。

（三）由于自身原因，讲师退出内训师团队，则必须填写自愿退出申请（详见OA通用申请流程：运营总监审批—人力资源总监审批—学习与发展部经理审批—培训专员阅读）。

## 第七章　内训师的培养

**第二十一条　内训师培养**

（一）学习与发展部根据内训师的实际情况，安排相应内训和外训课程，以增强内训师的自身素质和专业技能的提升。

（二）学习与发展部定期举行内训师的经验分享沙龙。

（三）学习与发展部定期组织内训师与兄弟单位内训师进行知识分享与技能交流。

（四）内训师可以通过学习与发展部借阅培训类书籍和视频，以利自身素质的提升。

（五）内训师向学习与发展部申请并得到同意后，允许旁听公司所有培训课程。

## 第八章　检查与考核

**第二十二条　检查与考核**

学习与发展部负责对本制度进行监督与考核，若学习与发展部违反本制度，将对相应人员进行相应处罚，详情请见 B 公司实施部管理制度。

## 第九章　附　则

**第二十三条**　本制度由 B 公司学习与发展部负责解释和修订

**第二十四条**　本制度自 2023 年 11 月 1 日起修订，且 2021 年 1 月 1 日发布的内训师管理制度同时废止

B 公司<br>
签批：<br>
年　月　日

内训师管理制度比一般的培训制度要复杂许多，在制定的过程中要多方征询意见，并且在验证后才能够签发公布。所有的管理制度并不是在体系建立之初就诞生的，大部分制度是先有基本工作模式的运作后才慢慢建立起来的。制度的建立也是由简单到完善的过程，并且需要适时对制度进行修订，才能确保制度与实际相符，成为培训体系的有效控制系统。

# 培训部门利润化发展趋势

目前，培训部越来越多地走上了利润化路线，特别是大型平台型企业。万科在2019年11月，启动了职能部门业务化尝试，探索将职能转变为业务、将管理转变为服务，万科人力资源部成为服务万科15万人的人力资源企业。我曾经服务过的一家平台与加盟型企业也做了培训部利润化转型，从新员工培训开始收费，然后慢慢到管理层的培训收费。在严峻的市场竞争中，人力成本不断提高，成本部门转型为利润部门已经成为一种趋势，这也对培训管理者的要求越来越高。实现培训部门利润化，需要考虑以下三个问题。

## 培训部的产品是什么

既然要实现利润化，就要把培训部当作一家公司来运作，那么首先要考虑的问题是，这家模拟公司的产品到底是什么？

### 1. 根据自身特点研发产品

我们可以对照市场上的培训公司，看看这些公司卖的产品或服务是什么。培训公司最常卖的一个是课程，一个是讲师的影响力，还有的培训公司会卖培训项目和培训咨询。培训部在利润化过程中需要先做自我评估，是要走课程化路线，还是讲师化路线，如果有能力和人力，可以再考虑是否走项目式、咨询式路线。如果培训部课程研发能力较强，但师资力量薄弱，那么课程化路线更能吸引你的客户，更具竞争力；如果培训部师资力量强大，但课程研发能力较弱，那么讲师化路线可以作为首选定位；如果培训部课程研发能力和师资力量都非常有竞争力，那么在利润化的进程中将非常有竞争力。少部分培训部也会走项目式和咨询式路线，这种路线对交付的要求比较高，单价比较贵，因此它可以是利润化过程中的意外之喜，但要让培训部业务平稳发展，小额、高频的产品无疑对现金流更友好。

### 2. 周边产品

培训的周边产品也是可以考虑的一个方向，比如具有吸引力的展业工具、材料、公仔、线上课程等都是客户有需求的产品。周边产品虽然不能带来可观的利润，但可以和客户产生持续的互动，维系与客户之间的关系。

### 3. 科学规划产品等级与定价

有了产品之后还需要对产品的等级与定价做出规划。部分小额与免费产品可以作为培训部的引流产品，通过引流产品与客户持续互动，将他们的视线吸引到更高价位的产品上。刚开始进行利润化的培训部不用太着急盈利，可以以较亲民的价格来试探市场的反应，对表现较一般的产品，可以维持或降低原有价格，对表现亮眼的明星产品，及时调整价位。明星产品相关人应同样享有较高的利润分配比例，比如爆款课程研发者的版权费、明星讲师的课酬等。

### 4. 确保选购、营销路径畅通

产品端还需要思考两条通路，一条是选购通路，一条是营销通路。选购通路是指培训产品要有一个统一的展示媒介，可以是一张产品清单、产品手册或线上商城，方便客户详细了解和对比产品。营销通路是指培训部要如何通过营销手段和营销渠道影响客户心智，吸引客户主动购买产品。

## 培训部的客户是谁

培训部的客户与企业的性质有很大关系，通常大部分企业赚钱的部门都是培训部服务的对象。但就内部客户而言，培训部还需要分清楚哪些是核心客户，哪些是非核心客户，哪些是潜在客户，也就是要清楚哪些群体更愿意付费购买培训产品，并且培训产品的研发也是根据客户的核心痛点开展的。

客户与用户的概念有一些区别，支付费用的人是客户，使用的人是用户，所以培训部在利润化的过程中要非常了解客户为什么付费，为哪些岗位付费，而不仅仅是站在用户的角度考虑他们的岗位需求。

培训部利润化过程中除了可以服务内部客户，也可以对外拓展，服务外部客户，将业务范围持续扩大，比如企业所在地附近的中小型企业、供应链上下游的合作商、对标学习企业管理模式的友商等。

## 培训部的盈利模式是什么

清楚了自己的核心客户与核心产品之后，培训部的盈利模式呼之欲出。一个利润化的培训部必定会关注自己的盈利模式，它不仅要关注收入的来源，还要关注利润的分配问题。

关注爆款产品、明星讲师，以及客户会为什么内容和什么岗位付费，这些构成了盈利模式的基本框架。对内部客户而言，哪些产品是拳头产品，是利润的主要来源，比如新员工培训、管理层培训、专业技能培训、公开课、认证体系等。对于外部客户而言，哪些产品是拳头产品，是利润的主要来源，比如经营管理模式的课程等。除此以外，培训部门如果没有优质的课程与讲师，但有外部资源，也可以通过采购外部培训，给目标客户提供培训服务获得利润。

## 第十章
### 培训管理与培训制度

关于利润分配问题，培训部的人工成本和讲师课酬是主要成本，涉及外地培训的，还会产生差旅费用，这些费用都需要在利润中扣除。除此之外，用于内部人员的激励费用及转交给企业的分红也是利润分配的一部分。

培训部做到完全利润化并不容易，也许刚开始是入不敷出的状态，慢慢才可能往收支平衡状态发展，运营得好才能盈利。但不管如何，培训部只要跨出利润化的脚步，不管收入多少，都可以帮助企业解决一部分成本问题。

当然，培训部存在的首要目的是要帮助企业解决一些日常基础学习需要和难度较大的课题，这部分工作是否也走付费的形式，也是盈利模式中需要考虑的问题。对于这个问题，培训部可以在自身的运营模式中加以规定，但也要看企业的特点和管控力度。对于全面利润化的培训部而言，对于企业的基础培训需求可以走收费路线；对于半利润化的培训部而言，对于企业的基础培训需求还是以正常的工作任务来对待，不收费。

培训部的利润化就像阿米巴组织一样，让员工关注利润，对经营结果负责，发挥个体最大的潜力，解放老板的双手。不仅是培训部，有越来越多的服务部门已经开始走向利润化。放眼乙方市场，只要是市场上提供的服务，企业内部如果有类似的职能部门，它们都有可能走利润化路线，比如财务部、人力资源部、供应链部门、生产加工部门等。

利润化是一种趋势，它对培训部提出了更高的要求，很多培训部在利润化探索初期非常不适应，培训管理者可以提前做一些心理准备。

## 主要结论

1. 在培训领域也有控制系统，企业培训的控制主体是培训管理部门，控制客体是培训体系，控制媒体是培训体系搭建与落地过程中使用的计划、策略及奖惩等。控制系统可以让培训体系在搭建与落地的过程中朝着有效且稳定的方向发展，如果没有控制系统，培训翻车事故应该会接连不断。

2. 如何才能做好培训管理体系？最重要的其实还是取决于培训管理部门中的人。培训管理者的思维天花板决定了其做事的天花板。

3. 无论是业务出身还是专业出身，无论从思维上还是行为上，培训管理者都应该一直保持业务导向。

4. 每当我遇到问题，第一时间想到的就是去一线。这种习惯给我带来的是业务部门对我个人的认可，而后才是对培训部的认可。

5. "培训孤岛"现象指的是培训部陷于专业工作，不对外借力，不统合资源，干起来费劲，又看不见效果。

6. 制度与机制的统合，可以减小培训部的工作阻力，用更小的力气就可以调动员工的学习积极性。

7. 统合借力的目的就是让培训部用有限的资源撬动更大的可能，让培训管理事半功倍。

8. 我们不得不看清一个事实，培训部并不是万能的。作为培训管理者，我们应该以学习的态度拥抱外部学习资源，然后再以实践者的角度将学习到的内容内化为企业自身的能力。

9. 培训部本身就是一个学习部门，自身学习与提升的意识一定要比其部门更强，如果培训部的能力提升跑不过公司发展的速度，那么培训部存在的意义和价值就会受到质疑。

10. 所有的管理制度并不是在体系建立之初就诞生的，大部分制度是先有基本工作模式的运作后才慢慢建立起来的。制度的建立也是由简单到完善的过程，并且需要适时对制度进行修订，才能确保制度与实际相符，成为培训体系的有效控制系统。

11. 培训部的利润化就像阿米巴组织一样，让员工关注利润，对经营结果负责，发挥个体最大的潜力，解放老板的双手。

## 学习感悟

1. 本章让你印象最深刻的内容是什么？
2. 本章对你的培训工作有什么启发？

‖后 记‖

# 培训技术引领组织发展

虽然培训技术没有明确的定义，但我们从"技术"的定义可以窥探一二。技术是解决问题的方法及原理，是指人们利用现有事物形成新事物，或是改变现有事物功能、性能的方法。我认为，培训技术首先是一种方法或原理。其次，培训技术能形成新事物或改变现有事物的功能或性能。培训发展至今，已经有大量的培训技术可以达到以上定义标准。培训技术在企业战略制定、企业文化共创、组织诊断、经验萃取、创新等组织发展相关场景中都发挥着重要作用。我大胆地预测，培训越来越独立于人力资源模块的同时，将会越来越接近组织发展、战略管理等重要的组织模块。

## 企业战略制定

大部分企业都会做长、中、短期的战略规划，这些战略的制定和共识都需要通过高管会议来达成。一场成功的企业战略制定会需要通过工具和流程的完美搭配才能达到效果，这时培训技术就会派上用场。

通常会用到的战略制定工具有战略分析工具、战略制定与选择工具、战略实施工具，战略制定会经历宏观到微观、战略到计划的分解过程，如果没有足够专业的战略专家和流程专家，一场战略制定会很难达到理想效果。战略制定会上经常用到群策群力、团队共创等培训技术，这些培训技术可以充分激发员工的智慧，让员工充分参与战略制定的每个环节。

培训技术在战略制定方面大有可为，难的是培训师不仅要在战略工具的使用上具备相当专业的水准，还要能通过流程技术把控好整个场域。此外，还有一个非常重要的前提条件——老板是否愿意让培训部担此大任。培训师的天花板是要用咨询的思维来做培训，可以说用咨询思维来做培训的培训管理者，培训技术仅仅是他实现目标的一种工具。

## 企业文化共创

要做好企业文化共创，关键是要做好文化共创会，尽可能让更多的人参与文化共创活动。员工参与文化共创越深，对企业的文化认可度就越高。

企业文化共创通常也会用到培训研讨技术，这种研讨技术类似团队共创，只是文化的共创会增添许多感性元素。文化理念是企业文化的内核，有了文化内核之后才能将理念融入制度，为企业文化落地保驾护航，使企业文化最终外显于物质层面，耳濡目染，影响员工的理念和行为。

培训技术在企业文化共创方面不可或缺，企业需要做好的是企业文化落地的衔接工作。企业文化只有融入培训、融入选拔考核、融入薪酬绩效，讲好企业文化故事，树立企业文化标杆，才能生生不息。

## 组织诊断

企业在发展过程中经常会遇到很多大大小小的组织问题,这些问题如果在员工心中积压,久而久之就会形成负面情绪,因此企业不仅要在流程上进行疏通,还要对员工的情绪进行疏导。

我曾经参与过一家创业型电商公司组织的周年会,并在周年会中设计了一场让人印象深刻的员工吐槽会。这场周年会是由该企业的企业大学策划组织的。他们将员工分为两大方阵,一个方阵是由业务部门组成的用户小组,一个方阵是由职能部门组成的服务小组。不同的职能部门会固定在不同的会场等待用户的到来,业务方阵则会轮流去不同的会场对该职能部门的服务大肆吐槽。吐槽期间职能部门不能辩解,只能将问题记录下来,直到吐槽结束之后,职能部门才能针对吐槽进行解释和做出下一步的承诺。这个会议看似是吐槽大会,实则是一场组织诊断、促进协同、组织优化的发展会议。研究过组织发展技术与培训技术的读者会发现,吐槽会其实结合了世界咖啡和鱼缸会议两种技术。

培训技术在组织问题诊断、疏通内部流程与员工情绪上大有可为。难的是针对诊断出来的问题,还要有解决方法和行动计划。能够成功解决企业问题,培训技术的运用才会有价值。

## 经验萃取

经验萃取对经验的沉淀和复制有很重要的作用。在企业内部,经验萃取的对象和方式有很多种,这些萃取方法也是培训技术的一种体现。卡片法是经验萃取中经常用到的方法,先让员工发散思维,把想法写在卡片上,然后再通过聚焦和归纳汇聚团队的智慧。比如在胜任力模型分析、岗位工作分析、标杆分析等场景中,卡片法可以达成经

# 后 记
## 培训技术引领组织发展

验萃取的效果。

培训技术在经验萃取的场景中被广泛运用，它让隐性的知识与经验显性化，为经验的复制、推广打下坚实的基础。

**创新**

1983年，哈里森·欧文（Harrison Owen）筹办了一场人数多达500人的会议，但是他对会议的结果非常失望，他发现人们最有活力、最有生产力的时候是休息时间。因为人们在休息时间里边喝饮料边吃茶点，和身边的人谈论自己感兴趣的话题，这让他们感到非常愉悦，于是开放空间技术就这样诞生了。这种培训技术让参与者围成一圈，圈内的每个人都有机会发表自己的看法，这对复杂问题的解决、创新问题的发散等都有很大的帮助。开放空间会议一般由一位引导者开场、收场，并向与会者解释会议规则，除此之外，引导者不再承担其他任何角色，也不以任何形式控制会议的进程。开放空间里的每个人都有平等发言的机会，并且可以自由地参与其他话题组的讨论，自然地开始，自然地结束，没有太多的规则约束，参与者用最轻松自由的方式参与即可。

培训技术对创新产生了很好的推动作用，它的关键是营造轻松平等的场域氛围，让每个人都有机会发表自己的想法，灵感就会不由自主地迸发出来。

组织发展就是在克服企业熵增的过程，这些熵增不仅存在于固化的流程里，也存在于员工的思维习惯里，培训技术就是帮助打破员工思维牢笼，捋清流程淤堵的方法、工具。培训更重要的作用是帮助员工解放大脑，激发个体和组织的智慧。培训技术之所以能引领组织发展，其重要的原因在于它鼓励冒险、革新及发散思维，参与者可以通过讨论、信息收集、头脑风暴等提出新的想法，从而增强个人的创造性思维能力。

培训管理者要想用培训技术引领组织发展还有很长的路要走，不仅要打破传统事务型培训的局限，开展咨询式培训，还要掌握各个领域的专业工具，并在教练与引导技术的辅助下，使培训技术发挥更大的价值。

## 附录 胜任力词表

| 素质指标 | 定义 | 档次标准 |||||
|---|---|---|---|---|---|---|
| | | 1分 | 2分 | 3分 | 4分 | 5分 |
| 责任心 | 一个人对工作或任务的承诺和投入程度。它包括对工作质量的关注，遵守规章制度，按时完成任务，主动承担责任，积极参与团队合作等方面 | 工作的完成情况以上班时间为界，对未完成的工作拖拉、找借口 | 对工作认真负责，尽量在规定时间内保质保量地完成 | 合理安排并规划自己的工作，对于未完成的任务，勇于承担责任，主动解决、落实 | 合理安排并规划自己的工作，对于计划或要求内的工作想尽一切办法完成 | 以公司为家，事业心较重，对于自己、部门的工作，甚至公司未来的发展方向等问题主动思考，并以此为己任，感到自己身负重大责任 |
| 执行能力 | 一个人在工作中有效地实施和完成任务的能力。它包括对任务的理解和规划，组织和调配资源，及时采取行动，解决问题和克服障碍，并最终完成任务的能力 | 所在职位的工作主要是通过执行，实施各种作业活动，对上级的决策基本执行 | 工作主要是通过带领团队，进行各种作业活动，能自愿执行上级的决策 | 工作主要是通过带领团队，进行各种作业活动，能自愿积极执行上级的决策，并做好说服工作 | 在公司既定方针下，在自己的工作范围内做出决策，督导、组织实施，积极说服，并与公司决策的精神完全一致 | 执行公司的决策有大家一致认为实际有困难，但仍然创造性地执行决策，并与公司决策的精神完全一致 |

（续表）

| 素质指标 | 定义 | 档次标准 ||||
| --- | --- | --- | --- | --- | --- |
| | | 1分 | 2分 | 3分 | 4分 | 5分 |
| 管理能力 | 一个人在组织和管理工作中有效地规划、组织、领导和控制的能力，它涵盖了解决问题、决策制定、团队管理、沟通协调、目标设定和达成，以及资源管理等方面的能力 | 承担部门某一专业领域的部分责任，参与部门重大决策，带领专业人员开展工作，是公司业务领域的责任人 | 任某一部门的责任人，根据公司的宏观决策制定部门重大决策；精通该领域的行业政策惯例，推动本业务领域工作的开展，管理和培养本业务领域的员工完成工作任务 | 对公司几个重要领域负完全责任，参与公司级决策；发展和使用有效的战略和人际关系技巧去影响、激励和指导他人完成特定的工作目标 | 对公司当前及长远发展负全部责任，思考、决策公司长期战略规划和近期规划，建设领导团队和高级管理团队文化，规划、建设企业管理体系，代表公司对外活动 | 在上市公司从事全面的管理工作，管制定公司长期战略规划和近期规划，建设领导团队和高级管理队伍，规划、建设企业文化，规划企业管理体系等，使企业拥有良好的市场声誉 |
| 计划能力 | 一个人在工作和生活中有效地制订和执行计划的能力，它包括了解共同目标、目标设定、资源规划、时间管理和风险评估等方面的能力 | 设定目标，将工作分解成不同的流程步骤，制订工作计划和安排工作，根据出现的问题进行调整，但计划与实际出入较大 | 观察任务或工作的深度和难度，设定目标，将工作分解成不同的流程步骤，制订工作计划和安排工作，根据工作出现的问题进行调整 | 准确地观察任务或项目的深度和难度，设定目标，将工作分解成不同的流程步骤，制订工作计划和安排工作，根据工作出现的问题进行调整，将结果和目标进行对比分析 | 准确地观察、度量任务或项目的深度和难度，设定合理的目标，将工作科学地分解成不同的流程步骤，制订工作计划，大致安排工作，处理措施，根据工作出现的问题进行调整，和目标基本吻合 | 全面、准确地观察和分解或设定项目的目标，将工作分解成不同的流程、步骤，合理地配置资源，制订工作计划及实施措施，安排工作，处理措施，并根据工作出现的问题进行微调，使最终结果和计划保持一致 |

附录 胜任力词典

（续表）

| 素质指标 | 定义 | 档次标准 1分 | 2分 | 3分 | 4分 | 5分 |
|---|---|---|---|---|---|---|
| 解决问题能力 | 一个人在面对挑战和困难时，能够有效地分析问题，寻找适当的解决方案并采取行动，以解决问题并取得良好结果的能力 | 基本无法解决问题，对问题缺乏理解和分析能力，无法提出有效的解决方案，也无法采取适当的行动 | 能够基本理解问题，并提出一些解决方案；缺乏详细的分析和评估能力，无法确定最佳解决方案，在采取行动时可能会遇到困难或错误 | 能够全面理解问题，并提出多个解决方案；具备一定的分析和评估能力，能够对不同的解决方案进行比较和权衡；在采取行动时，能够有所进展，但可能还存在一些缺陷或局限 | 能够深入分析问题，并提出创新和有效的解决方案；具备较强的评估能力，能够预测和评估各种解决方案的风险和影响；在采取行动时，能够有效地实施解决方案，并取得良好的结果 | 具备很强的分析能力，能够准确把握问题的本质和要点，并提出创造性和高效的解决方案；在评估方面，能够全面、准确地评估各种解决方案的优劣和可能性；在采取行动时，能够有条不紊地推进解决方案，并取得卓越的成果 |
| 组织协调能力 | 一个人在组织和管理工作中，能够有效地协调和整合各种资源、任务和人员，以实现组织目标并提高工作效率的能力 | 能够在明确的计划和任务说明书指导下组织资源（人员、资金、材料和支持）去完成工作 | 能够在指导和提示下组织资源（人员、资金、材料和支持）去完成工作 | 能够组织资源（人员、资金、材料和支持）去完成工作，能够同时组织实施不同的行为去完成目标，对资源的使用有效且有效率 | 能够组织资源（人员、资金、材料和支持）去完成工作，能够同时组织不同业务单元的人员实施不同的行为去完成目标，且行动迅速高效 | 能够组织本公司外资源和材料（人员、资金、材料和支持）去完成工作，能够同时组织不同机构实施不同的行为去完成目标，使公司在一致行动中获益 |

327

（续表）

| 素质指标 | 定义 | 档次标准 ||||
| --- | --- | --- | --- | --- | --- |
| | | 1分 | 2分 | 3分 | 4分 | 5分 |
| 监督能力 | 一个人在管理和领导工作中，能够有效地监督和管理下属的工作，确保工作按照规定的标准和要求进行，以达到组织的目标和预期结果的能力 | 对于公司既定的制度、规定，个人努力遵守，但对他人的违规行为漠视，任其发展 | 时常提醒个人及他人对于公司相关规定，对于出现的情况能够事后指出，不做严格处理 | 能够正常履行监督职能，对于出现的违规行为严格按照要求奖公事公处理 | 发现问题的意识较强，能够胜任其监督职能，观察力较强，能够及时指出问题，并贯彻执行相应的法规，倾向于警戒强化作用 | 随时寻找可能出现的问题，并及时反馈，通过客观合理的分析协助解决问题，并经常向其他员工宣传发现问题、解决问题的意识 |
| 影响力 | 一个人在组织中能够有效地影响他人的行为，使其与自己的目标和意图保持一致的能力 | 按个人意图行事，对他人不构成任何影响 | 通过交流与沟通，最终促使他人按照自己的方法或程序处理问题 | 通过交流与沟通，能够有技巧地说服他人按照自己选择的更好的方法或程序处理问题 | 在一定范围内成为大家学习的榜样，其观念与建议受到重视，在无形中使他人乐于接受其思想 | 在任何环境中，其言行举止对他人具有强烈的影响，并成为拥护、追随的对象，能够轻易地改变他人的思想和行动 |

附录 胜任力词典

（续表）

| 素质指标 | 定义 | 档次标准 ||||| 
|---|---|---|---|---|---|---|
| | | 1分 | 2分 | 3分 | 4分 | 5分 |
| 决策力 | 一个人在复杂和不确定情况下，能够准确、迅速地做出明智和有效决策的能力 | 不能在既定的要求下做出决策 | 能识别机会，评估困难程度，利用一定的方法在一定的时限内做出决策 | 具有一定的观察和判断能力，能够识别机会，在较短时间内借助各方资源做出决策 | 在决策前尽量从组织内外获取相关信息，并清楚地了解决策程序；能评估各类解决方案的风险和收益，明确定备选方案 | 在复杂的环境中，在对机会和潜在风险进行战略评估的基础上做出决策；能回顾过去的经验，衡量各种备选方案的正负影响，明确组织利益最大、风险最低的决策，始终将决策与组织的长远发展结合起来 |
| 自我控制力 | 一个人具备管理和控制自己的情绪、冲动、欲望和行为的能力；能够约束自己在工作环境中约束自己的言行，无须他人监督也能高标准、严格地完成工作 | 对于制订的计划，通常因为主观行为不能完成 | 在工作场合，能够遵守公司的规章秩序，但偶尔会出现情绪化表现 | 具有情绪控制意识，并努力达到公司及个人设定的标准，尽力避免将情绪带入工作中 | 对自己要求较高，在职场中时刻注意个人的言行举止，追求超越公司及个人设定的标准 | 控制自己情绪的能力较强，在职场中通常能够冷静、理性地处理问题，无须他人监督也能高质量完成工作 |

329

(续表)

| 素质指标 | 定义 | 档次标准 ||||||
|---|---|---|---|---|---|---|
| | | 1分 | 2分 | 3分 | 4分 | 5分 |
| 沟通能力 | 一个人有效地传达和接收信息、理解和应对他人的观点、感受和需求的能力 | 能清楚准确地表达出个人的思想，能完整理解别人的言语 | 能通过多种表达方式及对沟通环境的布置，与别人在愉快的氛围中达成共识 | 能通过多种表达方式和对沟通环境的布置，与别人在愉快的氛围中达成共识，并且能积极引导别人的思路 | 能通过多种表达方式和对沟通环境的布置，与别人在愉快的氛围中达成共识，并且能积极引导别人的思路，消除别人潜在的顾虑 | 与利益完全不一致者沟通，能有效地求同存异、确定共识，消除分歧，使沟通对象自愿符合自己的观点 |
| 团队协作 | 一个人在团队中有效地与他人合作、协调和共同努力的能力 | 只注重做好本职工作，只有直接上司安排后才协助别人 | 完成自己本职工作后比较乐于协助他人，但需要他人提出请求 | 能够迅速地发现共同点，为大家的共同利益解决问题；能够任表达自己观点的同时公平地对待别人；同其他人一起解决问题，获取同事的信任和支持，鼓励合作 | 曾在自己负责的业务范围内，建立互协作的工作氛围，积极主动了解同事的需要，并组织给予配合 | 积极推动在全公司范围的协作观念，并建立一系列的规程予以保证 |

附录 胜任力词典

（续表）

| 素质指标 | 定义 | 档次标准 ||||
|---|---|---|---|---|---|
| | | 1分 | 2分 | 3分 | 4分 | 5分 |
| 创新能力 | 一个人在工作和生活中具备发现、提出和实施创新想法和方法的能力；采用原来没有的方式方法解决问题，或创造新的机会和方法，提高工作效率和产品、服务的性能 | 只是加深本职工作的深度，只对本职工作有影响 | 优化对本职工作的纵深开发和横向联系 | 提出新的观点和独特的想法，在相关性不强的概念之间发现其中的关联，在头脑风暴中让人看到原创的和增值的观点和想法 | 敏锐洞察商机，发掘利用资源，提供公司业务增长的新选择 | 使用全新的方法整合市场资源，创造出全新的市场机会，引导市场的发展 |
| 项目管理能力 | 一个人在项目管理过程中有效地规划、组织、执行和控制项目活动，并达到项目的目标和结果的能力 | 管理粗放，基本依据经验进行项目的实施，项目实施的实际情况与预期差距较大 | 建立基本的行动方法以确保项目的实施；决定实施步骤的优先顺序；决定资源的分布，完善空间还很大 | 建立一套系统以确保项目的实施；决定项目实施顺序；决定的优先顺序；决定和确保资源的有效分布 | 建立一套系统的行动方法以确保项目的实施；决定项目实施步骤的优先顺序；决定资源的有效分布；项目成果超过预期，并有关键的项目文档便于继承和追溯 | 建立一套系统行动方法以确保项目的实施；制定合理的项目规划和实施方案，资源分配高效、合理，项目效果优异，项目文档完整 |

331

(续表)

| 素质指标 | 定义 | 档次标准 ||||| 
| --- | --- | --- | --- | --- | --- |
| | | 1分 | 2分 | 3分 | 4分 | 5分 |
| 有效授权 | 一个合理、恰当地授予他人特定权限和责任,并确保这些授权限和责任在组织内得到落实和执行的能力 | 凡事亲力亲为,或对分配的事宜或分配的事宜甚少过问 | 将工作按照各岗位职能与职责分配给下属,注重工作执行结果 | 倾向于将繁杂的工作分配给下属完成,对于执行中出现的问题协助解决并给予指导 | 有计划地将工作分配给相关人员,并给予适当的指示,在工作进展过程中定期询问、督察 | 对于下属的工作能力非常了解,并以此为依据合理地分配工作,定期检查、督促,给予有效指示 |
| 时间管理 | 一个人有效地规划、组织和利用时间的能力,以达到高效地完成任务和实现目标的目的 | 做事随性,不注重时间管理 | 具有时间管理意识,时常安排个人的时间,并照此执行 | 时常关注个人的时间分配,不断学习时间管理方法,培养个人良好的时间管理技术,并指导实践,严格遵照执行 | 时间观念较强,能够合理地分配时间,并根据事件的重要程度、紧迫性安排进程;能够有效地减少时间、精力的浪费 | 对于需处理的问题进行合理分析,将不重要的工作安排给合适的人员完成,使自己多从事能发挥最大效益的事情 |
| 结果导向 | 一个人以实现结果和目标为导向,有效地规划和执行工作,以达到预期的成果和效果的能力 | 习惯在详细的规范下开展工作,主要精力在过程控制上,结果导向不足 | 关注工作结果和过程并重,既要过程结果也要过程 | 以结果导向为主,在一般性的原则下开展工作,对自己和别人都以结果作为主要衡量依据 | 主要关注工作结果,有很强烈的结果倾向,对自己和别人都以结果作为唯一衡量依据 | 工作中严格的结果导向,一切从目的出发,一切围绕目的进行 |

（续表）

| 素质指标 | 定义 | 档次标准 | | | | |
|---|---|---|---|---|---|---|
| | | 1分 | 2分 | 3分 | 4分 | 5分 |
| 过程导向 | 一个人关注和优化工作的过程，并有效地组织和管理工作的流程，以确保工作的高效和质量的能力 | 工作中严格的结果导向，一切从目的的出发，一切围绕目的的进行，对工作过程的关注不足 | 关注工作结果和过程并重，既要结果也要过程 | 擅长发现工作必需的流程；了解如何组织人员和行为，理解如何分解任务和组合工作，确保有效、流程有效；了解如何衡量流程，能够看到流程整合的机会，能够简化复杂的流程 | 主要关注工作过程，有强烈的过程倾向，对自己和别人都以过程作为唯一衡量依据 | 工作中严格的过程导向，一切从规范性出发，一切工作围绕规范性进行 |
| 谈判技巧 | 说服别人接受自己的观点，寻找达成一致共识的技能 | 不能确定自己在谈判中的位置，缺少寻找利用相关资源以达到双赢效果的技能 | 基本能够确认自己的谈判位置，并能找到一些利用相关资源以达到双赢效果的方式，有时奏效 | 确认自己的谈判位置，寻找利用相关资源以达到双赢的效果 | 迅速确定自己在谈判中的位置，通过变通的方式寻找利用相关资源以达到双赢的效果 | 总能确定自己在谈判中的有利位置，创造性地利用相关资源以达到双赢的效果 |

(续表)

| 素质指标 | 定义 | 档次标准 ||||| 
|---|---|---|---|---|---|---|
| | | 1分 | 2分 | 3分 | 4分 | 5分 |
| 关注细节 | 一个人对于细节的敏锐度和关注度，以及有效管理和处理细节的能力；在处理问题时，对细小环节的关注情况，以及所表现出来的耐心和细致程度 | 在日常工作中对细节的关注、耐心和细致程度都不够；在处理细微的工作环节和步骤时总有一些小的失误 | 在日常工作中对细节的关注、耐心和细致程度基本符合要求；在处理细微的工作环节和步骤时，偶尔有一些小的失误 | 在日常工作中表现出对细节的关注、一定的细致程度；在处理细微的工作环节和步骤时尽量准确合理 | 在日常工作中表现出对细节的足够关注、耐心和较高的细致程度；在处理细微的工作环节和步骤时，按照严格的操作规程，一丝不苟，准确合理 | 在日常工作中表现出对细节非常关注、有耐心、很细致、细心，细微的工作环节和步骤时，按照严格的操作规程，一丝不苟，准确合理，没有任何差错 |
| 质量意识 | 一个人对于产品、服务的质量标准要求和尊重，并且理解和尊重，并且根据这些要求和标准推进工作和决策的能力 | 在工作中对质量的关注不够，对质量的重视程度没有达到要求 | 在工作中很重视维持现有的质量状况，很少主动使用资源和方法寻求改善产品与服务质量的方法、途径 | 在工作中表现出对质量的关注，不断有效地使用资源和方法改善产品、服务质量 | 工作中很关注质量，不断有效地使用资源和方法改善产品、服务质量，质量状况持续改进 | 确立质量第一的工作原则，努力营造关注质量的氛围，让人人都关注质量，质量状况连续保持优异状态 |

334

（续表）

| 素质指标 | 定义 | 档次标准 ||||
| --- | --- | --- | --- | --- | --- |
| | | 1分 | 2分 | 3分 | 4分 | 5分 |
| 学习能力 | 一个人获取、理解和运用知识、技能和经验的能力，以适应不断变化的环境和需求，并不断提升个人和组织的绩效和成果 | 对学习的热情不够，缺少自我学习和提高的意识 | 对学习有一定的热情，愿意自我学习和提高，但缺少持之以恒的精神 | 表现出对学习的热情，愿意自我学习和提高，针对不同工作环境和任务采用不同的工作方法 | 学习的热情很高，愿意自我学习和提高，适时了解新知识，及时提高自己，工作方法相比以前较高效 | 学习热情高涨，愿意自我学习和提高，适时了解新知识，根据自己的实际情况制订详细的学习计划并持续执行，能力提升很快 |
| 灵活性 | 一个人适应和应对不断变化的环境和需求的能力；在坚持基本原则下能变换工作方式、风格、观点，要求以获得别人和组织等以同的能力 | 基于不同工作环境和目标而调整自己工作方法和风格的能力不够，比较固执和呆板 | 基于不同的工作环境和目标而调整自己工作的方法和风格，但方式和技巧不够，效果不理想 | 基于不同的工作环境和目标较为有效地调整自己的工作方法和风格；表现出对的支持和关注，别人比较容易接受其观点和方式 | 基于不同的工作环境和目标而调整自己的工作方法和风格，尝试解决问题的新思路和方法，积极寻求新方法，别人很容易接受 | 基于不同的工作环境和目标调整自己的工作方法和风格；经常根据具体情况变换思路和方法，总能根据情况寻找到合适的解决方式 |

（续表）

| 素质指标 | 定义 | 档次标准 ||||| 
|---|---|---|---|---|---|---|
| | | 1分 | 2分 | 3分 | 4分 | 5分 |
| 成本意识 | 一个人在工作中具备关注成本的合理理解的能力，以及在做出决策和行动时能够考虑和优化成本效益的能力 | 在日常工作中，对成本不够关注，对开支缺少节制 | 在日常工作中，表现出对成本的关注，但缺少有效的方法进行成本的分析和控制 | 在日常工作中，表现出对成本的关注，使用合理的方法分析成本的构成；在不牺牲效率的前提下对不合理的成本进行有效的控制 | 在日常工作中，对成本非常关注，定期使用合理的方法分析成本的构成；采取有效措施预防额外成本的增加，通过改进工作方式减少成本开支 | 在日常工作中，对成本极为关注，使用合理的方法分析成本的构成，建立严格控制成本的规章制度，对所有的费用支出进行全面的审核、分析，在不牺牲效率的前提下寻找创新方法节约开支 |
| 服务意识 | 一个人在工作中具备关注客户满足客户需求的意识和能力，以及提供优质服务的能力 | 表现出在指示下或要求下利用自已掌握的资源满足公司内外部客户需求的关注 | 表现出对利用现有资源在一定时间范围内满足公司内外部客户需求的关注 | 表现出有效利用各种资源在公司内外的时间范围内满足公司内外部客户需求的关注 | 表现出有效利用各种资源并在工作范围内满足公司内外部客户需求的关注，同时比较关注客户的满意度状况 | 表现出创造性利用各种资源，全天候满足公司内外部客户需求的关注，并尽可能地提高内外部客户的满意度 |

(续表)

| 素质指标 | 定义 | 档次标准 | | | | |
|---|---|---|---|---|---|---|
| | | 1分 | 2分 | 3分 | 4分 | 5分 |
| 变革心态 | 一个人在面对变革和不确定性时，具备积极、灵活和适应的心态与能力 | 缺乏变革意识和理解，对变革持消极态度，不愿意接受和适应变革，经常抵制变革进程，难以适应变化环境 | 对变革有一定的认识，但对变革的重要性和必要性缺乏清晰的认知；对变革持谨慎态度，容易对变革持保守观点，缺乏积极主动的投入 | 理解和认同变革的必要性，能够接受和适应变革，但在实际行动中可能存在一些犹豫和不确定性；能够灵活应对变化环境，但在推动变革方面可能还存在一些局限 | 具备积极的变革心态，能够主动寻求变革机会并积极投身变革进程；能够在变革中适应和应对不确定中和改进，并能够主动寻求创新和改进；在推动变革方面具备一定的能力和经验 | 拥有敏锐的变革意识和洞察力，能够准确识别变革机会，并能够快速响应和适应变革的需求，能够主导和推动变革的创新和变革过程，具备卓越的创新和变革能力；能够在保持稳定和灵活，并能够有效管理变革过程中的风险和挑战 |
| 开放心态 | 一个具备开放思维和接受新观念的能力，能够积极主动地探索和尝试新的方式和方法 | 对倾听他人的意见和看法缺少兴趣，除工作需要外，很少向他人开放自己的内心世界 | 大部分时间愿意倾听他人的意见和看法，了解他人看后的逻疑他人的动机和意图 | 愿意倾听他人的意见和看法，了解他人背后的逻辑，试图与他人共同合作 | 乐意倾听他人的意见和看法，主动了解他人的意见和看法，积极完善自己，对他人的意见寻找合理的一面 | 经常主动倾听他人的意见和看法，并努力营造氛围去获取他人的见解，不带任何成见地与他人合作 |

（续表）

| 素质指标 | 定义 | 档次标准 ||||
| --- | --- | --- | --- | --- | --- |
| | | 1分 | 2分 | 3分 | 4分 | 5分 |
| 观察能力 | 一个人准确、全面地观察和感知周围环境、事物和人，并分析、理解和应对所观察到的情况和问题的能力 | 缺乏观察和洞察力，无法准确地理解和识别环境中的细节和变化，并容易忽视和重要细微差别和信号，难以做出准确的观察和判断 | 对环境中的细节和变化有一定的观察能力，但缺乏系统性的观察和分析能力；容易受到干扰，易受视野局限，对环境中的关键信息会漏掉或产生误解 | 能够基本观察和识别环境中的细节和变化，并能够对其做出一定程度的分析和判断；能够注意到一些重要的信号和趋势，但在分析和理解方面可能还存在一些局限 | 具备较强的观察和洞察力，能够敏锐地察觉环境中的变化；能够通过系统性的观察和分析，对环境中的关键信息进行准确的识别和理解；能够从多个角度和维度来解读事物 | 拥有卓越的观察和洞察力，能够敏锐地抓住环境中的细微差别和重要信号；能够通过深入的分析和理解，对环境中的变化和趋势有准确的判断与预测能力；能够从全局和系统的角度来观察、分析事物 |
| 判断能力 | 一个人在有限的信息中准确、理性地评估和判断情况、问题和决策的能力 | 缺乏有效的判断能力，难以做出准确的决策和评估；容易受到情绪和主观因素的影响，无法全面地考虑问题的各个方面，容易做出错误的判断 | 具有一定的判断能力，但在决策和评估方面还存在一些局限；可能在问题的分析和权衡方面缺乏全面性和深度，容易受到个人偏见和表面因素的影响 | 具备基本的判断能力，能够运用一定的逻辑和分析方法来做出决策与评估；能够考虑问题的多个方面，但在复杂性和不确定性方面可能还有一定难度 | 具备较强的判断能力，能够运用系统性的分析和评估方法做出准确的决策与评估；能够在问题的多个层面权衡各种因素，做出明智的考虑；并能够应对复杂性和不确定性 | 拥有卓越的判断能力，能够准确地分析和评估问题，做出明智和精确的决策；能够从多个角度和维度来考虑问题，并做出应对复杂情境的决定；有能力预测和应对潜在风险和机会 |

(续表)

| 素质指标 | 定义 | 档次标准 | | | | |
|---|---|---|---|---|---|---|
| | | 1分 | 2分 | 3分 | 4分 | 5分 |
| 分析能力 | 一个人有效地识别、解析和评估数据、情况或问题，并解决问题的能力 | 不能准确地考虑事物发生的原因，或不能依据情况或经验做出正确的判断 | 将复杂的问题分解为不同的部分，使之容易把握；根据经验与常识发现问题的本质 | 发现事件的多种可能原因和不同行为的后果，或找出复杂事物间的联系 | 面对复杂的问题，依据周密的逻辑推理，将不相关因素剥离，发现其本质及相关联系 | 掌握并能恰当地运用自己的概念、方法、技术等多种手段找出最根本的原因 |
| 应变能力 | 一个人在面对突发情况、挑战或变化时，灵活、有效地适应和应对的能力 | 缺乏应变能力，难以适应和处理变化与不确定性；容易被困扰和压倒，无法有效地应对挑战和困难，容易感到无助和失望 | 具有一定的应变能力，但在适应和处理变化方面还存在一些困难；可能需要一定时间来适应新的情况，有时候会感到有些不安和焦虑 | 具备基本的应变能力，能够适应和处理一般的变化与不确定性；能够灵活应对挑战和困难，但在面对较大的变化时可能仍需要一定的调整和适应时间 | 具备较强的应变能力，能够灵活应对各种变化和不确定性；能够快速适应新的情况，积极主动地寻找解决方案，并能够有效应对挑战和困难 | 拥有卓越的应变能力，能够迅速适应并应对各种复杂和不确定的情况；能够保持冷静和理性，灵活地调整策略和行动，勇于面对挑战和困难 |

(续表)

| 素质指标 | 定义 | 档次标准 ||||| 
|---|---|---|---|---|---|---|
| ^ | ^ | 1分 | 2分 | 3分 | 4分 | 5分 |
| 培养人才 | 一个人能经常为下属提供有建设性的反馈意见，激励其改进工作方法，以使其迅速实现职业发展 | 对于下属的工作不做建设性的指示，不提供让其成长的工作机会 | 给予下属较多的工作机会，但分配的任务更多是事务性的，没有结合其未来发展方向进行有效的引导 | 能够结合员工未来发展意向，有针对性地进行工作分配，并在执行过程中给予及时的指导 | 注重下属的能力提升，并给予其施展、改善的机会，及时给予意见与建议 | 将培养下属作为自己一项重要任务，经常与下属探讨其发展方向以及目标达成的手段 |
| 行业知识 | 对公司从事行业的了解程度 | 完全不了解本行业 | 对本行业有一些了解，但不深入 | 对本行业有一定了解，熟悉竞争对手的大致状况 | 对本行业较为了解，熟悉竞争对手的一些基本状况 | 对本行业非常了解，熟悉各竞争对手的基本状况、市场分布、产品服务特征等 |

# 参考文献

1. [美]詹姆斯·唐纳德·柯克帕特里克，[美]温迪·凯塞·柯克帕特里克.柯氏评估的过去和现在：未来的坚实基础[M].崔连斌，译.南京：江苏人民出版社，2012.
2. [美]爱德华·德西，[美]理查德·弗拉斯特.内在动机——自主掌控人生的力量[M].王正林，译.北京：机械工业出版社，2020.
3. [美]简·麦戈尼格尔.游戏改变世界[M].闾佳，译.北京：北京联合出版公司，2016.
4. 莫雷.教育心理学[M].北京：教育科学出版社，2007.
5. 人力资源和社会保障部人事考试中心.人力资源管理专业知识和实务（中级）[M].北京：中国人事出版社，2022.
6. [美]乔纳·伯杰.疯传：让你的产品、思想、行为像病毒一样入侵[M].乔迪，王晋，译.北京：电子工业出版社，2020.
7. [美]沃伦·本尼斯，[美]伯特·纳努斯.领导者（纪念版）[M].赵岑，徐琨，译.杭州：浙江人民出版社，2016.
8. [美]B.J.福格.福格行为模型[M].徐毅，译.天津：天津科技出版社，2021.
9. [美]安德斯·艾利克森，[美]罗伯特·普尔.刻意练习：如何从新手到大师[M].王正林，译.北京：机械工业出版社，2021.
10. [美]罗伯特·B.西奥迪尼.影响力[M].闾佳，译.北京：北京联合出版公司，2021.
11. [美]芭芭拉·明托.金字塔原理[M].汪洱，高愉，译.海口：南海出版公司，2019.
12. 杨迎，邱建雄.翻转培训师实操手册：手把手教你打造翻转课堂[M].北京：电子工业出版社，2023.

13. 叶敬秋，兰子君.国际注册培训师——培训技术一本通［M］.北京：清华大学出版社，2019.

14. 刘永中.行动学习使用手册［M］.北京：北京联合出版公司，2015.

15. ［英］张美恩，［英］琳达·霍尔比奇.组织发展：OD和HR实践者指南［M］.夏钰姣，等译.杭州：浙江人民出版社，2017.

16. ［美］麦克利兰.测试胜任力而非智力［J］.美国心理学家，1973.

17. ［美］乔治·A.米勒.神奇的数字 7±2：人类信息加工能力的某些局限［J］.心理学评论，1956.